印 顺 法 师 佛 学 著 作 系 列

中观论颂讲记

释印顺 著

中华书局

图书在版编目(CIP)数据

中观论颂讲记/释印顺著.—北京:中华书局,2011.4
(2025.4重印)
(印顺法师佛学著作系列)
ISBN 978-7-101-07856-5

Ⅰ.中… Ⅱ.释… Ⅲ.中观派-研究 Ⅳ.B946.6

中国版本图书馆 CIP 数据核字(2011)第 037035 号

经台湾财团法人印顺文教基金会授权出版

书　　名	中观论颂讲记	
著　　者	释印顺	
丛 书 名	印顺法师佛学著作系列	
责任编辑	朱立峰	
封面设计	毛　淳	
责任印制	管　斌	
出版发行	中华书局	
	(北京市丰台区太平桥西里 38 号　100073)	
	http://www.zhbc.com.cn	
	E-mail:zhbc@zhbc.com.cn	
印　　刷	北京建宏印刷有限公司	
版　　次	2011 年 4 月第 1 版	
	2025 年 4 月第 8 次印刷	
规　　格	开本/880×1230 毫米　1/32	
	印张 12　插页 2　字数 255 千字	
印　　数	12601-13100 册	
国际书号	ISBN 978-7-101-07856-5	
定　　价	58.00 元	

"印顺法师佛学著作系列"出版说明

　　释印顺（1906—2005），当代佛学泰斗，博通三藏，著述宏富，对印度佛教、中国佛教的经典、制度、历史和思想作了全面深入的梳理、辨析与阐释，取得了一系列重要学术成果，成为汉语佛学研究的杰出典范。同时，他继承和发展了太虚法师的人生佛教思想，建立起自成一家之言的人间佛教思想体系，对二十世纪中叶以来汉传佛教的走向产生了深刻影响，受到佛教界和学术界的的高度重视。

　　经台湾印顺文教基金会授权，我局于 2009 年出版《印顺法师佛学著作全集》(23 卷)，系统、全面地介绍了印顺法师的佛学研究成果和思想，受到学术界、佛教界的广泛欢迎。应读者要求，我局今推出"印顺法师佛学著作系列"，将印顺法师的佛学著作以单行本的形式逐一出版，以满足不同领域读者的研究和阅读需要。为方便学界引用，《全集》和"系列"所收各书页码完全一致。

　　"印顺法师佛学著作系列"的编辑出版以印顺文教基金会提供的台湾正闻出版社出版的印顺法师著作为底本，改繁体竖排为简体横排。以下就编辑原则、修订内容,以及与正闻版的区别等问题,略作说明。

编辑原则

编辑工作以尊重原著为第一原则,在此基础上作必要的编辑加工,以符合大陆的出版规范。

修订内容

由于原作是历年陆续出版的,各书编辑体例、编辑规范不一。我们对此作了适度统一,并订正了原版存在的一些疏漏讹误,主要包括以下几项:

1. 原书讹误的订正:

正闻版的一些疏漏之处,如引文、纪年换算、人名、书名等,本版经仔细核查后予以改正。

2. 标点符号的订正:

正闻版的标点符号使用不合大陆出版规范处甚多,本版作了较大幅度的订正。特别是正闻版对于各书中出现的经名、品名、书名、篇名,或以书名号标注,或以引号标注,或未加标注;本版则对书中出现的经名(有的书包括品名)、书名、篇名均以书名号标示,以方便读者。

3. 梵巴文词汇的删削订正:

正闻版各册(特别是专书部分)大都在人名、地名、名相术语后一再重复标出梵文或巴利文原文,不合同类学术著作惯例,且影响流畅阅读。本版对梵巴文标注作了适度删削,同时根据《望月佛教大辞典》、平川彰《佛教汉梵大辞典》、荻原云来《梵和大辞典》等工具书,订正了原版的某些拼写错误。

4. 原书注释中参见作者其他相关著作之处颇多,为方便读者查找核对,本版各书所有互相参见之处,均分别标出正闻版和本版两种页码。

5. 原书中有极少数文字不符合大陆通行的表述方式,征得著作权人同意,在不改变文义的前提下,略作删改。

印顺法师佛学著作对汉语佛学研究有极为深广的影响,同时在国际佛学界的影响也日益突出。我们希望"印顺法师佛学著作系列"的出版,有助于推进我国的佛教学以及相关学科的研究。

中华书局编辑部

二〇一一年三月

目　　录

悬　　论

一　《中论》作者、释者与译者

一　作者

本论的作者,是龙树菩萨。他本是南印度的学者,又到北印度的雪山去参学。他正确地深入了(南方佛教所重的)一切法性空,于(北方佛教所重的)三世法相有也有透辟的观察,所以从他的证悟而作为论说,就善巧地沟通了两大流:"先分别诸法,后说毕竟空。"他是空有无碍的中观者,南北方佛教的综贯者,大小乘佛教的贯通者。这样综贯的佛法,当然是宏伟精深无比! 龙树曾弘法于中印,但大部分还是在南印。南憍萨罗国王——引正王,是他的护持者。当时的佛教,在他的弘扬下,发生了划时代的巨变。原来龙树以前的大乘学者,虽阐扬法法空寂的深义,但还缺少严密的论述。到龙树,建立精严绵密的观法,批评一般声闻学者的似而非真,确立三乘共贯的大乘法幢,显著地与一般声闻学者分化。所以在印度,大乘学者都尊他为大乘的鼻祖;在中国,也被尊为大乘八宗的共祖。他的作品很多,可分为二大类:一、抉择深理的,如《中论》《七十空性论》、《六十如理论》《回诤论》等。这都是以论理的观察方式,开显诸法的真实相。二、分别大行的,如释《般若经》的《大智度论》、释《华严·十地品》的《十住毗婆沙论》。这都是在一切空的深理上,说明菩萨利他的广大行。把这两类论典综合起来,才成为整个的龙树学。现在讲的《中论》,是属于抉择深理的,并且是抉择深理诸论的根本论。所以,有人称龙树系为中观派。后起的大乘学派,争以龙树为祖,这可见他的伟大,但也就因此常受人的附会、歪曲,如有些论典,本不是他的作品,也说是他作的。真谛三藏的《十八空论》,内容说十八空,也谈到唯识。有人看见谈空,就说这是龙树作的;也就因此说龙树宗唯识。其实,《十八空论》是真谛的《辨中边论释》(《辨相品》的一分与《辨真实品》的一分);传说为龙树造,可说毫无根据。还有《释摩诃衍论》,是《大乘起信论》的注解,无疑的是唐人伪作;无知者,也伪托为是龙树造的。还有密宗的许多伪作,那更显而易见,不值得指责了。我们要理解龙树的法门,唯有在他的作品中去探索,不是他的作品,应当辨别,把他踢出龙树学外,这才能正确而纯洁地窥见他的本义。

二　释者

本论的释者,旧传有七十余家。近据西藏的传说,共有八部:一、《无畏论》,有说是龙树自己作的。其实不是,这可从论中引用提婆的话上看出来。二、依《无畏论》而作的,有佛护的《论释》。

三、依佛护论而作的,有月称的《显句论》。四、清辨论师的《般若灯论》。五、安慧的《释论》。六、提婆萨摩的《释论》。七、古笒室利的《释论》。八、古笒末底的《释论》。前四论是中观家的正统思想,后四论是唯识学者对《中观论》的别解。我国汉地译出的《中论》释,主要是什公所译的青目《论释》,这与西藏地区传的《无畏论》相近,文义简要,可说是最早出的释论。还有唐明知识译的清辨的《般若灯论》,宋施护译的安慧的《中观释论》,都可以参考。无著的《顺中论》,略叙《中论》的大意。真谛译过罗睺罗跋陀罗的《释论》,既没有译全,译出的部分也早已散失了!

三　译者

　　现在所用的讲本,是鸠摩罗什三藏译的。什公七岁的时候,跟他的母亲从(现在新疆的)龟兹国出发,通过葱岭,到北印的罽宾去学佛法。住了三年,由罽宾返国,路经(现在新疆的)疏勒,小住几天,遇到了大乘学者莎车王子须利耶苏摩。须利耶苏摩在隔房读大乘经,什公听到空啊、不可得啦,很是诧异,觉得这与自己所学的(有部阿毗昙)不同,于是就过去请教,与他辩论。结果,接受了他的意见,从他学习龙树菩萨的《中论》、《十二门论》等大乘性空经论。在姚秦的时候,来我国弘化,就把性空的典籍传入我国。他的译述,影响中国大乘佛教很深,几乎都直接间接地受了他的影响。假使不是什公的传译,中国佛教决不会是现在这样!我们从世界文化史上看,这样的大法,由一个十多岁的童真接受而传播,可说是奇迹,特别是龙树的《智论》与《十住论》,亏他的传译而保存到现在。我们对于他的译绩,应该时刻不忘！本论是从什公在长安逍遥园译的青目《论释》中节出。青目《论释》，什公门下的哲匠，像昙影、僧睿他们，认为有不圆满的地方。昙影的《中论疏》，举出他的四种过失。所以现存的长行，是经过什门修饰了的。

二　略释中观

一　直说

本论简名《中论》，详名《中观论》。论的内容，畅明中观，从所诠得名，所以称为"中观论"。中是正确真实，离颠倒戏论而不落空有的二边。观体是智慧，观用是观察、体悟。以智慧去观察一切诸法的真实，不观有无颠倒的"知诸法实相慧"，名为中观。(《阿含经》) 八正道中的正见 (正观)，就是这里的中观。正就是中，见就是观，正见即中观，是一而二、二而一的。观慧有三：听闻读诵圣典文义而得的闻所成慧，思惟抉择法义而生的思所成慧，与定心相应观察修习而得的修所成慧。还有现证空性的实相慧。观是通于先后的，那么不与定相应的闻思抉择诸法无自性，也叫做中观。尤须知道的，定心相应的有漏修慧，同样的是寻求抉择、观察，不但是了知而已。

观的所观，是中，就是缘起正法。正确的观慧，观察缘起正法，而通达缘起法的真实相，所以中观就是观中。本论所开示的，是正观所观的缘起正法，这可从本论开端的八不颂看出。先说了八不，接着就称赞佛陀的"能说是 (八不) 因缘" (缘起)，是"诸说中第一";八不是缘起的真相,八不的缘起,才是佛说的缘起正法。缘起是说一切法皆依因托缘而生起、而存在,没有一法是无因而自性有的。这在《阿含经》中,佛特别地揭示出来。有外道问佛说什么法,佛就以"我说缘起"、"我论因说因"答复他。这是佛法的特质,不与世间学术共有的,佛弟子必须特别地把握住它。

　　缘起是因果性的普遍法则,一切的存在,是缘起的。这缘起的一切,广泛地说:大如世界,小如微尘,一花一草,无不是缘起。扼要地说:佛教的缘起论,是以有情的生生不已之存在为中心的。佛说缘起,是说明生死缘起的十二钩锁。"此有故彼有,此生故彼生;此无故彼无,此灭故彼灭",即缘起的定义。"所谓无明缘行,行缘识……纯大苦聚集。无明灭则行灭,行灭则识灭……纯大苦聚灭"。这是缘起的内容。缘起是一切,而众生对缘起的认识是否正确,可以分为三类:一、凡夫身心的活动,一切的一切,无不是缘起,但日坐缘起中,受缘起法的支配,而不能觉知是缘起,也就因此得不到解脱。二、声闻,佛对他们说缘起,他们急求自证,从缘起因果的正观中,通达无我我所,离却系缚生死的烦恼,获得解脱。他们大都不在缘起中深见一切法的本性空寂,而从缘起无常、无常故苦、苦故无我我所的观慧中,证我空性,而自觉到"我生已尽,梵行已立,所作已办,不受后有"。他们从缘起的无常,离人我见,虽证入空性,见缘起不起的寂灭,然不能深见缘起法无性,所以还不能算是圆满见缘起正法。三、菩萨,知缘起法的本性空,于空性中不破坏缘起,能见缘起如幻,能洞达缘起性空的无碍。真正的声闻学者,离欲得解脱,虽偏证我空,也不会执著诸法实有。但未离欲的,或者执著缘起法的一一实有，或者离缘起法而执著别有空寂。执有者起常见，执空者起断见，都不能正见中道。《般若经》说："菩萨坐道场时，观十二因缘不生不灭，如虚空相不可尽，是为菩萨不共中道妙观。"菩萨以此不共一般声闻的中道妙观，勘破非性空的实有、非缘有的邪空，不落断常，通达缘起的实相。菩萨的缘起中道妙观，就是本论所明的中观。

　　有人说：缘起是佛教的核心，我们说明它就可以了，何必要大谈其空呢？这太把缘起看简单了！《阿含经》说"十二缘起，甚深甚深，难见难了，难可通达"；而"缘起之寂灭性，更难了知，更难通达"！要知道，生死的流转，涅槃的还灭，都是依缘起的世间而开显的。从缘起的生灭方面，说明世间集。"此有故彼有"，"此生故彼生"，生死相续的因果，不外惑业苦的钩锁连环。生生不已的存在，是杂染的流转。从缘起的寂灭方面，说明世间灭。"此无故彼无"，"此灭故彼灭"，生死狂流的寂然不生，体现了缘起的寂灭性，是清净的还灭。可以说：因为缘起，所以有生死；也就因为缘起，所以能解脱。缘起是此有故彼有，也就此无故彼无。缘起，扼要而根本地启示了这两面。一般声闻学者，把生灭的有为、寂灭的无为，看成隔别的，所以也就把有为与无为（主要是择灭无为）、生死与涅槃、世间与出世间，看成两截，不知有为即无为，世间即出世间，生死即涅槃。所以体悟缘起的自性本来是空寂的，从一切法的本性空中，体悟世间的空寂、涅槃的空寂，这世间与涅槃的实际，"无毫厘差别"。《般若经》的"色即是空，空即是色"，也就是这个道理。缘起的自性空，是一切法本来如是的，名为本性空。一切法是本性空寂的，因众生的无

始颠倒,成生死的戏论。戏论息了,得证涅槃的寂灭,其实是还
他个本来如此。缘起自性空,所以说缘起的实性是空的,性空的
妄相是缘起的。如果不谈空,怎能开显缘起的真相,怎能从生灭
与寂灭的无碍中,实现涅槃的寂灭? 本论开显八不的缘起,所以
建立世俗谛中唯假名,胜义谛中毕竟空。因此,龙树学可以称为
性空唯名论。

　　缘起法是世间的一切。缘起的因果事相,众生已经是雾里
看花,不能完全了达。缘起法内在的法性,更是一般人所不能认
识的。佛陀悟证到缘起的真相,彻底地开显了甚深的法性,就是
三法印(三种真理)。从缘起生灭的非常上,显示了刹那生灭的
"诸行无常"。缘起是有情为本的,从缘起和合的非一上,开示
了众缘无实的"诸法无我"。从缘起的非有不生的寂灭上,阐明
了无为空寂的"涅槃寂静"。缘起法具体地开显了三法印,是即
三即一而无碍的。后世的学者,不知缘起就是"空诸行",从实
有的见地上去解说。侧重生灭无常印的,与涅槃无为脱了节;侧
重寂灭真常的,也不能贯彻生灭无常。缘起以有情为本,所以
《阿含经》特别侧重了有情无实的诸法无我。如果深刻而彻底
地说,有情与法,都是缘起无自性(我)的,这就到达了一切法空
的诸法无我。这不是强调,不是偏重,只是《阿含经》"空诸行"
的圆满解说。这一切法空的诸法无我,贯彻了无常与真常。即
空的无常,显示了正确的缘起生灭;即空的常寂,显示了正确的
缘起寂灭。凡是存在的,必是缘起的,缘起的存在,必是无我的,
又必是无常的、空寂的。唯有从性空的缘起中,才能通达了三法
印的融然无碍。它贯通了动静与常变,扫除了一切的妄执。龙

树论特别地显示一切法空,就是缘起的一实相印。从即空的缘起去谈三法印,才知三法印与一实相印的毫无矛盾,决不是什么小乘三法印、大乘一实相印可以机械地分判的。即一实相印的三法印,在声闻法中,侧重在有情空,那就是诸行无常、诸法无我、涅槃寂静。在大乘法中,遍通到一切法,侧重在法空,那就是缘起生灭的假名、缘起无实的性空、缘起寂灭(空亦复空)的中道。本论说:"众缘所生法,我说即是空,亦名为假名,亦是中道义。"这三一无碍的实相,是缘起正法。声闻简要地直从缘起的妄相上出发,所以体认到的较单纯、狭小,像毛孔空。菩萨深刻地从缘起的本性上出发,所以体认到的比较深刻、广大,像太虚空。上来所说的,虽从缘起,缘起的集灭,缘起的即空、即假、即中,作三层的说明,其实只是佛说的"正见缘起"。

二　遮显

中国学者,把融贯看为龙树学的特色。不错,龙树是综合的融贯者,但他是经过了批判的。这不像一般学者,不问它是否一贯,笼统地把它糅合起来。现在为了要明了龙树思想的真义,不得不分析一下。龙树学的特色,是世俗谛中唯假名,胜义谛中毕竟空。这性空唯名论,是大乘佛法的根本思想,也是《阿含经》中的根本大义。凡是初期的大乘经,都异口同音地认为胜义皆空是彻底的了义之谈。后期的大乘学,虽承认大乘经的一切空是佛说,但不以一切空为了义的、彻底的,给它作一个别解。大乘佛法这才开始走上妙有不空去。这又分为两派:一是偏重在真常寂灭的,一是偏重在无常生灭的。要理解他们的不同,先须知道思想的演变。龙树依《般若经》等,说真俗无碍的性空唯名。但有一分学者,像妄识论者,从世俗谛中去探究,以为一切唯假名是不彻底的,不能说世俗法都是假名。他们的理由,是"依实立假",要有实在的,才能建立假法。譬如我是假的,而五蕴等是实在的,依实在的五蕴等,才有这假我。所以说,若假名所依的实在事都没有,那假名也就无从建立了。这世俗谛中的真实法,就是因缘所生的离言的十八界性。这真实有的离言自性,在唯识论中,又解说为三界的心心所法。意思说:离言的因缘生法,是虚妄分别识为自性的,所以成立唯识。这样,世俗可分为二类:一、是假名的,就是假名安立的遍计执性。二、是真实的,就是自相安立的依他起性。假名的遍计执性,是外境,是无;真实的依他起性,是内识,是有。所以唯识学的要义,也就是"唯心无境"。这把世俗分为假名有的、真实有的两类,与龙树说世俗谛中一切唯假名,显然不同。在这点上,也就显出了两方的根本不同。虚妄唯识论者,以为世俗皆假,是不能建立因果的,所以一贯的家风,是抨击一切唯假名为恶取空者。他们既执世谛的缘生法(识)不空,等到离遍计执性而证入唯识性时,这胜义的唯识性,自然也因空所显而不是空,隐隐的与真心论者携手。

真心论者,从胜义谛中去探究,以为胜义一切空是不了义的。本来大乘经中,也常说声闻圣者证入法性后,沉空滞寂,不能从空中出来,不能发菩提心度众生,好像说性空是不究竟的。其实,声闻的不能从空中出假,是悲心薄弱,是愿力不够,是生死已尽,这才不能引发大行,不是说法性空的不究竟。要知道菩萨大行到成佛,也还是同入无余涅槃。但真心论者,把性空看成无其所无,只是离染的空。菩萨从空而入,悟入的空性,是存其所存,是充实的不空。诸法的真性,也可以叫空性,是具有无边清净功德的,实在是不空,所以《涅槃经》说:"不但见空,并见不空。"这是不以性空论者的胜义一切空为究竟的,所以把胜义分成两类:一是空,一是不空。后期大乘的如来藏、佛性等,都是从这空中的不空而建立的。真心者,侧重胜义谛,不能在一切空中建立假名有的如幻大用,所以要在胜义中建立真实的清净法。这像《璎珞经》的"有谛(俗)无谛,中道第一义谛"(真中又二);《涅槃经》的"见苦(俗)无苦(真空)而有真谛"(真不空),都是在胜义中建立两类的。他们把真常的不空,看为究竟的实体,是常住真心。等到讨论迷真起妄的世俗虚妄法,自然是,如此心生,如此境现,公开的与妄识者合流。这后期大乘的两大思想,若以龙树的见地来评判,就是不理解缘起性空的无碍中观,这才一个从世俗不空、一个从胜义不空中慢慢地转向。

大乘经说一切法空,早在龙树之前就有了。这性空又叫真如、实相、法性、实际等。不解性空真义的,从实在论的见地去体解这一切法空,看为是真、是实、是如,应该是很早就有了,但还没有说唯心。到了笈多王朝,梵我论抬头,大乘也就明白地演进到真心论。同是一句"一切法空",性空者通达胜义谛的毕竟性空,真常者看作诸法常住的实体。智颛说:通教的共空,当教是缘起的一切空;若从空中见到不空,这就是通后别圆的见地了。智颛以空中见不空为究竟,我们虽不能同意,但解空有二类人不同,却是非常正确的。有了一切空的经典,就有把一切空看为真实常住的,所以说真常妙有在龙树以前,自然没有什么不可。可是到底不是一切法空的本义,更不是时代思潮的主流。从空转上不空,与真常心合流,思想演变到《涅槃》、《胜鬘》、《楞伽》等经的真常唯心论,却远在其后。所以经中判三教,都是先说有,次说性空,第三时才说空中不空的真常。或者说先有真常,后有性空,把《华严》、《般若》等大乘经(在龙树之前就有了的)的一切性空不生,看为真常的。不错,这些大乘经,真常者是容易看做真常的。不过龙树以前是一切法空思想发扬的时代,虽或者有人看做真常的,但不是性空的本义。像真常空与真常心合流的真常唯心论,都比一切空要迟得多。从龙树的作品去看,他所引的《无行》、《思益》、《持世》、《维摩》、《法华》、《十住》、《不可思议解脱经》,都还不是明显的真常唯心论的思想。所以,要论究龙树学,必须理解妄识者的世俗不空、真心者的胜义不空,才能窥见龙树学的特色。

三　《中论》之特色

一　有空无碍

　　像上面所说的,是从《中论》(与龙树其他论典)所含的内容而说;现在,专就《中论》的文义来说。先论空有无碍:假名性空,在龙树的思想中,是融通无碍的。但即空即有的无碍妙义,要有中观的正见才知道。如没有方便,一般人是不能领会的,即空即有,反而变成了似乎深奥的空论玄谈。所以,现在依龙树论意,作一深入浅出的解说。

　　一、依缘起法说二谛教：佛法是依佛陀所证觉的境界而施设的。佛所证觉的，是缘起正法，本不可以言说表示，但不说，不能令众生得入，于是不得不方便假说。用什么方法呢？《中论》说："诸佛依二谛，为众生说法，一以世俗谛，二第一义谛。"二谛就是巧妙的方法。胜义谛，指圣者自觉的特殊境界，非凡夫所共知的。佛陀殊胜智的境界，像《法华经》说："如来见于三界，不如三界所见，非如非异。"所见的对象，同样的是三界缘起，所得的悟解却不同，见到了深刻而特殊的底里，所以名胜义谛。世俗谛，指凡夫的常识境界，如世间各式各样的虚妄流变的事相。凡夫所见的一切，也是缘起法，但认识不确，没有见到它的真相，如带了有色眼镜看东西一样，所以说"无明隐覆名世俗"。佛陀说法，就是依人类共同认识的常识境，指出他的根本错误，引众生进入圣者的境地。所以，这二谛，古人称之为凡圣二谛。经上说："诸法无所有，如是有，如是无所有，是事不知名为无明。"因为无明，不见诸法无自性，而执著它确实如此的有自性，所以成为世俗谛。通达诸法无自性空，就见了法的真相，是胜义谛。所以说："世俗谛者，一切法性空，而世间颠倒故生虚妄法，于世间是实。诸贤圣真知颠倒性故，知一切法皆空无生，于圣人是第一义谛，名为实。"这二者，是佛陀说法的根本方式。只能从这个根本上，进一步地去离妄入真，体悟诸法的真相，不能躐等地拟议圆融。

　　二、说二谛教显胜义空：佛依缘起说二谛教，目的在使吾人依世俗谛通达第一义谛。因为，"若不依俗谛，不得第一义"，所以要说世俗谛。说二谛而重心在胜义空，因为"不得第一义，则不得涅槃"。这个意义是非常重要的！众生在生死中，一切都没有办法，病根就在妄执真实的自性。若是打破自性的妄执,体达无自性空,那一切就都获得解决了。缘起的空有无碍,是诸法的真相,但却是圣者自觉的境界;在我们,只能作为崇高的理想,作为前进的目标! 可以意解它,却不能因观想圆融得解脱。在自性见毫厘许未破的凡夫,先应该侧重透彻一切空,打破这凡圣一关再说。

世俗谛是凡夫所认识的一切。凡夫所认识的,颠倒虚妄,本不成其为谛,因凡夫的心境上,有这真实相现起,执为实有,所以随顺世间也就说为真实。虽觉得这一切是真实的,其实很不可靠,所以佛陀给我们指出认识中的虚妄,显示圣者自觉的真实,使凡夫发心求诸法的真性。这需要破除虚妄不实,开显一切法的无自性空。一般人觉得是真实自性有的,现在说不是真实的。从观察到悟解这不真实的自性无,才能窥见一切法的真相。这很重要,离生死虚妄,入解脱真实,都从此下手!

什么是自性? 自性就是自体。我们见闻觉知到的,总觉得它有这样的实在自体。从根本的自性见说,我们不假思惟分别,在任运直觉中,有一"真实自成"的影像在心上浮现,不是从推论中得来的实自性。因直觉中有这根本错误的存在,所以联想、推论、思惟等等,都含着错误,学者们制造了种种错误的见解。前者是俱生的,后者是分别而生的。

直觉所觉的,不由思惟分别得来的自性有,使我们不能直觉(现量)一切法是因缘和合有的。这不是众缘和合的自性有,必然直觉它是独存的、个体。像我们直觉到的人,总是个体的,不理解他是因缘和合的,有四肢百骸的,所以自性有的"自成"必然伴有独存的感觉。由独存的一,产生了敌对的二(多),觉得这个与那个，是一个个的对立着。独立的一也好，敌对的二也好，都是同一的错误。在哲学上，一元论呀，二元论呀，多元论呀，都是渊源于独存的错觉。他们根本的要求是一，发现了一的不通，又去讲二、讲多。等到发现了二与种种有着不可离的关系，再掉转头去讲一。任他怎样的说一说多，只要有自性见的根本错误在，结果都是此路不通。

自成的、独存的自性有，直觉上，不能了解它是生灭变化的，总觉得是"常尔"的。像一个人，从少到老，在思惟分别中，虽能觉得他长、短、肥、瘦、老、少，有着很大的变化，在自性见的笼罩下，就是思惟分别，也常会觉得他的长、短、老、少只是外面的变化，内在还是那个从前看见的他。思惟还不能彻底地见到变化，何况是直觉！事实上，一切法无时不在变化的，佛陀说诸行无常，就是在一刹那（最短的时间）中，也是生灭演变的。因我们的直觉上，不能发现诸法的变化性，所以觉得它是常。世间学者多喜欢谈常，病根就在此。另一分学者，在意识的联想中，感到无常，但因常尔的自性见作怪，不能理解无常的真义，不是外动而内静，就前后失却联系，成为断灭。断是常的另一姿态，不是根本上有什么不同，如二与一一样。

总上面所说的，自性有三义：一、自有，就是自体真实是这样的，这违反了因缘和合生的正见。二、独一，不见相互的依存性，以为是个体的、对立的。三、常住，不见前后的演变，以为是常的，否则是断的。自性三义，依本论《观有无品》初二颂建立。由有即一而三、三而即一的根本错误，使我们生起种种的执著。世间的宗教、哲学等理论，不承认一切空，终究是免不了自性见的错误。佛说一切法是缘起的,缘起是无自性的,就是扫除这个根本错误的妙方便。无自性的缘起,如幻如化,才能成立无常而非断灭的;无独立自体的存在,而不是机械式的种种对立的;非有不生而能随缘幻有幻生的。本论开端说的"不生亦不灭,不常亦不断,不一亦不异",就是发明此意;所空的也就是空却这个自性。假使我们承认这自性见是正确的,不特在理论上不能说明一切事理,并且因这根本无明的执著,成为流转生死的根本,不能解脱。这自性见,人类是具有的,就是下等动物如猪、马、牛、羊,它们的直觉上,也还是有这错误颠倒的,不过不能用名相来表示罢了。这自性见,在一一法上转,就叫法我见;在一一有情上转,就叫人我见;破除这自性见,就是法空与我空。佛说二谛,使我们通达胜义空,这是佛陀说法的本怀。

缘起是佛法的特色,照样的,空也是佛法的特色。但因为学者认识的浅深,就有三种不同:一、分破空,天台家叫做析法空。就是在事事物物的观察上,利用分析的方法,理解它假合的无体空。如一本书,一张张地分析起来,就显出它的没有真实自体。这分破空,能通达真相,解脱生死吗? 不能,这不是龙树学所要发挥的。世间与小乘学者,都会谈到这样的空。这空是不彻底的,观察分析到不可再分割的质点,他们就必然要执著为实有的,以为一切是依这实有而合成的。所以虽然说空,结果还是不空,这不空的,实际上就是非缘起的。像有部说一切法有,色法是一微一微的,心法是一刹那一刹那的,这都是分析空所得到的结果。二、观空,这可以名为唯识空。就是在感情的苦乐好恶上,一切法常是随观念而转的。如果是修习瑜伽的,像十一切处、不净观等,都能达到境随心变的体验。火是红的、热的,在瑜伽行者可以不是红的、热的。境随心转,所以境空。小乘经部的境不成实,大乘唯识的有心无境,都是从这观空的证验而演化成的。这虽比分破空深刻些,但还是不彻底,因为最后还是不空。境随心转,境固然是空的,心却不空。龙树学,为了适应一般根浅的众生,有时也用上面二种空。不过这是不能悟到空理,不能得解脱的。三、本性空,就是观察这一切法的自性本来是空的,既不是境空,也不是境不空而观想为空。一切法从因缘生,缘生的只是和合的幻相,从真实的自性去观察是没有丝毫实体的。没有自成、常住、独立的自性,叫性空,性空不是否定破坏因果,是说一切都是假名。从缘生无自性下手,可直接击破根本自性见。存在的是缘起的,缘起是性空的,到达了彻底的一切空,不会拖泥带水地转出一个不空来。自性,出于无始来熏习的妄现,而由不正确的认识加以执著,缘起法本不是这么一回事,根本是一种颠倒。所以,把它破除了,只是显出它的本相,并没有毁坏因果。学教者从种种方法了解此自性不可得,修观者直观此自性不可得,消除了错误的根本自性见,即可悟到诸法的无自性空,进入圣者的境地。这是性空观,是佛陀说空的真意。

　　三、解胜义空见中道义:佛陀谈空,目的在引我们窥见缘起的真相。我们因有自性见的存在,不能彻见缘起,永远在生死戏论中打转。要认识缘起,必先知道空,空却自性,才见到无自性的缘起,缘起是本来空寂的。唯有在毕竟空中,才能彻底通达缘起的因果性相力用。不过,通达性空有两种人:一、钝根:就是学大乘的在他证空的境地上,与二乘的唯入但空一样。他知道因缘生法是毕竟空无自性的,在听闻、思惟、修习、观察性空时,是不离缘起而观性空的。他虽知缘起法是因缘有、假名有,但因侧重性空,到悟证时,见到缘起法的寂灭性,缘起相暂不现前。但空者所证的性空,是彻底的、究竟的。二、利根:他的智慧深利,在闻思抉择时,观缘起无性空;到现证时,既通达无自性空的寂灭,不偏在空上,所以说"不可得空"。虽可以不观缘起,但也同时能在空中现见一切法的幻相宛然,这就是性空不碍缘起、缘起不碍性空的中道妙悟。但证空性者,他起初不能空有并观,般若证空,缘起相就不现;等到方便智能了达缘起的如幻,又不能正见空寂。依这一般的根性,所以说:"般若将入毕竟空,绝诸戏论;方便将出毕竟空,严土熟生。""慧眼于一切都无所见",也是依此而说的。这初证性空无生的菩萨,有诸佛劝请,才从大悲本愿的善根中,从空出假,在性空的幻化中严土熟生。那智慧明利的菩萨,证得不可得空,能空有并观,现空无碍。依这特殊的圣者,所以说:"慧眼无所见,而无所不见。"要方便成就,才证入空性。经中说二乘圣者沉空滞寂,或菩萨但证性空,这不能作为性空不了或者真性不空的根据。因为,就是到了菩萨的空有无碍,见到即空的假名、即假的空寂,仍然是空,不是不空,这与真常论者的思想不同。中国的三论宗、天台宗,都把现空交融的无碍,与真常论者空而实不空妙有的思想合流。根本的差异点在:性空者以为空是彻底究竟的,有是缘起假名的;真常者以为空是不彻底的,有是非缘起而真实的。虽有这两种根性,结果还是一致的。在行证上,虽然或见一切法空,或见即空即假的中道,但下手的方法也是一致的。深观自我的缘生无自性,悟入我我所一切法

空;从这性空一门进去,或者见空,或者达到空有无碍。龙树说:
"以无所得故,得无所碍。"所以无论钝利,一空到底,从空入中道,
达性空唯名的缘起究竟相。这样,先以一切法空的方法,击破凡
夫的根本自性见,通达缘起性空,转入无碍妙境,不能立即从即空
即有、即有即空起修。本论名为中观,而重心在开示一切法空的
观门,明一切法"不生不灭"等自性不可得。这不是不谈圆中,不
深妙;却是扼要,是深刻正确。那直从空有无碍出发的,迷悟的抉
择既难以显明,根本自性见也就难以击破! 中国学佛者有两句
话:"只怕不成佛,不怕不会说法。"我现在可以这样说:"只怕不破
自性,不怕不圆融。"初心学佛者,请打破凡圣一关再说!

二　大小并畅

　　佛世所教化的是声闻弟子,而佛自己却是修菩萨行而成佛
的。有佛与声闻两类,这是大小乘各派所共认的。本论的思想,
佛与声闻所解脱的生死是同一的,系缚生死的根本也是同一的。
流转生死是什么? 无明缘行、行缘识等的十二缘起。现在说缘
起性空,就是突破缘起的钩锁而获得解脱。这不但声闻如此,佛
也还是从这缘起中解脱过来。所以说:生死与解脱,三乘是共
的;生死根本,三乘也是共的,谁不击破生死根本的自性见,谁就
不能得到解脱。破自性见,需要般若空,所以《般若经》说:"欲
得声闻乘者,应学般若波罗密;欲得缘觉乘者,应学般若波罗密;
欲得菩萨乘者,应学般若波罗密。"这可见不特生死根本与所解
脱的生死是共的,就是所修的观慧,也同是般若实相慧。这三乘
共的思想,与根本佛教的思想契合;如说"三乘共坐解脱床",即

是一例。不过其中也有小小的差别,就是声闻法多明人空,大乘法多明法空。虽然所明的二空有偏重不同,但性空义毕竟是一。龙树曾举一个譬喻说:稻草所烧的火,与树木所烧的火,从它的所烧说,虽是两个,而火的热性却是一样,不能说它有何差别。所以解脱生死,必须通达空性。上面说过,自性见在一一法上转,而认为有独存的自我,这是法我见;若在一一有情上转,而认为有独存的自我,这是人我见。我见虽然有二,实际只是自性作怪。我们若欲通达我空法空,唯一的是从击破自性见一门深入,所以说三乘同一解脱门。本论的《观法品》明白地指示,得无我我所智慧,洞达性空,即得解脱。大小乘的学者,都以性空为解脱门,不同其他的大乘学派说。

在通达性空慧上,大小平等,他们的差别究竟在什么地方呢? 这就在悲愿的不同:小乘圣者,没有大悲大愿,不发菩提心去利益有情;菩萨却发广大心,修广大行,普愿救济一切有情。在这点上,表示了大小乘显著的差别,一是专求己利行的,一是实践普贤行的。至于在见实相的空慧方面,只有量的差别,"声闻如毛孔空,菩萨如太虚空";而质的方面,可说毫无差别。本论重在抉择诸法真理,少说行果,所以本论是三乘共同的。不过侧重声闻的《阿含经》,不大多说空,多说缘起的无常、无我、涅槃。本论依《般若经》等,侧重法空,也就是以《阿含经》的真义,评判一般有所得声闻学者的见解,使缘起性空的为三乘共同所由的真义,为一般声闻所接受,也就引导他们进入菩萨道了。这点,我们不能不知。声闻学者初发心时,以无常为入道的方便门,见世间的无常生灭,痛苦逼迫,急切地厌离生死,欣求涅槃,所以放下一切，少事少业，集中全力去修习正行。菩萨就不能如此，假使厌离心太深，容易落在二乘中。因此，悲心迫切的菩萨，从性空的见地观察世间的一切，虽明晰地知道世间是无常的、苦的，但也能了知它如幻。这才能不为五欲所转，于如幻中利益众生，不急求出三界去证入涅槃。《阿含》重心在声闻法，《般若》重心在菩萨道。本论是三乘共法，特明空义，也就隐然以大乘为中心的。见理断惑，二乘是共的。要说不同，只是一是圆满了的，一是没有圆满的；一是可以二谛并观，一是不能二谛并观；一是烦恼习气都尽，一是习气尚未清除。

三　立破善巧

　　凡是一种学说，对他宗都要加以批判，对自己的体系，都要加以建立。佛教中，不论是大乘、小乘，都要说明世间的生死流转，出世的涅槃还灭；而且是贯彻了的，怎样说流转，反其道而行之，就是还灭，决不能另起炉灶。不过破立每每带有主观性，谁都说自己可以破他，可以立自，在别人却未必就承认你。所以你用什么理由破他，你必须不受同样理由的反驳，才算能破他立自。龙树学遍破了一切，目的实在是建立自己。流转还灭，这是佛学者必须建立的，现在从缘起无自性的见地观察一切，对不能正确的地方，就用他自己所承认的理论，显示他本身的矛盾困难。像印度学者具有权威的胜论、数论派，他们都从实在的见地各侧重一面，主张因果一与因果异，因中有果与因中无果。在理论的观察上，每每自己撞住而不通；他们的基本困难，就在执有实在。所以佛说缘起，是空无我的缘起，才能建立一切。龙树说：如有毫厘许而不空的自体，在理论的说明上，必定要发生常、断、一、异、有、无的种种执著；所以一切法不空，不但不能破他，也不能自立。论说："以有空义故，一切法得成。"这是说一切法必须在空中才能建立起来，才能立论正确，不执一边，不受外人的评破，处处畅达无滞。这是本论立义特色之一。难破，不是一难就算了事的，你难别人，别人也可以反问你，你自己怎样说的，他人也可以照样地问你。这情形，在大小乘各派中都非常明白。比如唯识学者，破外色没有实在极微，就说：你所执的实在极微，有六方分呢？还是没有？若有六方分，那就是可分，怎么可以说是极微呢？若没有六方分，方分既没有，怎么还说是极微色？他破了外色的极微，就建立只有刹那刹那的内心变现。但我们也可用同样的方法，问问他的内心，你的一念心有没有前后的分呢？若说有分，那就不是刹那；若说没有分，那么这无分的刹那心生灭同时呢？还是异时？若是同时，这是矛盾不通；若是异时，先生而后灭，岂不是有分非刹那吗？这样的反复征诘，照样地可以破他的内心有。又如犊子部，在五蕴上建立不可说我，难问他的时候，就说这是假有的呢？还是实有？若是实有，应离五蕴而有别体；如果是假有，那怎可说五蕴上有不即五蕴的不可说我呢？又如唯识宗破经部的种类，也是利用这假有实有的双关法。但他自己却说，种子是非假非实的；又可说世俗有，又可说胜义（真实）有。这虽破了对方，但仍不能建立自己，所以这种破立，是不善巧的。龙树立足在一切法空，一切法是假名缘起的，这才能善巧地破立一切。若一切法是实在的、常尔的、独存的，那甲乙两者发生关系时，你说他是一还是异？异呢，彼此独立,没有关系可谈。一呢,就不应分为甲乙。若说亦一亦异,或者非一非异,那又是自语相违。所以唯有承认一切法无自相,是缘起的假名,彼此没有独立不变的固定性;因缘和合生,彼此有相互依存性,也有统一性,但彼此各有它的不同形态,不妨有它的特性、差别性。这样从无自性的非一非异中,建立起假名相对的一异。难他立自,都要在一切法空中完成。所以说:离空说法,一切都是过失;依空说法,一切都是善巧。这实在是本论的特色。

有人说:龙树学为了破外小的实有计执,所以偏说一切皆空。这是不尽然的,龙树学特阐法空,这是开发缘起的深奥,像《般若经》说:"深奥处者,空是其义。"这也是抉发缘起法的最普遍正确的法则,完成有与空的无碍相成。这需要批判扫荡一切错误,才能开显。当小乘隆盛外道跋扈的时期,多拿他们作为观察的对象,这是当然的。众生有自性见的存在,本来主要的是破那个根本自性见,但一分世智凡夫,却要把那个自性见看为万有的本体,作他思想的辩护者。这些世间妄智,在佛法外,就是外道(宗教哲学等);在佛法内,就是一分小乘学者(不合佛意者),还有大乘的方广道人,这自然要破斥了的。所以我们要审思自己的见地是否正确,是否在自性见中过生活,不要把《中论》看为专破外道小乘的。古人说:三论遍破外小,就是"遍呵自心",这是何等的正确!《中论》的观门,是观破自性的方法,知道了这破斥的方法,凡是执著实有的,也什么都可破,不要死守章句,只晓得这颂是破这派,那颂是破那派,不晓得检点自心,不知道随机活用。

从来学空的学者,常发生一种错误,以为空即一切空无所有,知道了空无所有,便以为一切都是假有的,一切都要得,就要什么都圆融贯摄了。这样学空,真是糟极了!譬如这里一把刀,观察它的真实自性,说没有刀,俗谛所知的假名刀,还是有的。若这里根本没有一把刀,当然说无刀,但反过来也说有刀,岂不是错误之极!可说毫不知立破。一切法空,是破真实的自性,是不坏世俗假名的。但缘起假名,与第二头第三手不同,所以世俗谛中虽一切唯假名,而假名的有无,也还是有分别。如外道的上帝、自在天、梵天等,佛法中无分的极微色、刹那心等,都是妄执,如以为有缘起假名,必会弄成邪正不分、善恶不分。大略地说,我们明净六根所认识的一切,在一般世间常识中(科学的真实,也属于此),确有此体质相用的,须承认它的存在。如果否认它,这就与世间相违了。这里面,自然也有错误。而我们习见以为正确的,或隐微而还没有被我们发现的,这需要世间智的推究发明。菩萨如果证悟一切法空,正见缘起的存在,那更有许多不是一般常识所知的呢!

龙树学的立破善巧,归纳起来有两点:一、世出世法,在一个根本定义上建立,就是世间的生死是性空缘起,出世的生死解脱也是性空缘起。所不同的,在能不能理解性空,能理解到的,就是悟入出世法,不能理解到的,就是堕入世间法。所以世间的一花一草,出世间的菩萨行果,都是性空缘起,这就达到世出世法的一贯。二、声闻法与菩萨法,同在解脱生死的根本自性见上建立,就是声闻人在性空缘起上获得解脱,菩萨人同样在性空缘起中得解脱。所不同的,菩萨的大悲愿行胜过了声闻,这就达到了声闻法与菩萨法的一贯。龙树深入佛法的缘起,在立破上,可说善巧到了顶点。

四　《中论》在中国

龙树中观学,在佛教中,无论是从印度、藏地、汉地讲,都曾引起很大的影响,现在单就汉地来说。自罗什三藏在长安逍遥园翻译出来,汉地佛学者才真正地见到大乘佛法。过去虽也有人谈空,但都不理解空的真义。什公门下有几个杰出人才,僧肇法师是最有成就的,罗什三藏曾称赞他"秦人解空第一"。他与什公的关系也比较密切,在什公未入关以前,他就到姑藏去亲近什公,又随侍什公来长安,亲近了十有余年。他著有《肇论》、《维摩经注》,思想很切近龙树学的正义。有一部《宝藏论》,也传说是僧肇作的,其实是唐代禅和子的胡诌托古。其次,昙影、僧睿二法师,思想也都相当正确,所以什公说:"传我业者,寄在道融、昙影、僧睿乎?"那亲近什公不久,号称什门四哲之一的(生公说法顽石点头的)道生法师,他是南京竺法汰的弟子,非常聪明,但他到长安不久就走了,对什公的性空学没有什么深入,也并不满意。他回到南京,并未弘扬什公的大乘学,却融贯儒释,糅合真常。他著名的《七珍论》,像《佛性论》、《顿悟论》,与什公学都不吻合。什公西逝两三年,关中大乱,护持佛教的姚兴也死了,什公的龙树学没有得到健全的发扬,特别是肇师青年早死(素患劳疾),是什公所传大乘学的大损失。把什公所译的经论传到南方来的,像慧观、慧严他们,积极从事经论的翻译;所弘的教法,也倾向觉贤的华严、昙无谶的涅槃。真常的经论紧接着大量的译出来,如《涅槃》、《金光明》、《善戒》、《楞伽》等经,所以中国的性空学,起初是没有大发展的。这主要的,中国人的思想与印度有一重隔碍,认为一切菩萨的论典,一切大小的经典,都是一贯的,所以虽赞扬什公的译典和性空,但喜欢把各种思想融于一炉。这样,性空大乘与真常大乘,早就种下了合流的趋势!

稍后,什公门下的思想,从北方传来江南的,有三大系:第一系是成实大乘师,他们以为三论(《中论》、《百论》、《十二门论》)偏空,关于事相太缺乏了;而什译的《成实论》,不特明人法二空,与性空相同,还大谈事相。他们把《成实论》看为三乘共同而且是与大乘空理平等的,所以用《成实论》空有的见解,去讲《法华》、《涅槃》等大乘经,成为综合的学派——成论大乘。当南朝齐、梁时代,成实大乘,盛到了顶点。这一系像彭城僧嵩、寿春僧导们,都是什公的及门弟子,从长安东下,到彭城(今江苏徐州)、寿春(今安徽寿县),再向南到扬都(今江苏南京),再沿长江上下。第二系是三论大乘,这与成实大乘师有相当的关系。这一系的前驱者,像宋多宝寺的道亮(广州大亮),他是从关河来的,他弘扬"二谛是教"的思想,是三论学初弘的要义之一。他的弟子智琳,是高昌人。他自己说年轻的时候,曾在关中学过肇公假名空的思想。师资二人在三论的勃兴上,有着很大功绩的。齐末,辽东僧朗法师来南方,在栖霞山大破成实大乘师,特别弘扬三论、华严,确立复兴了什门的三论宗,但僧朗的传承不明。到了陈隋时代,达到全盛。他们以《中》、《百》、《十二门论》为抉择空有的基本论,在这个根本思想上,去沟通一切经论。隋唐之间的嘉祥大师,集三论之大成,他的思想虽也采取成实大乘的许多精确的思想,但加以极力的破斥。他受北方地论宗、南方摄论宗的影响不小，他不但融合了真常的经典，还以为龙树、无著是一贯的，所以三论宗依旧是综合学派。研究三论的学者，先要认识清楚：学三论，还是学三论宗。如果学三论，那三论宗的思想只可作参考，因为他的思想是融合了真常的。若学三论宗，这就不单是三部论，其他如《净名》、《法华》、《胜鬘》、《涅槃》等大乘经，都是三论宗的要典。判教、修行、断惑、位次、佛性这些问题，也都要理会明白。如以为三论就是三论宗，这是非常错误的。第三系是陈代来南方的天台大乘，南岳慧思、天台智者，他们是从现在的平汉路南下的，先到南岳，后到扬都，再后到浙江天台。天台宗也还是龙树学之一，思大师对《般若》、《法华》二经并重；智者大师比较上特重《法华》、《涅槃》，所以他判二经为最高最究竟。这样，天台学者，比较三论宗，受真常的思想要格外浓厚。北方的禅宗、地论的思想而外，又吸收了南方的成论、三论、摄论各派，才组织他宏伟的体系。因此，天台宗是更综合的学派。智者大师对龙树的《智论》有特深的研究，对于南北的学派，批判又贯摄，能直接依据大小乘经，把当时的学派思想作有系统而严密的组织。他的精髓在止观。天台比三论，确要充实些。不过三论宗有许多思想，却比天台要接近龙树学。成实大乘，与龙树学相差太远，但与中国的佛教却关涉很深。三论、天台，都应该研究参考。

三论学者谈二谛皆空，有三种方言，主要的意思：一、世俗中空自性执，胜义中空假有执。有人执假有是有体假，有的执无体假，但他们都以为假法不能没有，所以又执有实在的假体或假用。为破假执，故说胜义空假。这是二谛尽破一切的情执。二、世俗中空,空自性的生灭不可得;胜义中空,不是空却如幻的假有。因果假有,怎么可破!上面说空假,其实是假执。所以胜义中空的真义,是即幻有而空寂,显示假名诸法的寂灭性。此二谛,是在世俗的缘起幻有上,离去自性的妄计(世俗中空),显示胜义的寂灭性(胜义中空)。三、世俗所说的空与胜义所说的空,虽好像世俗中破自性执,胜义中即假有而空寂,其实是一个意义,不是对立的。从性空上说,在缘起上离去情执(世俗),性空的真相就显现出来(胜义)。如暗去与明来,并非二事,所以说"以破为显"。从幻有说,空却自性才是缘起假名(世俗);缘起空寂,其实空中不碍一切(胜义)。这三种说明,不过是一种方式而已,懂得的人,只一句"缘有性空",就是一句"缘起",也就够了。三论宗的空有,是无碍的。目的在说明缘起即空、即假、即中,但说明上,是侧重于离一切执著,显示毕竟清净的。天台学者谈缘起性空,重视空假无碍的中道。他说中谛"统一切法",立足在空有无碍、寂然宛然的全体性,离一切执是空,宛然而有是假,统合这空假二者是中。这三者是举一即三,三而常一的。中国人欢喜圆融,总觉得天台的思想圆融,理论圆融,三论有所不及。其实,三论学者重《中论》,只谈二谛,比较上要接近龙树学。天台的离妄显真近三论,统合一切之空有无碍,是更与真常杂糅的。

五　《中论》之组织

我们若知一论的组织,于全论的内容也就得到一个要略的概念。但是科判《中论》是很难的,古德每一品品的独立,不能前后连贯起来。本论的中心，在说明世出世间的一切法，不像凡夫、外道、有所得小乘学者的所见，在一一法上显示它的无自性空。空性遍一切一味相，通达此空，即通达一切。所以论文几乎是每品都涉及一切的。但不能说完全没有次第，不从破的方式看，看他所破的对象是什么，就可看出本论是全体佛法，而以性空扫除一切执著。

本论以《阿含经》为对象。阿含是根本佛教，思想是"我说缘起"，缘起是"空诸行"，正见性空的缘起，才能正见佛陀的圣教。本论从性空缘起的见地，建立佛教的一切。有人以为龙树专说一切法空，这是错误极了！龙树的意见，佛法——世出世法，不要说凡夫、外道，就是大部分的小乘学者也不知道；像他们那样说，是错的；要理解一切法空，才能正确地理解佛法的一切。这可以说，开发《阿含》的深义，就是用性空无所得的智光，显示了真的佛教。真佛教，自然是真的声闻乘，也就是真的菩萨乘。所以古人说：三论是无所得小，无所得大。概略地说，《阿含经》广说缘起有，从缘起有而略示本性空寂。小乘阿毗昙，不免离去本性空而说一切有。大乘经从一一缘起有上开示法法的本性空。本论从法法性空的正见中，广观缘起法，是大乘论，而所观、所破，是《阿含》所开示的缘起有与小乘论师们的妄执，也是大乘学者开显的《阿含》深义。

二十七品最初的两颂，是作者敬礼释尊，显示佛说甚深缘起的大法，能离一切戏论颠倒，而得诸法的寂灭性。最后有一颂，是作者结赞世尊，赞佛慈悲说此微妙深法，令有情离一切见。中间二十七品，广说缘起正观。大科分判，三论宗依青目《释论》，前二十五品，"破大乘迷失，明大乘观行"；后二品"破小乘迷执，辨小乘观行"。天台学者说:本论以缘起为宗,第二十六品正是说的缘起,为什么一定判为小乘? 所以通而言之,全论二十七品,同明佛法;别而论之,这可说前二十五品是明菩萨法,第二十六《观十二因缘品》,明缘觉法,后一品明声闻法。现在判《中论》,不分大乘小乘,因为性空义是三乘所共的。初二品,总观八不的缘起法,后面的诸品,别观八不的缘起。总观中,第一《观因缘品》,重在观集无生。生死流转,因果相生,是生生不已的缘起;现在总观一切法无生。第二《观去来品》,重在观灭不去。涅槃还灭,好像是从生死去入涅槃的;现在总观法法自性空,没有一法从三界去向涅槃。后二十五品,别观四谛,观苦是性空,观集是性空等。一、观世间(苦)有三品:(一)观六情品,(二)观五阴品,(三)观六种品。这是世间苦果,有情生起苦果,就是得此三者。本论所说的,与五蕴、十二处、十八界的次第不完全相同,却是《杂阿含》的本义。六处、五蕴、六界和合,名为有情。这像《舍利弗毗昙》、《法蕴足论》,都是处在蕴前的。这是有情的苦体,观世间苦的自性空,所以有此三品。二、观世间集有十二品(从《观染染者品》到《观业品》),这又可分三类:初五品,明惑业所生,说三毒、三相(有为相)作业受报的人法皆空。次两品,明生死流转,从因果的相续生起中,观察它的无三际、非四作。次有五品,明行事空寂。说了世间集,就要进而谈世间灭。但世间集是否能灭呢? 显示世间集的无自性空,诸行无常,无实在性,这才可以解脱,解脱也自然是假名非实的。三、观世间灭有八品,初法品,明现观,观一切法相无我我所,离欲而悟入法性。次《观时》等三品,明三乘的向得。要经过几多"时"间,从"因"而"果","成不成"就! 其实,时劫、因果、成坏,都是无自性的。后四品,讲断证。断证者是如来;所破的颠倒、所悟的谛理、所证的涅槃,是所,这一切是性空如幻的。四、观世间灭道有两品,就是观诸法的缘起,离一切的邪见。这是本论的大科分判,兹列表如下:

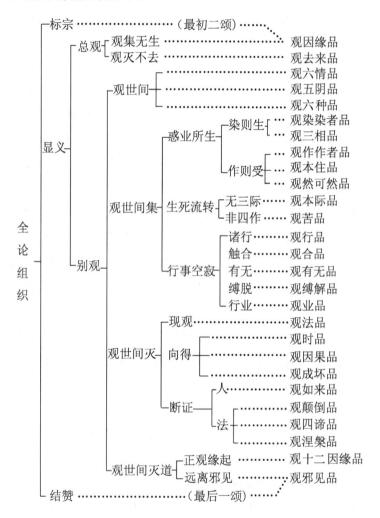

正　　释

观因缘品第一

　　一切法的存在与生起，是依于因缘的，这是佛法的根本义，所以先观察因缘，看它是怎样的生起一切法。泛泛而谈，世间一切法，有因有果，世人也未尝不说。但唯有佛教特别谈到：凡是存在的，是从众缘所生的；非缘生的，一点也没有。因缘二字，在根本圣典中有何不同，很不易说，如集、因、缘、生、根、触等，都名异义同；不过习惯都简单地只说因缘罢了。一般的解释：亲切的、主要的条件是因，疏远的、次要的条件是缘。其实也不一定。如萨婆多部说六因，《舍利弗毗昙》说十因，《瑜伽论》说十因，是包括一切因缘在中的；铜鍱者说二十四缘，《舍利弗毗昙》说十缘，说一切有部说四缘，因也是包括在内的。怕是有部学者吧，把种种因缘精练为四缘，为后代学者所通用。佛说一切法从因缘生，目的在破邪因、无因、常见、断见等错误，又开示一切法的寂灭性。这本是佛学中普遍而共认的。但一般人对缘生的见解，生起不正确的错误，主要是以为有实在的法，从实在的缘生。

本品观因缘,就是否定自性有的因缘生,深刻地通达诸法无自性空。如一般所讲的因缘,虽不同于外道的妄计,但不彻底。所以《般若经》说:"欲知四缘,当学般若波罗密。"龙树曾假设问答,而给以说明:讲四缘,毗昙是详细不过的,为什么学习四缘要学般若呢?《般若经》似乎没有广谈四缘吧!要知道:四缘生法,从实有的见地去看,起初似乎是可以通的,但不断地推究,不免要成邪见。你想!四缘生一切法,而四缘本身也要从缘生,这样再推论,其他的缘仍须缘生,缘复从缘,就有无穷的过失。若说最初的缘不须缘生,那又犯无因生的过失,所以有他的困难!若能理解一切法毕竟空,才能建立如幻的缘生,不再陷于同样的错误!这样,本品观因缘,就是观察能生的因缘,若如实有者所说,是不行的。但性空者,并不否定四缘,如幻如化的四缘是有的,从这样的因缘生起,不仅遮破了自性的缘生,也显示了一切法本性空寂的不生。

甲一　标宗

不生亦不灭　不常亦不断　不一亦不异　不来亦不出
能说是因缘　善灭诸戏论　我稽首礼佛　诸说中第一

此二颂八句,初四句标缘起的八不,次二句明八不缘起的利益,后二句是作者礼赞。这两颂标明了全论的宗趣所在,不是《观因缘品》的颂文,因为在论初,所以附在本品之前。八不分四对,要说明八不,先从生灭等四对说起。生灭有三种:一、一期生灭,这是一般人所能明了的,如人初生叫做生,后来死亡叫做灭,这是在一期相续中呈现的诸行无常相。有生必有灭,有情如此,无情也如此;如世界初成是生,后经几多劫的相续到毁坏是灭。这生灭,在相续中,有分为生、住、灭三相的,有分为生、住、异、灭四相的。二、刹那生灭,如人从生到死的一期生命中,从深睿的智慧去观察时,才知道是刹那刹那地生灭变化着,没有一念(极短的时间)不在潜移密化的。假使有一念停滞在固定的不变中,在论理上说,此后没有任何理由可以使它变化;事实是无常变异的,所以成立刹那生灭。三、究竟生灭,这是一般人更难理解的。一期生命结束了,接着又受生,生而又死,死而又生,生生死死的连续不断,如大海的波波相次,成为世间生生不已的现实,总名为生。等到截断了生死的连索,达到无生的寂灭,这叫做灭。这究竟的大生灭,如十二缘起的“此生故彼生,此灭故彼灭”就是。这种生包括了世间的生死法,灭包括了出世的涅槃法。常断有二义:一、一期的,时间的连续上,起初是这样,后来还是这样,这就是常。在前后的连续中,完全解体,就是断。二、究竟的,就世间生死边说,常在生死中,这叫常。断除种种的烦恼,断生死,这叫做断。但佛教中,凡是世间法,是不大说为常的,多称为相续,因为常容易与梵我论混滥。在出世解脱边说:解脱生死的涅槃,本来如是,所以也说为常,但这常是超时间性的。断烦恼而显证的,也偶然的称为断的。但怕它与断灭见相混,所以多说为“空”、“寂”、“离”等。一异呢,也有二:一、外待的,若观此法与彼法没有依存的关系,而是独立的,那就是独存的一与对立的异。二、内含的,随便观察一法,它是因缘和合而一合相的是一;在和合的一相中,存有种种差别,这就是异。但不空论者,常以为前一种是真实的,后一种是假名的。一与异,别译作一与种种,这可以概括总合与部分、统一与对立、同一与差别、和合与矛盾、单一与杂多等。来出,是就人或法的动作的内外向说的。从彼而到此是来,从此而到彼是出(出就是去)。这八者(《智论》加因果为十),包含了世间的根本而最普遍的法则,即是现起、时间、空间、运动四义,为一一法所必备的。因为,存在者必是现起的,必有时间性、空间性,又必有运动,所以,这四者实在总摄了一切。如执有真实自性的八法(四对),就不能理解说明世间的实相,所以一一的给以否定说:不生、不灭,不常、不断,不一、不异,不来、不出。

八不可以作多种不同的观察,综合这八不,可以破一切戏论;就是单说一句不生或不常,如能正确地理解,也可破一切。可以说,一一不中,遍破一切法。现在,不妨作一种解释。

"有"、"生",我常用存在、现起来解释的:有是存在,生是现起。似乎前者的范围广,显在的、潜在的,都是有。后者只是存在中一分现起的。但据龙树的正见看,存在的有和现起的生,二者的范围到底是同一的。意思说:凡是存在的,就是现起的;没有现起的存在,等于没有。一般人以为甲功能存在而没有发现,其实,有甲功能存在,等于甲功能的现起,不能甲功能存在而没有现起。他们的意境中,是近于因中有果,而不是直观法法的当体,与法法的相依相成。《中论》的本义是现起即存在。这生起即存在的缘起法,自然有显现或隐微的,有我们所从来没有发现的。"此有故彼有,此生故彼生",其实同是缘起,没有有而不是生的。生是因缘的生起,有是因缘的存在。实在论者,执著自性有与自性的生起。既然以为自性有,不论他说不说生起,他终究

是反缘起的,观察这"自性有"非有,名为无自性空。自性有的
生起不成,名为无生。无自性有,也就没有自性无;无生也就无
灭。这包含了存在与非存在、存在与现象的问题。这存在与生
起的,不理解缘起,从自性见去认识,那不问它是直线的、曲折
的、旋形的,总觉得在时间的活动中,是前后的。如果在一期中,
见某种相似相续的存在,就以为昨天如是,今天仍如是,有一常
住不变的存在。若在无常变化中,或者色,或者心,不能发觉它
前后的相续关联,就以为是从此断灭。这是常与变的问题。从
自性有的观念去观察同时的彼此(也可从时间上说),如以为此
法与彼法有同一性,就觉得合而为一,没有差别可谈(有差别,
他以为就是非实在的)成为浑一的整体。如发见了差别,就以
为一一的独存而彼此敌对着。这是统一与对立或一体与杂多的
问题。从自性见去观察那存在与生起的,在时空中的运动,觉得
不是从此去彼,就是从彼来此。而这样的来去,在时空的一点,
他们只能说不动的,要说动,就发现他的矛盾不通。这是运动问
题。这存在与非存在、常与变、统一与对立,是缘起的三相;而在
自性见者,也就是自性的三态。而这三一无碍缘起相的运动,自
性有者也不能认识。所以他们的生灭、断常、一异、来去,一一给
他个不字,开显了缘起空寂的实相。自性空,才正见了缘起假名
的生灭来去。不过八不的意义非常繁广,这只是一种方言而已。

　　"能说是因缘,善灭诸戏论":佛在经中说这八不的因缘(缘
起的异译,与《观因缘品》的因缘不同),是善能灭除一切戏论
的。善灭的灭字,什公译得非常善巧,这可从两方面说:一、八不
的缘起说,能灭除种种的烦恼戏论,种种不合理的谬论,不见真

实而起的妄执。二、因种种戏论的灭除，就是自性的彻底破斥，能证得诸法的寂灭，出离生死的戏论海，走入寂灭的涅槃城。龙树菩萨洞达了这缘起法的甚深最甚深，难通达极难通达，而佛却能善巧地把它宣说出来，这是很难得的。不说在世间的学说中第一，就是在佛陀的一切圣教中，缘起也是最深刻的、最究竟的。这样的善说缘起的大师，怎能不恳切至诚地敬礼！所以说："我稽首礼佛，诸说中第一。"

关于八不与二谛的关系，向来有几种解说不同。从世俗胜义谛说，八不是世俗呢？是胜义呢？清辨论师说：不生不灭，是依第一义谛说的；不断不常、不一不异，是依世俗谛说的；不来、不去，是依二谛说的。也有说，这都是依第一义谛说的。他是主张世俗中有生灭自相的。《智论》讲到第一义悉檀，也是引这八不来解释的，可见是依第一义谛有八不。这样，世俗中难道是生灭、一异、常断、来去的吗？也是，也不是。这意思说：观察缘起的自性，八事不可得，本是胜义谛的八不观，所以可说是依第一义谛说的。不过胜义谛观，不单指性空的实证，闻思修的观慧也是中观。这闻思修的胜义慧，是在缘起法上寻求自性有的生灭、断常等，缘起法中没有这自性的生灭、一异等，固然胜义谛中空无自性；也可见世俗谛的缘起相中也是没有的，所以世俗是无自性的缘起。自性的生灭、常断、一异等，二谛俱破。二谛中自性都不可得，这才世俗中无自性的缘起与胜义中缘起的性空，相成而不是互相矛盾的。这才是佛教的性空缘起的正见。缘起是无自性的，我们执著它自性有，这不是错误到极点了吗？所以在世俗法中，观察无自性可得，即能观入胜义空性。

从学派上看，一切有系是以缘起为有为法，是因；大众分别说系，以缘起为无为法，是因果的理则。缘起无为者，也可说缘起法是不生不灭的，但不是中观的正见。缘起有为者，可以在因果体用上说不生不灭等，但也不是中观的正见。中观者的八不缘起，是依化迦旃延等经而阐扬的，从生灭、一异的假有无实上，显示不生不灭等。所以从胜义谛说，不生不灭等，是缘起法的本性空寂；从世俗谛说，这是缘起的幻相无实，而世俗与胜义是无碍的，这才是本论的正见。本来，佛在因果相生中，见到因果的条理，悟到这因果理事的幻化非真而悟入空寂。佛所证在此，所说亦在此，从缘起的生灭显示寂灭，才是佛说缘起的目标所在。这唯有在般若等性空经、中观等性空论，才圆满而扼要地开示出来。

古代三论宗讲的单复横竖，是很有意义的，若能理解单复，就不会受圆融的牢笼，才能博而能约。有无是单句，亦有亦无、非有非无是复句。一方面看，亦有亦无是有无的综合，而非有非无又是前三者的否定，或亦有亦无的另一说明。但在另一方面看，复句只是言辞的变化，内容并不见得奇妙。明白地说，有有有无还是有，非有非无还是无。再说得彻底一点，有可以包含了有有、有无、有亦有亦无、有非有非无；或者更进一步，有双亦双非，有非双亦双非，……看来单纯的有，或者还包含得多一点，包含一切的存在。但是一般学佛法者，容易受名相的转动，以为亦有亦无，是包括了有无的，比单说有无要进一步。不知亦有亦无还是有，而无却是一切的否定。如能理解单复的无碍，才知八不的不字，比那不而非不，要彻底得多。再说横竖。横，是相待的假立,如说有,同时就有无与它相对,没有无,有的观念就不能成立。竖,是超情的,众生在不是实有上,执著为有,可以用无来否定它。但说无的用意,是因指见月的,并不叫你想像执著有个实在的无。真正性空的空、八不的不、无自性的无,都是不能滞在假说相待上的,是要你离执而超越的,离去自性的,这叫做"破二不著一"。若从相待上去理会,这叫做"如狗逐块,终无了时"。这又与单复有关:众生执实有,所以说空。懂得佛陀的真意,悟入性空,早是一了百了。但有人把有同空对立起来,以为这是有的,那是空的,所以又说非有非空,其实非有非空还是空。有人又执著有空、非有非空,所以又说非(空有)二非(非有非空的)不二。懂得的还是一致的。无差别中作差别说:横的是假名,竖的是中道,中即离能离所而为自觉的境界。但执著绝对中道,把它同假名对立,还不是一样的错误吗? 所以,像八不中的不生,不能看为与生对立的一法,或者单不此生而不能不一切。龙树说:是非生,非不生,非共(俱)非不共,名为无生法忍。无生是这样的单复无碍、横竖无碍,其他的也无不如此。

甲二　显义

乙一　总观

丙一　观集无生

丁一　观四门不生

诸法不自生　亦不从他生　不共不无因　是故知无生
如诸法自性　不在于缘中　以无自性故　他性亦复无

此二颂,明四门不生,这在本论中,与标宗的八不颂,同是脍炙人口的。凡是以为一切法是自性有的,那就必是生起的;所以观察它是怎样生的。如生起不成,就足以证明非自性有的空义。讲到生,不出有因生、无因生两类,有因中又不出从自生、从他生、从共生三种,合起来就是四门。既是自性有,那从自体生吗?不,就转为别体的他生。这二者是一正一反,共是自他和合生,就是合(正)。又不能生,那就达到非自他共的无因(反)。这已达到了思想的尽头,再说,也不过是层楼叠架的重复。凡是主张自性有的,就可以此四门观察,不能离此四门又说有自性的生。四门中求生不得,就知一切自性有的不生了。所以这是能遍破一切的。像印度外道讲生,虽有很多流派,不出这四种:数论主张因果是一的,这是自生;胜论主张因果是异的,是他生;尼乾子主张因果亦一亦异的,是共生;自然外道主张诸法自然有的,是无因生。如果佛法中有执为自性有的,也不出这四门。

"诸法"的法字,或者译作物体,梵语中是说实在性的东西,就是自性有的东西。自性有的诸法,"不"会是"自生"的。自生,是说自体能生起的。假定是自体生的,那在没有生起以前,已经生起之后,是没有差别的,依本有自性而生起,这才合乎自生的定义。但是,不论在何时、何处,什么也不会这样生的。为什么呢?自生,本身就是矛盾不通。凡是生起,必有能生与所生,既含有能所的差别,怎么能说自体生呢?可以说,自即不生,生即不自。同时,凡是生起,必然与未生有一种差别。未有而有,未成就而成就,现在说自体如此生,生个什么东西呢?可说是一点意义都没有。并且自体如此生,就不须其他条件,那么,前念既如此生,后念也应如此生,生生不已,成为无穷生。若说要有其他的条件,所以前念自生而后念不生,那就失却自生的意义了!所以没有一法是自生的,自生只是从自性见所起的妄执罢了!有人以为既不是自生,应该是他生,他是别体的另一法。其实,既没有从自体生,也就"不从他生",要知他生是同样的矛盾不通。可说他即不生,生即不他。凡是此法由彼生的,彼此就有密切的关联,决不能看为截然无关的别体。别体的他能生,这是绝对不能的。譬如火从木生,火木不是能截然各别的,不然,水呀、铁呀,这一切法,岂不也是别体的他,他木能生火,他水他铁等也应生火了。同是别体的他,为什么有生不生的差别呢?假如说:他生的他,是有关系而亲近的他;那无关而疏远的他,不可为比例。这也不然,既有亲疏的差别,为什么说同是别体的他呢?不能生的是他,能生的就不应是他了。所以执著自性有的,说另一别体的他能生这实有法,是不合理的。一般人执自生的少,主张他生的多,我们必须破斥这他生的妄计!有人以为单自不生,独他也不生,自他相共当然是可生的了。他们的见解,就是果体已经成就了的,或是果体的理,或是果体的功能,再加以其他的条件的引发,自他和合就能生诸法。"不共"生,在青目释中是不广破的,因为共生不出自他,自体不能生,他体不能生,自他和合怎能生呢?如一个瞎子不能见,许多瞎子合起来,还不是同样的不能见吗?所以说共生是犯有自生他生的双重过失。有一类外道,对世间一切的存在与生起,不知其所以然,看不出它的因缘,于是便以为一切的一切,都是自然如此的,执著是无因生的。果法从无因而生,这在名言上又是自相矛盾的,有因才有果,无因怎会有果呢? 现见世间有情的事情,要有人功才成就,若完全是无因的,人生的一切作业岂不都是毫无意义? 贫穷的自然贫穷,富贵的自然富贵,这么一来,世间的一切完全被破坏了。同时,如果是无因而有果,此地起火,别地为什么不起呢? 同样是无因的,为什么有生有不生? 别地既不起火,可见这里的火,是自有它的原因,只是你不能发觉罢了! 所以说"不无因"生。主张自性有的,都可用这四门观察它的怎样生起。一一门中观察不到,就可知自性生不可得,所以说"是故知无生"。

反过来问中观学者,诸法究竟有没有生呢? 有生是自生呢? 他生呢? 共生呢? 还是无因生? 敌者还不是可以用同样的方法来破斥你。中观者说:一切法是缘生,缘生是不属前四生的,所以就免除了种种的过失。古代三论宗,从一切法无自性的观念出发,说一切法唯是假名,不从自他等生。如长短相待,他的初章中假说:"无长可长,无短可短。无长可长,由短故长;无短可短,由长故短。由短故长,长不自长;由长故短,短不自短。不自长故非长,不自短故非短。非长非短,假说长短。"这意思是:从长短的相待相成中,理解无长短的自性(也叫做中)。唯其没有长短自性,所以是假名的长短(也叫做假)。这无自性的长短,观察它的自性有(如四生),虽毕竟清净,一毫不可得,而假名的缘生宛然。他从缘起理解到无自性,在无自性上成立相待假(这叫成假中中后假)。这一观察过程,是非常正确的。天台破他有他生过。照天台家的意思,一切法非自他等生,是不可思议的因缘生,即空即假即中的缘起,是不可思议的。在他的解说中,有"理具事造"说。台家的缘起说是妙有论,与中观的幻有论多少不同。西藏传月称的解说：诸法因缘生，就是无自性生，无自性生，所以是缘生。这无自性的因缘生，唯是观待的假名，与三论宗的见地相近。常人直感中的一切，皆有自性相浮现在认识上，就是有一自成的、常尔的、独存的感相。若因此主张自性有，以为是实有的，就可推究这自性有到底是怎样生起的。这不是自生，就是他生，或者共生、无因生，不能离这四生更说有生。在四生中，得不到自性有法的可生，才知没有这样的生，就是无自性生。有中观正见的学者，解了一切法的无自性生，是如幻如化的缘生。一切法本没有独立的自性，是种种因缘的和合生。如镜中像，不能说是从玻璃生、面生、光生、空间生；寻求像的自性，永不能得，而在种种条件的和合下，就有此假像。生也不见有一自性的像从哪里来，灭也不见有一自性的像到哪里去。这如幻的缘生，不以为它是真实的，所以不应该作四门观察。四门观察是观察真实的，而世谛假名，是不为胜义观所得的。因为外道小乘都执有实在的自体，所以用四门破除自性生，而无性的缘生，是不能与四生混滥的。

　　"如诸法自性"一颂，在其他的译本中，在立四缘颂之下。青目释却提在前面，我们就根据青目释解释。上一颂是标，这一颂是释。八不颂虽列举了八不，但《观因缘品》却专释不生；不生中初颂是用四门观察，第二颂主要的在解释无自性生。自性生不可得，其他三生也就容易知道不可得。自性生是四门的根本，如不生是八不的根本一样。何以自生他生都不可能呢？"如"一切"诸法"的"自性"是"不在于缘中"的，所以决没有从自性生的。因缘和合的存在，是由种种的条件所生起。自性却是自成的，本来如此的。自性与缘生，不相并立。所以凡是自性成的，决不假借众缘；凡是众缘生的，决无自性。一切法依众缘而存在，所以就否定了自性有。没有自性，当然没有从自性生了，自性生尚且不可得，他性生当然不成。这因为，他性实际就是自性，从彼此互相对立上，说此是自性，说彼是他性。如在他法的自体看，还是真实独存的自体。所以说："以无自性故，他性亦复无。"自他都不得生，又怎能说共生？有因尚且不生，何况无因生？这是不难了解的，所以颂文也就不说了。

丁二　观四缘不生

戊一　立

因缘次第缘　缘缘增上缘　四缘生诸法　更无第五缘

观四门不生，遍破了一切自性实有者；观四缘不生，却针对着佛法内部的学者。一切有系主张四缘能生诸法。论主说，因缘生不是自性生，他虽表同情，但他以为四生中的他生，是没有过失的，缘生还不是他生吗？所以引证佛说与阿毗昙中的四缘，成立他实有一切法可生。"因缘"，在大乘唯识学上，说唯有种子生现行、现行熏种子是因缘。但有部说因缘，体性是一切有为法，在有为法作六因中的前五因（同类因，俱有因，相应因，遍行因，异熟因）时，都名因缘，意义是能为亲因的缘。"次第缘"就是等无间缘，体性是一分的心心所法。前念的心心所法，能为次第的后念心心所法生起之缘，所以叫次第缘。有部的因缘，是通于三世的，次第缘则限于过去现在，因为未来世的心心所法是杂乱的，还没有必然的次第性。过去现在中，还要除去阿罗汉的最后心,因为刹那灭后,不再引生后念的心心所,所以也不是次第缘。"缘缘",就是所缘缘。心心所的生起,必有它的所缘境,这所缘境,能为心心所生起之缘,所以叫(所)缘缘。像灭谛无为等,都是所缘的,可知的,所以缘缘通于一切法。"增上缘",不论哪一法,凡是有生起他法的胜用,或者不碍其他法的生起,都叫增上缘。这本可以总括一切缘,这里是指三缘以外的一切。一切法生,不出此四缘,此外更没有余缘可以生法的。所以说:"四缘生诸法,更无第五缘。"从缘生的一切有为法,不外心、色、非色非心三类。色法是依因缘、增上缘二缘生的。心心所法,依四缘生。非色非心的不相应行法中,像无想定、灭尽定,有因缘、次第缘、增上缘三缘;不是心法,所以没有所缘缘。其他的非色非心法,也从因缘、增上缘二缘生。由此四缘,一切法得生。就是有名目不同的,也都可包括在这里面,所以说更无第五缘。同时,弹斥外道的邪因,像自然生、大自在天生等。《解深密经》说:依他起不从自然生,名生无自性,也就是这个道理。

戊二　破

己一　审定

果为从缘生　为从非缘生　是缘为有果　是缘为无果

　　这一颂的性质是审定。凡要破别人,必须先将他的执见加以审定准确,他才无可诡辩,无从讳饰。本颂的含义很晦涩,各家译本都这样。外人立四缘生果,当然主张果从缘生,为什么还要问是不是从缘生呢?依青目释说,这是双定二关。立果从缘生的人,听到性空者说缘生不成,他是会转而执著非缘生的。现在要审定所指的果性,究竟从何而生,所以作双关的问定:"果为从缘生"呢? 还是"从非缘生"呢? 使他进退不通,无路可走。这二问,《般若灯论》的解说:是缘中有生果的作呢? 还是离缘有生果的作呢? 缘中有作固然不成,离缘外有生果的作,同样的是不成。上半颂,审定他的果法是从什么生;下半颂是审定他生果的缘,"是缘"中先已"有"了"果"呢? 还"是缘"中"无果"呢? 如说木能生火,未生火前,木中就有火了呢? 还是没有火? 这二门四关,可以总括一切,因为说有果可生,不出此从缘生的先有果、先无果与从非缘生的三门。

己二　别破

庚一　观四缘不成

辛一　观因缘不成

因是法生果　是法名为缘　若是果未生　何不名非缘
果先于缘中　有无俱不可　先无为谁缘　先有何用缘
若果非有生　亦复非无生　亦非有无生　何得言有缘

　观因缘不成有三颂,初颂用一门破,次颂用二门破,第三颂用三门破。正破审定中的缘生门中的有果无果二关。

　第一颂,先从常识的见解出发,总破他缘的生果不成。什么叫做缘?"因"为"是(此)法"能"生"彼"果",所以"是法"就"名"之"为缘"。这样,缘之所以为缘,不是它自身是缘,是因它生果而得名的。如父之所以为父,是因生了儿子才得名的。那么,"若是"在"果"法尚"未生"起的时候,为"何不名"为"非缘"呢? 如炭能发火,说炭是火缘,在炭未发火前,为什么不说炭非

是火缘？缘不能离果而存在，可见预想有他缘而后从缘生果，是
不成的。这是用一门破。

这本是破自性实有的他缘不能生果的。他们不理解本身的
矛盾，又想法来解说。执著从因缘生果的，不会承认非缘生，所
以就从两个不同的见解来转救。有的说：缘中果虽没有生，但已
有果法的存在，这存在的果法，有说是果的能生性，有说是果的
体性。因为缘中已有果，所以在没有生果时，已可说是缘，从此
缘能生。有的说：缘中虽还没有生果，也还没有果，但从以前的
经验，知道它是缘。如过去见过从炭生火，现在见了炭也就可以
知它是火缘。从这样的缘，能生后果。这两个不同的见解，就是
因中有果派、因中无果派，其实同样是不对的。"果"还没有生
起之前，不能说某法是缘。如"先于缘中"去观察它，先有果体
呢？还是先无果？先"有"先"无"二者，都是"不可"的。假定
说缘中"先无"果，那这个缘到底是"谁"的"缘"呢？因中无果
者，常从世俗的经验，以为从前见过，所以知道是某法的缘。但
现在是抉择真理，不能以世间的常识作证。并且，你执著缘中无
果，不能答复现前研讨的对象，却想引用过去的来证成。过去的
是缘中无果不是呢？过去的还不能决定，却想拿来证明现在的，
岂不是以火救火吗？若说缘中"先"已"有"果，那还"用缘"做
什么？为了生果才需要缘；果既先有了，还要缘做什么呢？一般
人，总以为缘中先有果的可能性，或果的体性存在，加上其他条
件的引发，就可显现起来了。他们常从动植物的种子去考察，才
产生这样的结论。不知因果的正义，决不是那样的。如一粒豆
种，种下土去，将来可生二十粒豆，若说这二十粒，早就具体而微

的在这粒豆种中,那么,这种豆,还是从前种生的,从前那一粒种豆,不是有更多的豆吗?这样的——推上去,那不是几百年前的豆种中所有的豆果,多到不可计数了吗?因中先有果,是不可以的。若缘中先有果,缘就没有生果的功能,也就不成其为缘了!这就是用二门破。

或者说:执缘中有果是肯定的,是一边;执缘中无果,是否定的,也是一边,都有困难。所以缘中应该是亦有果亦无果,这是矛盾的统一,是综合,是没有过失的。龙树论对这一类妄执,认为是不值得多破的,因为他不出上说的有无二门。况且真实存在的自性有,不能是如此又如彼。有不是无,无不是有,说缘中又有又无,这不是矛盾戏论吗?假定矛盾就是真理,那自相矛盾的真理,真是太多了!所以说:"果"于缘中"非"先"有"可以"生,亦复非"先"无"可以"生,亦非"亦"有"亦"无"可以"生"。有、无、亦有亦无的三门,都不可生,怎么还可"言有缘"呢?这是用三门破。十二门论的第二门,对这个问题,有详广的抉择。青目论师说前二颂总破,后一颂是别破因缘;但龙树的《大智度论》说这三颂都是观因缘不成的,所以现在也就作这样的解释。

辛二　观次第缘不成

果若未生时　则不应有灭　灭法何能缘　故无次第缘

次第缘,是说前念的心心所法灭,有一种开辟引导的力量,使后念的心心所法生。现在观这自性有的次第灭心,不成其为缘。因为真实自性有的前念后念脱了节,不能成立它的连续性。前念灭,后念生,灭有未灭、已灭、正灭三者,生也有未生、已生、正生的三者。现在唯破前念的已灭,与后念的未生,不破已生未灭,及正生正灭。因为已生是后心已经生起,生起了还谈什么缘?未灭是前心未灭,未灭,后念当然不能生,所以也不成缘。那正灭正生不离已与未,也不必再谈。先从后念的未生来说,后念的次第"果"法,"若"还"未生"起的"时"候,"则不应"说"有灭"心为缘。后念没有生,如前念已经灭了,那就前后脱了节,而不成其为因果了。若说前念的灭心在灭下去的时候,有一种力量能使后念的心心所法生,这也不行,因为灭就是无,没有一种灭法能够作缘的,所以说"灭法何能缘"。也不能说法体已灭,作用还在;无体之用,是不可思议的。这样,后果未生,不应有灭心为缘。灭法已灭了,又不可为缘,是"故无次第缘"。有人说:将灭未灭时,有一种力量,在它正灭的时候,后念心心所法正生。龙树说:不是已灭,就是未灭,没有中间性的第三者,所以不能说正灭时能生。他们不能成立次第缘,问题在执著不可分的刹那心。

辛三　观缘缘不成

如诸佛所说　真实微妙法　于此无缘法　云何有缘缘

佛在经中,说一切法时,什么有见无见、有色无色、有漏无漏、有为无为等,在世俗幻有的心境上,虽有种种的相貌,但观察一切法的真实时,就是一切法性空,所谓"百卉异色,同是一阴"。这一切法性空,就是"诸佛所说"的"真实微妙法",就是一切法的真实相。离却戏论颠倒错觉,不是凡夫所能正觉的。一切法真实相,没有证觉到的,不认识它,它是毕竟空;悟入这真实相的圣者,深刻而透彻地现觉了它,它还是毕竟空。"于此"毕竟空中,一切戏论相都不可得,"无"有所"缘"的"法"相可说。假使能缘所缘,就不是真正的证见毕竟空。平常说般若智慧能证法性,似乎是有能所的对立,这实在是一种说明,并非通达了一切法性空的有能证所证之别。龙树说"缘是一边,观是一边,离此二边名为中道",也就是入不二法门。这样,在如幻的世俗心境中,说能缘所缘。从真实上看,并没有所缘的实体,那怎么执著有真实自性法能作"缘缘"呢?护法的唯识宗说:证法性的时候,没有疏所缘缘的影像相,亲所缘缘的真如体相是有的。这就是主张有真实所缘缘,与中观者的见解不同。

辛四　观增上缘不成

诸法无自性　故无有有相　说有是事故　是事有不然

增上缘的作用,对所生的果法有强胜的力量,能助果生起;或有多少力量,或只是不障碍他法的生起,都名增上缘。增上缘很宽泛,但常说十二缘起,多就增上缘说。现在就在十二缘起上说:"此有故彼有"是缘起的定义。有,在实事论者的观念中,是把它当作真实存在的。但"诸法"是缘起,并不真实存在,而是"无自性"的;没有自性的诸法,即"无有"真实的"有相";既没有实体的有,怎么可"说有是事故是事有"?"有是事"是因有,"是事有"是果有,就是"此有故彼有"的异译。因的实在还不能成立,何况能因此而起实在的果,所以说"不然"。

庚二　观缘生不成

略广因缘中　求果不可得　因缘中若无　云何从缘出

若谓缘无果　而从缘中出　是果何不从　非缘中而出

若果从缘生　是缘无自性　从无自性生　何得从缘生

上面已观破了四缘的实体不成,这三颂,进一步去观缘的生果不成。每一法的生起,是由众多的因缘所生。假定果是有实体的,那它究竟从哪里生起? 或者,总"略"的,从因缘和合聚中看;或者详"广"的,从一一因缘中看:"求果"的实体,都"不可得"。如五指成拳,在五指的紧握中,实拳不可得;在一一的手指中,也同样的没有实拳。这样,"因缘中"既"无"有果,"云何"说是"从缘"中生"出"果来呢? 世人听了,虽觉得广略的因缘中没有果,但总以为从缘生果,而且有它的实在体。所以说:"若"承认了"缘"中"无果","而"又说果"从缘中出",此"果"体为什么"不从非缘中而出"呢? 因为缘中无果,就与非缘没有差别了。如炭是生火的缘,泥土非是火缘,是缘的炭中无火果,而可以生火,非缘的泥土,照样的无火,为什么不生火呢? 非缘中出,不是对方所承认的,不过难他的缘不成缘,等于非缘。这两颂,从缘不成缘去难他的能生,下一颂从缘无自性去破斥他。外人说,有真实的"果从缘生"起。假定能生的缘是真实的,所生的果或者也可说是真实。但缘究竟有否实在自体呢? 仔细地推究起来,"是缘"也是从因缘和合生的,"无自性"的,"从无自性"的因缘而"生",所生法当然也是无自性的,怎么可说有真实的果法,是"从缘生"呢?

丁三　观一切不成

果不从缘生　不从非缘生　以果无有故　缘非缘亦无

上面审定文中，有"果为从缘生，为从非缘生"两句，从缘生果的不可能，已经一一说破；这里例破非缘生果，总结一切不得成。照上种种的观察，真实的果法，不可说是从缘生的。有人以为缘生不成，自然是非缘生了。非缘生，就是无因生。无因生果，这是破坏世间善恶罪福等的一切因果律，决无此理，所以说"果"非特"不从缘生"，也"不从非缘生"。因为缘与非缘都不生，所生的真实"果"法，就根本"无有"，所生的实果不成立，能生的"缘非缘亦无"。缘与非缘的无有，既可以约所生的果法不可得说，没有所生，怎么还有能生的缘非缘呢？也可以这样说：缘非缘的本身，也还是从其他缘非缘所生的果法，所以同样的实体不可得。一切自性有法不可得，就能理解无自性的缘起正法了！

观去来品第二

这品的题目是"观去来"，但论文中破去不破来。这是因为去与来，同是一种运动，不过就立足点不同，有去来的差别。如以法王寺为中心，到赤水去叫去；以赤水为中心，这从法王寺去就叫来。去是动作、运动，像我们身体的动作，在时间空间中活动，从此去彼，从彼来此，就名为去来。但去来，不单就人说，流水、白云，在空间中有位置的移动，也就称之为去来。就是在时间的演变中，有性质、分量、作用的变化，从过去来现在，从现在去未来，或者从未来来现在，从现在到过去，都是去来所摄。说到彻底处，生灭就是去来。经上说"生无所从来，灭无所从去"，这不是明白的证据吗？总之，诸行无常的生灭法，是缘起的存在，存在者，就是运动者，没有不是去来的。所以，前品观自性有法的不生不灭，利根者，早就知道是不来不去。不过，一般人受着自性见的欺诳，不愿接受一切法不生的正见，他们以为现实的一切我法，眼见有来去的活动，从相续长时的移动，推论到刹那间也有作用的来去，有来去，就不能说没有生灭。所以他们要建立来去，用来去成立诸法有生。

不生不灭，是八不之初，前一品，特辨不生。这因为生死死生、生生不已的流转叫做生（也就是来），所以说前品观集不生。不来不去，是八不之终。如缘起的"无明缘行，行缘识"等是来生；"无明灭则行灭，行灭则识灭"等是去出（三界）。本品特辨不去，所以判为观灭不去。也可以说，前一品总观诸法的无生灭用，本品总观众生无来去用。前品去法执，本品除我执。

执著诸法有真实自性的，如果观察它自性来去的运动，就明白运动是不可能的，但缘起的来去不能否认，所以自性有的见解是虚妄的。世间的智者，见到人有生老病死的演变，世界有沧桑的变化，也有推论到一切一切，无时不在生灭变化中的。但一旦发觉他本身的矛盾，就从运动讲到不动上去。像希腊哲学者芝诺，早就有运动不可能的论证。中国的哲者，也说见鸟不见飞。的确，执有实在的自性，运动是不可能的，除非承认他本身的矛盾不通。譬如从这里到那里，中间有一相当的距离，在此在彼，自然不是同时的。这样，空间的距离、时间的距离，不妨分割为若干部分，一直分割到最后的单位，就是时间与空间上不可再分割的点。从这一点一点上看，在此就在此，在彼就在彼，并没有从这边移转到那边去的可能。如果有从此到彼，这还是可以分割的。所以在现象上看，虽似乎是运动，有来去，但就诸法真实的自体上看，运动不可能。我们所见到的活动，是假相，不是真常的实体。如电影，看来是动的，而影片本身却是静止的。用动体静、妄动真静的学者，就是受这个思想支配的。

佛法的根本见解，诸行无常是法印，是世间的实相，就是诸法刹那刹那都在动，一刹那都是有生也有灭，没有一刻停止过。辩证法的唯物论者，说在同一时间，在此又在彼，当体即动，比那真常不动的思想，要深刻而接近佛法些。但他执著一切的实在性，还是难得讲通，不得不把矛盾作为真理。佛教的小乘学者，像三世实有派的一切有部，他虽也说诸行无常，但无常是约诸法作用的起灭，而法体是三世一如，从来没有差别。可说是用动而体静的。现在实有派的经部，不能不建立长时的生灭，假名相续的来去。也有建立刹那生灭的，但一刹那的生灭同时，与前后刹那的前灭后生，中无间隔，是含有矛盾的。一分大乘学者，索性高唱真常不动了！所以不能从一切法性空中，达到彻底的诸行无常论。总之，执著自性有的，不是用动体静、妄动真静，就是承认矛盾为真理。唯有性空正见的佛学者，凡是存在（有）的，是运动的；没有存在而是真实常住的。自性有的本无自性，说"诸法从本来，常自寂灭相"。这常无自性的缘起假名有，是动的，不是真常的，所以说无常；无有常，而却不是断灭的。从无性的缘起上说，动静相待而不相离。僧肇的《物不迁论》，就是开显缘起的即动即静、即静常动的问题。一切法从未来来现在，现在到过去，这是动；但是过去不到现在来，现在在现在，并不到未来去,这是静。三世变异性,可以说是动;三世住自性,可以说是静。所以即静是动的,即动是静的,动静是相待的。从三世互相观待上,理解到刹那的动静不二。但这都是在缘起的假名上说,要通过自性空才行,否则,等于一切有者的见解。本品在侧重否定实有自性者的运动论。

《观去来品》可以分为三门:一、三时门,是竖论的,从先后上观察。二、同异门,是横望的,从自他上观察。三、定不定门,是深入的,从有无上观察。三时门中有观去、观发、观住的三门。去就正在动作事业方面说,发就最初活动方面说,住是从运动停止方面说。住就是静止不动,静是离不了动的,不去怎么会有住?照样的,动也离不了静。普通说运动,从这里发足叫发,正在去的时候叫去,到达目的地是住。动必有这三个阶段,发是由静到动,住是由动到静,去正是即静之动。从世间的缘起上说,不能单说动,也不能单说静,自性有的动静都不可能,而必须动静相待,由动而静,由静而动。动静无碍而现出动静随缘推移的动相,即是不违性空的无常。若执有自性,不论主张动和静,或者动静不二,都不能正见诸法的真义,所以本品中一一的给予否定。

丙二　观灭不去

丁一　三时门

戊一　观去不成

####### 己一　观三时无有去

######## 庚一　总破三时去

已去无有去　未去亦无去　离已去未去　去时亦无去

　　这首颂,是总依三时的观门中,明没有去法。说到去,去是一种动作,有动作就有时间相,所以必然的在某一时间中去。一说到时间,就不外已去、未去,去时的三时。若执著有自性的去法,那就该观察它到底在哪一时间中去呢? 是已去时吗? 运动的作业已过去了,怎么还可说有去呢? 所以"已去无有去"。未去,去的动作还没有开始,当然也谈不上去,所以"未去"时中也是"无去"的。若说去时中去,这格外不可。因为不是已去,就是未去,"离"了"已去未去"二者,根本没有去时的第三位,所以"去时亦无去"。这对三时中去,作一个根本的否定。

庚二　别破去时去

辛一　立去时去

动处则有去　此中有去时　非已去未去　是故去时去

　　这是外人成立有去。上面从三时门中说明没有去。已去、未去,因为没有动作的现象,他们不得不承认它无去;但去时,就是正在去的时候,他们以为是离已去、未去而别有的,所以去时有去。亲眼见到世间的举足下足,正在行动的当儿,这"动处"就"有去","此"动作的刹那"中",不是明白的"有去时"吗? 不是"非已去未去"的第三位吗? 有刹那顷去时的实体,"是故去时去"是可能的。前一颂虽开三门,但主要的是迫走上去时去的死路。他既走上了这条路,下面就针对着这点,暴露去时去的矛盾不通。

辛二　破去时去

云何于去时　而当有去法　若离于去法　去时不可得

若言去时去　是人则有咎　离去有去时　去时独去故
若去时有去　则有二种去　一谓为去时　二谓去时去
若有二去法　则有二去者　以离于去者　去法不可得

这四颂是破去时去的。去时没有实体,这在初颂中已显示
了。外人要执著有去时,去时中有去,那要观察去时到底是什
么？要知道,时间是在诸法的动作变异上建立的,不能离开具体
的运动者,执著另有一实体的时间。时间不离动作而存在,这是
不容否认的。那么,怎么"于去时"中"而"说应"当有去法"呢？
为什么不能说去时中有去？因为"若离于去法,去时不可得"。
去时是不离去法而存在的,关于去法的有无自性,正在讨论,还
不知能不能成立,你就预想去法的可能,把去法成立的去时作为
此中有去的理由,这怎么可以呢？譬如石女儿的有无,双方正在
讨论;敌者就由石女儿的长短妍丑来证明石女儿之有,岂非错误
到极点？这样,去时要待去法而成立,所以不能用去时为理由,
成立去法的实有。"若"不知这点,一定要说"去时"中有"去"
的话,此"人"就"有"很大的过"咎",他不能理解去时依去法而
存在,等于承认了"离去"法之外别"有去时","去时"是"独"存
的,是离了"去"法而存在的(独是相离的意思)。自性有的去时
不可得,执著去时有去,不消说,是不能成立的。

有人说:离了动作没有去时,这是对的,但去时去还是可以
成立。这因为有去,所以能成立去时,就在这去时中有去。执著
实有者,论理是不能承认矛盾,事实上却无法避免。所以进一步
地破道:"若"固执"去时有去","则"应"有二种"的"去":
"一"、是因去法而有"去时"的这个去(去在时先);"二"、是"去

时"中动作的那个"去"（去在时后）。一切是观待的假名，因果是不异而交涉的。因去有去时，也就待去时有去，假名的缘起是这样的。但执著自性的人，把去法与去时看成各别的实体，因之，由去而成立去时的去，在去时之前；去时中去的去，却在去时之后。不见缘起无碍的正义，主张去时去，结果犯了二去的过失。有两种去，又有什么过失呢？这犯了二人的过失，因为去法是离不了去者的。去者是我的异名；如我能见东西，说是见者；做什么事，说是作者；走动的说是去者。佛教虽说缘起无我，但只是没有自性的实我，中观家的见解，世俗谛中是有假名我的。我与法是互相依待而存在的。凡是一个有情，必然现起种种的相用，这种种，像五蕴、六处等，就是假名的一切法。种种法是和合统一的，不碍差别的统一，就是假名的补特伽罗。假名我与假名法，非一非异的，相依相待而存在。所以去者与去法，二者是不容分离的，有去法就有去者，有去者也就有去法。这样，"若"如外人的妄执，承认"有二去法"，岂不是等于承认"有二去者"吗？要知道："离于去者"，"去法"是"不可得"的。

己二　观去者不能去

若离于去者	去法不可得	以无去法故	何得有去者
去者则不去	不去者不去	离去不去者	无第三去者
若言去者去	云何有此义	若离于去法	去者不可得
若去者有去	则有二种去	一谓去者去	二谓去法去
若谓去者去	是人则有咎	离去有去者	说去者有去

上面观去时中无去，这里观去者不能去。在去时去中，因二

去法而谈到二去者；接着上文，就从去者说不去。根据上文所说的，知道去法与去者，相依相待而存在，"离于去者，去法"是"不可得"的，去法不能离去者，去法就没有决定性，去法的实性不可得，哪里还会有真实的去者？所以说"以无去法故，何得有去者"？上一颂，直从去者的待缘而有，扫除去者的妄执。下面四颂，是纵破，就是假使有去者，也仍然不能有动作的去。要有去，就不外去的那个人在那里去，或者没有去的那个人往那里去。去的那个人能够有去的动作，一般都看为是的，其实去者就是已经去的人，动作也过去了，哪里可说去者还有去呢？所以"去者""不去"，"不去者"当然也"不"能有"去"的动作，因为不去，就等于没有动作。去者、不去者，都不能去，或者以为有第三者能去，但是这第三者，不是去了，就是没有去，"离"了"去"者与"不去者"，根本"无第三去者"的存在，所以第三者去同样的不可能。

　　执著去者能去的人，听了上面的破斥，并不满意，他没有了解论主的深意，于是就说：你所说的去者去，与我所说的去者去不同。我所说的，是正在去时的去者；你却看为已经去到那里的去者，这怎么能承认呢？所以我说的去者，是可以去的。这样的解说，并不能离去错误，他又走上第三者的歧途了！"去者"能"去"，怎么会"有此义"呢？去者之所以名为去者，不是因为观待去法的动作而安立的吗？现在去法的没有实体，是一个问题，你却预想去法的成立，说有去者，并且想用去者来成立去法，这不是更成问题了吗？要知道："若离于去法，去者"是"不可得"的。去法既还是问题，怎么敢武断地说有真实的去者呢？"若"

一定说有"去者"能"去","则"应"有二种去"了。"一"、因去而
名为"去者"的"去"，"二"、是去者在那里去的"去法去"。既没
有二种去，就不应说去者有去。并且，"若"说"去者"有"去"，
"是人"就"有"很大的过"咎"；因为他不能解缘起的人法相待，
以为"离"了"去"法而可以别"有去者"的，这才"说去者有去"。
这样，去法不可得，去者也就不可得；去者不可得，去者有去的妄
见也就可以取消了！观去者不能去，与上文的观去时不能去，方
法是一样的，不过上文是从法与时的不离说，这里是约法与我的
不离说罢了！

戊二　观发不成

已去中无发　未去中无发　去时中无发　何处当有发

未发无去时　亦无有已去　是二应有发　未去何有发

无去无未去　亦复无去时　一切无有发　何故而分别

　　这三首颂，是破最初的发动不成。外人听了去时去不可能，
去者也不可能，但他的内心总觉得有真实的去。他觉得眼见有
开始动作的初发，有了发，不能说没有去。从世间的常识说，最
初提起两只脚来是发，正在走的时候是去。约动作说，去发是没
有差别的；约先后说，那么发是因，去是果。有发决定有去；他提
出最初的发动，目的仍在成立他的有去。外人既执著初发的动
作，那不妨观察所说的初发，是在已去中、未去中，还是去时中
呢？"已去中"是"无发"的，因为去是发果，早已过去了，不可说
还有去因的初发。"未去中"也"无发"，发是从静到动的转扭
点，但已是动作，未去还没有动作，所以不能有发。离已去未去，

既没有去时的别体，"去时中"也当然"无发"。在三时门中观察，求初发都不可得，三时都不可得，"何处"还可说"有发"呢？作三时门的推究，不说发则已，要说有发，那决定在已去或去时中，因为发是发动，未去是没有发的。但是，似乎应有发的去时与已去，要在发动以后才能成立，在没有发动之前，根本谈不上去时和已去。因此，在去时和已去中求初发，也同样的不可得。所以说"未"曾"发"动时是"无"有"去时，亦无有已去"的。假定要说有发，就在这已去、去时的二者中；这"二"者，"应有发"而实际还是没有，没有动作的"未去"，哪里还会"有发"呢？这样，"无"已"去"的发，"无未去"的发，也"无去时"的发，在"一切"时中都"无有发"，既没有去因的初发，就没有去法的实体，没有去，"何故"还要"分别"已去、未去、去时呢？最初动作的发不可得，去法仍然不得成立。

戊三　观住不成

去者则不住　不去者不住　离去不去者　何有第三住
去者若当住　云何有此义　若当离于去　去者不可得
去未去无住　去时亦无住　所有行止法　皆同于去义

这三颂是破住止不成的。外人听了去不可得，发也不可得，心想，这不是静止的住吗？静止的安住，这是明白见到的，可不能再说不成。住是静的，去是动的，有住为什么没有去呢？这样，外人的成立有住，还是为了成立他的去。其实论主只说无去，并没有说有真实的住，他想用住成立去，还是不行，所以再予以破斥。前面破发，是以三时破的，破住，却用三者门。你说有

住,是什么人在住呢? 去的人在住吗? 正当行动的"去者",论
理是"不"是"住"止的。不去的人在住吗? 到那边去,去了静止
下来,才叫做住;不去者,还没有去,怎么会有住呢? 所以"不去
者"也是"不住"的。"离"了"去"者与"不去者",哪里还"有"个
"第三"者能"住"呢? 这种破斥的方法,与上面是一样的,利根
者早可了解了。但是固执的人,常会走上第三者的绝路。外人
的意见,从此到彼的行动息下来,叫做住。这样的住,在去者与
不去者之中,说不去者不住是可以的,说去者不住是不可以的。
但是,如果说去者正在行动的时候,现在就有住,这自然是不对
的。正在行动的去者,在当到达目的地时,从动而静,说这样的
去者能住,是没有过失的! 论主的见解,这也不对,行动的"去
者,若"说他"当"来可以有"住",这怎么会"有此义"呢? 要知
道去者与去法,是不相离的,"若"是"当"来到了静止的时候,那
时已"离于去"法,离了去法,"去者"就"不可得"。已经住下的
时候,去者的名义已不再存在,或者可以说住者住,怎么可以说
去者住呢? 这样的一一推究起来,已"去"是没有住的,"未去"
是"无"有"住"的,"去时亦"是"无住"的。自性有的住止既不
可得,想以住成立去,那更是不行了。不但人的来去应作如此
观,"所有"的"行止法",都应作这样的正观。凡是时间上的过
去来现在,现在去未来;空间中的从此去彼,从彼来此;就是十二
缘起中的无明缘行、行缘识等的诸行,无明灭则行灭、行灭则识
灭等的寂止,这一切一切的动静相,都可以准此类推。三界生死
流动的诸行,诸行息灭无余的寂止,在缘起如幻的世俗谛中,本
来是可以成立的,但是若执著实在的自性,说我与法别体,法与

时别体,法与法别体,那么所有的动静相,都不可能了!《般若经》说"从三界中出,到一切智智中住",这是约无自性的如幻缘起说。动、出、来、去、行、住,都在诸法性空中建立的,若说诸法不空,来去等等都不可立,所以经上说:"若一切法不空,无动无出。"

丁二　一异门

戊一　观体不成

去法即去者	是事则不然	去法异去者	是事亦不然
若谓于去法	即为是去者	作者及作业	是事则为一
若谓于去法	有异于去者	离去者有去	离去有去者
去去者是二	若一异法成	二门俱不成	云何当有成

从三时门中观去法不成,上面已告一段落。这里再以一异门观察去与去者不成。先有四颂,观去法与去者的体性不成。初一颂是总标,后一颂是总结,中间两颂正明一异不成。去法与去者,是一呢? 还是异? 若说是一,这是不对的,所以说:"去法即去者,是事则不然。"若说是异,同样的不通,所以说:"去法异去者,是事亦不然。"是一是异为什么不然呢? 假使说"去法"就"是去者",是一体相即的,就犯了"作者及作业","是事""为一"的过失。去者是五蕴和合全体的统一者,去法只是不离去者所起的身业活动,是可见有对的表色。前者是有分,后者是分,这怎么可以看为一体相即呢? 如说饮食者,食者是具有四肢百骸的全体,饮食只是口齿舌等一分的动作。假定说"去法有异于去者",去者与去法,是条然别异的,这就犯了二者可以分

离的过失。去是去，去者是去者，彼此互不相干，没有任何的关系。那就应该"离去者"而"有去"法，"离去"法而"有去者"了。或者可以去法到这里去，去者到那边去。但他们有不可分离的关系，有去法才有去者，有去者才有去法；离了去者，就没有去法，离了去法，就没有去者，所以别异也不成。这样，"去"法与"去者"——"是二"，说他由"一"体成立，或者由"异法成"立，从这"二门"去观察，都"不"得"成"立。要是去者与去法两者是有真实自性的，那么，非异即一。一异二门都不成，怎么还能说"有"去法去者的"成"立呢？

戊二　观用不成

因去知去者　不能用是去　先无有去法　故无去者去
因去知去者　不能用异去　于一去者中　不得二去故

外人听了上文一异的观察，他生起另一见解：不错，去与去者，是相依而不相离的，但还是有去者与去法的自体可成。意思说：因了去，所以知道有去者；这去与去者是不相离的。既有了去者，这去者当然可以有去了。粗看起来，似乎与正因缘义相近，其实不然，他虽说不离，仍然执有二者实在的自性。如把两种不相干的东西，让他积累在一起，实际上还是彼此各别的。现在再来考察他的去者是否能去。你说去者能用去法，这去者是"因去"而"知"道有"去者"的，请问去者所用的去法，是哪一种去呢？"不能用"因"去"的这个去，说有去者去，因为说去者去，就是去者在前，去法在后，有了去者，才有所用去法的活动。但是在因去而知去者的去法中，就是去法在"先"的去法中，"无有"去者所用的"去法",所以也就不能说有"去者去"。这是说：因去的去在去者前,去者去的去在去者后,去者先的去,不能成为去者所用的去法。假定说："因去知去者"的因去,不能为去者所用,既有了去者,不妨另用一个去法。这还是"不能",去者是不能"用异去"而去的。去者与去法是相待而成的,去者只有一个,"于一去者"之"中不"能说有"二去"法。理由是去者之所以为去者,是因为有去法;有去法,就有去者,若有两去法,就应有两去者了！依正确的因缘义说,去法与去者,都没有固定性,是缘起相待的存在,彼此是不一不异,非前非后,非一时的。在不观察的世俗谛中,因此有彼,因彼有此,去者与去法都成立。如果一一看为实有性,那就不是一就是异,不是先就是后,必然地陷于拘碍不通之中。

丁三　有无门

决定有去者　不能用三去　不决定去者　亦不用三去
去法定不定　去者不用三　是故去去者　所去处皆无

这再从有无实体,观察去法与去者。决定不决定,就是有固定的自体和没有固定的自体。这有无实体,外人与中观者有一绝大的差别:中观者看来,没有固定的自体,就是无自性;无自性不是什么都没有,只是没有固定性,缘起的假名是有的。这样,决定有是妄见,不决定有是正见。但外人的见解不然,他不解缘起,把自性的实有见与缘起法打成一片。所以他听说有,就以为有真实的自体;如果说无实体,他就以为什么都没有。像这样的有实性与无实性,都是错误的。本文批评决定有也不成,不决定有也不行,是就外人所执而破斥的。外人说的决定有去者,或不决定有去者,都不能成立用去法。如说"决定有去者",那去者是自性有,不因去而有去者,去者就常常如此,没有变异差别可说,也就"不能"说"用"已去、未去、去时的"三去"。若说"不决定"有"去者",去者根本没有,哪还谈得上用已去、未去、去时的三去呢?所以"亦不用三去"。再从"去法"的决"定不"决"定"看,去法决定有,就不因去者而去,那就不问去者与他和合不和合,去法就应该永远在去,这样,"去者"自然也就说"不"上"用"已去、未去、去时的"三"去。不决定有去法,就是没有去法,那去者还能用三去吗?从上面种种看来,"去"法、"去者"及"所去"的"处"所,"皆无"自性,唯是如幻的缘起。本品从来去的运动中,推论到人、法、时、处都没有决定的自性,显示出一切无自性的缘起。

观六情品第三

世间,不但指山河大地;反而主要的是指有情的自体。《阿含经》中有人问佛:什么是世间?佛就拿"眼是世间,耳鼻舌身意是世间"答复他。不断变化中(世间)的现实生命,由过去的业力所感;感得的,佛说是五蕴六处六界。这蕴处界的和合是有情的自体。有了有情的自体,就有来去的活动。所以外人建立实有的六情,目的还是成立来去,来去成立了,一切也自然成立。六情,理应译为六根,什公却译做六情。情是情识,这是因为六根与六境相涉,有生起六识的功能。同时,六根和合是有情的自体。眼等五根取外境；意根取内境，他就是情，能遍取五根。五根与意根，有密切的关系，五根所知的，意根都明白；有了意根，才有五根的活动。六根中意根是重心，所以就译为六情了。蕴处界，这是一般的次第，但古时却每每是六处为先，《阿含经》中的《六处诵》，就是专谈这六处中心的世间集灭的。我们的一切认识活动，就因为这六根，六根照了六尘，引发心理的活动——六识。根境识三者和合就有触。触缘受，受缘爱，爱缘取，取缘有等，生死的流转，就是从六处的认识活动出发的。解脱，也还是从六根下手，所以《阿含经》的《六处诵》特别注重"守护六根"。这因为六根取境的时候，如能认识正确，不生烦恼，不引起行业，那就触灭则受灭，受灭则爱灭，爱灭则取灭，取灭则有灭，有灭则生、老死灭了。

　　如来依世俗说有六根、六境、六识；一般声闻学者，就把六根看为有实在的自体，有见色闻声等自性的作用。本品，就是从一切法性空的立场，扫除六情的妄计。这不但显出性空的六情，并且因为能观察六根的空无自性，不起戏论颠倒，那就不起爱、取等惑业，得到清净、解脱，所以说"空即无生，是大忏悔"。

乙二　别观

丙一　观世间

丁一　观六情

戊一　立

眼耳及鼻舌　身意等六情　此眼等六情　行色等六尘

　　有所得的小乘学者说：你说诸缘不生，也就不来不去，但在我看来,是有生的,有六根就有有情的来去,怎么可说无来去呢?
假使真的没有,佛为什么说六根?"眼耳及鼻舌身意"的"六
情",有"行(照了)色等六"境的作用,就是眼见色,耳闻声,鼻嗅
香,舌尝味,身觉触,意知法。见闻觉知的对象,叫做"尘",我们
所以能认识境界,是依六根的取境而后能认识,所以就依能取的
六根,把认识的境界分为色等六尘。

戊二　破

己一　广观眼根不成

庚一　观见不成

是眼则不能	自见其己体	若不能自见	云何见余物
火喻则不能	成于眼见法	去未去去时	已总答是事
见若未见时	则不名为见	而言见能见	是事则不然

初观眼根,不成其为能见。关于见色,有部说见是眼根的作
用;犊子部说我能见;大众部说眼根不能见,眼识才能见,不过要
利用眼根才能见。这里破眼根能见,是针对有部的。有部说眼
根是色法,是一种不可见而有对碍的色法,不是指外面可见的扶
根尘,是指分布在瞳人里面的微细清净色,叫净色根。瞎子不能
见,就因净色根坏了。据性空者看来,这自性眼根的见色,大成
问题。他们承认眼根实有而能见的,这种见性,是眼根特有的作
用。眼根既不因他(色识等)而自体成就能见性,那么,在没有
见色生识的时候,眼根的能见性已成就,应该有所见;这时,既不
见色而有能见性,那就应该能见到自己,否则,怎么能知道他是
能见性呢?但事实上,他从来只见到外境,"不能自见其己体"

的。眼根不能离色境等而有见的作用,这见的作用,显然是众缘和合而存在的,不能自己见自己,怎么说眼根是能见的自性呢?"若不能自"己"见"自己,就证明了见色不是眼根自性成就的作用,那怎么还说他能"见"其"余"的事"物"呢?

外人说:你不能这样说,我举个"火"烧的譬"喻"吧。火自己不能烧自己,却能烧柴等他物。眼根也是这样,自己虽不能见到自己,却能见色境,所以眼根名为能见。这譬喻,其实"不能成"立"眼"是能"见法",因为火喻的自不烧而能烧他,我是不共许的。本来,这问题在上面已"去、未去、去时"的三去无去中,"已"经"总答"的了! 可惜你自己不觉得。请问:火是怎样的烧呢? 已烧是不能烧,未烧也不能烧,离却已烧未烧,又没有正烧的时候可烧。能成的火喻,尚且不能成立,那怎能成立所成的眼见呢?

你一定要执著眼根能见,那就应常见,无论开眼、闭眼,光中、暗中,有境、无境,一切时、一切处,都能见。事实上并不如此,在"见""未见"色的"时"候,"不名为见",这就是众缘和合而有见了。"而"还要说"见能见",怎么能合理呢? 所以说"是事则不然"(《楞严经》中主张眼根的见性常在,开眼见色,闭眼见暗,与中观的见地不合)。

庚二　观见可见见者不成

见不能有见　非见亦不见　若已破于见　则为破见者
离见不离见　见者不可得　以无见者故　何有见可见

本颂依青目的解说:上面说能见性的眼根,不成其为能见;

这又破非见性的眼根不能见。或者想：因为不能自见，证明他的非见性；这，他该是非见性，在色等众缘和合下，他才能见。这还是不行。说他是"见"性，尚且"不能"成立"有见"色的功能；若转计"非见"，就与瞎子一样，或耳朵、鼻子一样，他如何能见？所以也"不"能"见"。非见者能见，佛法中本是没有这种计执的，不过怕他转计他性能见，所以作这样的推破。如依安慧释看来，本颂的意思是：上文说见性的眼根自体不可见，这是说非见的色等他物也不应当见。既见性不能见，非见性也不能见，这就是根境和合也不能见。所以见性的眼根，非见性的色尘（可见物），如有独立的自性，都是不成见事的。依无畏释：这见与非见，是总结上文的。在眼见色时，不能自见；不能自见，所以眼不能有决定的见用；在不见外色时，更不成其为见。这也不可见，那也不可见，见既"已破"了，自然也就"破"了"见者"。因为，有了见，所以称之为见者，见都不可得，哪里还会有见者呢？

破见者，主要是破犊子系各部的，他们主张眼根不能见，要见者我使用眼根才可见。现在破道：你说见者能见，到底怎么见的？若说"离见"的眼根有见者，那么没有眼根的人，也应该能见，而事实上离却眼见，"见者"就"不可得"。若说"不离见"，要利用眼根才有见者可见，这岂不就是眼根能见，何必要有这多余的见者？你如果说，单是眼根没有见的作用，非要有见者利用眼根才可见，那么，眼根既没有见用，见者自体又不能见，都没有见用，补特伽罗利用了眼根，如瞎子与瞎子相合，也还是不能见的。"见者"既不成立，那还"有"什么"见"与"可见"？上一颂是从法无而推论到人无；这一颂从人无推论到法无。人法不可得,也就是见者、见与可见都不可得。

庚三　观见可见所起之果不成

见可见无故　识等四法无　四取等诸缘　云何当得有

从自性见根与可见境的没有,影响到从根境和合所生起的一切法,都无从建立。《阿含经》说:"内有眼根,外有色法,根境二合生识,识与根境三和合触,触缘受,受缘爱。"这从根境而起的识、触、受、爱四法,是心理活动的过程,都是要依根境的和合才得发生。现在既没有"见"与"可见"的自性,那能依的"识等四法"当然也"无"有了。经上说有六六法门:就是六根,六境,六识,六触(眼根所生触,耳根所生触……意根所生触),六受(眼触所生受……意触所生受),六爱(眼受所生爱……意受所生爱)。这就是说十二缘起中现实生命活动的一系:识是识,境是名色,根是六处,触就是触,受就是受,爱就是爱,这可见十二缘起的因果联系,是以六根为中心的。他是前业感得的有情自体,依着他,又有烦恼业力的活动招感未来的果报。爱,已到达了烦恼的活动,爱著生命与一切境界,再发展下去,就是取。取有欲取、见取、戒禁取、我语取"四取"。因了爱的染著系缚,由染著而去追求执著,就是取。因爱取烦恼的冲动,造种种非法的身语恶业;纵然生起善业,也总是在自我的执著下,是有漏的生死业。业是身心活动而保存的功能,所以十二支中叫做有。有缘生,生缘老死,这种"诸缘"的因果相生,因根本(根境)的不成,都不能成立,所以说"云何当得有"? 从缘起无自性的见地来看,自性有的十二有支都不可得。

己二　例观五根不成

耳鼻舌身意　声及闻者等　当知如是义　皆同于上说

上说见、可见及见者的不可得，是依眼根而说的，这里再观其他五根的不可得。"耳鼻舌身意"，是五根，五根的对象，是声香味触法五尘。我能闻声，叫"闻者"；能嗅香，叫嗅者；能尝味，叫尝者；能觉触，叫觉者；能知法，叫知者。这一切的一切，都没有实在独立的自性。所以不成的意"义"，"同于上"面破眼根不成中所"说"的。破的方法是一样的，不过所破的根境不同，所以这里也就不消多说的了。

观五阴品第四

五阴，就是色受想行识，奘师译为五蕴。有人说：奘师是法相宗，所以译为五蕴；什公是法性宗，所以译为五阴。其实这是没有根据的。像什译的《法华经》，译为五众，众是聚集的意思，与蕴义相合。不过什公顺古，所以这仍旧译做五阴。阴就是蕴，是聚集的意思。如色法，那有见可对的，不可见可对的，不可见不可对的，远的近的，粗的细的，胜的劣的，内的外的，过去的未来的现在的，这一切色法总合为一类，所以叫做色蕴。其余的四蕴，也是这样。这是把世间的一切法，总为五类。《阿含经》说"观五阴生灭，观六处集灭"，这是约特胜义说，实际上是可以贯通的。六处观集灭，重在认识的正确不正确，根境相对而有无明触与他相应，即认识错误就有爱取等，自然要纯大苦聚集；若有明触与他相应,能见缘起的实相,那就受灭爱灭,而纯大苦聚灭了。五蕴观生灭,大都作为苦果去观察,所以说观他是生灭无常的,无常故苦,苦故无我我所。所以平常破我,也都是约五蕴说。生灭无常就是苦,无常苦就是不自在,不自在岂不是无我?

　　经中说五蕴与四识住是有关的。心识的活动,必有所缘的境界。所缘不出二类:一是质碍的外境,像色、声、香、味、触,都是。一是内境,就是法处。五蕴中识是能取能缘的,色受想行,是所缘。其中色是质碍的外色。受是感受,也是感情的;把所感受的,加以构划联想等,叫做想,也可说是认识的;由思考而有意志的活动,叫行,也就是意志的。这些,都是反省所知的心态。心识的认识,不是外色,就是心态的受等。这色受想行,都是无常苦无我的,我们不知,所以就生起贪爱的染著,由染著而追取,才有生死的流转。五蕴的空无自性,《阿含》里有明白的譬喻,如说:"观色如聚沫,观受如水泡,观想如阳焰,观行如芭蕉,观识如幻事。"所以从性空的见地来看,五蕴是性空的,是根本佛教的真义。

　　丁二　观五阴

　　戊一　观阴性空

　　己一　观色阴空

　　庚一　因果相离破

若离于色因　　色则不可得　　若当离于色　　色因不可得
离色因有色　　是色则无因　　无因而有法　　是事则不然
若离色有因　　则是无果因　　若言无果因　　则无有是处

色法是因缘所生的果色,考察它的因果关系,是不相离的缘起存在。萨婆多部说色法有二类:一、四大,二、四大所造色。四大是因,所造的色法是果,这虽各有它的自体,但根尘等色法的生起,要四大作为它的所依,所以说是能造、是因,因果是同时的。除了表无表色以外,四大、根、尘的生起,都由过去的业力,这业力(是色法)叫做异熟因,感得的色法叫异熟果。如过去有欲界的业,就感到欲界的眼根等,这因果是异时的。现在从因果不相离的见地,破斥它的因果各有自性。青目释从平常见到的色法——缕、布,说明它的因果不离,意义特别明显。譬如布,是由一缕缕的纱织成的,布是果色,一缕缕的纱是色因。假使"离"开"色"法的"因",果"色"是"不可得"的;反过来,"离"了果"色","色因"也"不可得"。这因果二者,有它的相互依存性,不能独立而存在。如说"离色因有色",这"色"法不就成了"无因"的吗?如一缕缕的纱,一块块的布,布果是决不能离却缕因的。所以"无因而有法",这是"不然"的。原来,龙树的中观见,凡有必是因缘有,无因缘即等于没有。但小乘学者,有说虚空无为,择、非择灭无为,是无因而实有的;外道也说神我、时间、空间、极微等,是无因而有实体的。中观者不承认有不待因缘的东西;就是无为法,也是因有为而施设,是缘起的。每一存在的、显现的,必是相互观待的;否则,就根本不能成为所认识的对境,也就不能成立它的存在。提婆《百论》的广破常住,说得非常明白。性空论者的意见,若有一法无因缘而可现起,那就是反缘起的自性见,要根本否认它。离开色因而有色果的不可能,一般人还可以接受,若说离了色果,色因也不可得,这就难得领会。譬如离缕无布，这是对的；离布无缕，那就觉得不然。其实，这也不难理解：缕是布的因，它之所以成为布的因，这是因为它织成布。如把缕放在别的地方，它还是果，是由其他的原因所成的。但众生不了解相互观待而构成因果的关系，他见到布是由纱织成的，就联想起一切纱都是布的因。但就缕的本身说，它不能决定，它或者在其他因缘的和合下，是布的因，或者把它搓成线，搓成绳，做成灯芯。一定说它是布因，这就是只知理有固然，而不知势无必至了。所以，"若"说"离"了"色"法果，而"有"色法的"因"，这因就成了"无果"的"因"，"无果"的"因"与无因的果一样，也是"无有是处"。

庚二　有因无因破

若已有色者　则不用色因　若无有色者　亦不用色因
无因而有色　是事终不然　是故有智者　不应分别色

再从果色的或有或无，批判它没有因果的关系。色若是实有，这等于说早"已""有"了这"色"果。果色如早已存在，这自然就"不用"再有"色因"了。因能作成果法，所以要说有因；果已有了，还要因做什么呢？假使说"无有"实在的果"色"，这在外人就把它看为没有，既是什么都没有，那又哪里说得上"用"什么"色因"呢？这因为因是果法的因，有果才能说有因，如父亲是所生儿子的父亲，没有生儿子，这也不成其为父亲了！所以执果法为实有或者实无，都没有成立色因的可能。

若说"无因而"可以"有色"，这是"终"于"不然"的。无因有果，这过失太大了。所以，"有"理"智"的学"者"，切切"不应分别"一切的"色"法。不分别色,不是说世俗缘起如幻中,眼不见色,耳不闻声,这才叫不分别。这是说不执有实在的自性色,也不推究这色法是先有的、先无的,因果是一、是异。若执有自性,分别它一异有无,那就是戏论,再也不能正见诸法的实相。这不分别,最容易被人误会,以为不分别色,就是一切都无分别,不论什么邪正、善恶,什么都无所谓,一概不睬他。这如何使得?无分别,是说胜义观察,自性不可得,通达空性,缘起法相寂灭不显现,叫做无分别。世俗缘起假名,那是一切宛然而可分别的。所以佛说:世间说有,我亦说有,世间说无,我也说无。随顺世间,分别显示宣说一切。如果世俗假名都不可分别,这就成为黑漆一团的糊涂见了!

庚三　因果相似不相似破

若果似于因　是事则不然　果若不似因　是事亦不然

这是约因果间的相似不相似,破斥它的实有色法。相似,就是同样的;不相似,就是不同样的。假使说色"果"相"似于"色"因",这"是""不"对的。如缕是因,布是果;缕是线条,布是平面;布果可以做衣,缕因不可做衣;说它完全相似,这怎么可以呢? 若说色"果""不"与色"因"相似,同样的"是""不"对。如黑的缕因织成的布果,总不会是白的;麻缕的因织不成棉布,不能说它没有一种类似的关系。所以执布有布的自性,缕有缕的自性,那就相似不可说,不相似也不可说了。这因果的相似不相似,正破有部的同类因果与异熟因果。

己二　观余阴空

受阴及想阴　行阴识阴等　其余一切法　皆同于色阴

五阴中的色阴粗显,它具有质碍性,常人很容易把它看做实在有。但观察起来,它的自性尚且不可得,那内心感受等的精神活动,自然更易知道它的如幻如化了。"受"是感情的领受,就是与外境发生接触的时候,用是否合于自己的态度,精神上生起或苦或乐或不苦不乐的感受;感受有种种,总合叫受阴。"想"是认识的摄取意象,就是对所缘的境界,安立种种的界相,施设种种的名言。"行"是意志的活动,就是推动内心生起种种的善恶心所,进而造作一切善恶的事业。"识阴"是主观的心体,对于客观的了别认识的作用。这受等四阴,以及"其余"的"一切法",若执有实在的自性,"皆同于"上面破"色阴"所破,这里不再繁琐地一一指责了!

戊二　赞叹性空

若人有问者　离空而欲答　是则不成答　俱同于彼疑
若人有难问　离空说其过　是不成难问　俱同于彼疑

五阴的空性,已明白显示了。现在就从性空的特点,加以赞叹。从理论上研究起来,一切法不空是不行的,非空不可。比方"有"人向你讨论或请"问",诸法的现象或实体,假使你不理解空,"离"却"空"义去"答"复他,这绝对"不"能"成"为"答"复的。因为你所答复的道理,最后还是"同"他一样的堕在"疑"惑当中,不能得到问题的解决。或者,"有"人想"难问"其他学派

的理论,说他的思想如何错误,这也须依据正确的性空观,显出
他的过失。否则,"离"却正确的性"空",宣说他人的"过"谬,
这还"是不成"为"难问"的,因为他所批评的,并没有评到他的
根本,结果,也还是"同"他一样的堕在"疑"惑里。第一颂是立
不成立的似立,第二颂是破不成破的似破。这些在上面立破善
巧中,已约略谈过。

　　离开性空,批评别人、答复别人,都不行;依性空,那就一切
都可以了,这似乎过于为性空鼓吹。其实,这是事实,空确有立
破的功能。一切法因缘所生,佛法称之为"二",就是相待的,可
以说它具有矛盾的特性。彼此的对立,固然是矛盾;矛盾而统
一,这还是矛盾。矛盾是绝对的,虽是强调,但缘起的存在者必
有矛盾性可说,却是事实。所以,什么都可从各方面看的:你从
这方面看,是变化无常、流动不息的;他从那方面看,却是动中常
静,变化中的不变。从这点去观察,是统一的;从那点上去观察,
却是种种的。所以统一与种种、变与不变、静止与运动等争辩,
始终没有解决。这不同的两面,宇宙人生,一花一草,小到不能
再小,大到不能再大,都具有的。这是世间的奥秘,没有般若的
空慧透进它的底里,无论怎样是不能得到圆满的解决。青目论
释说:你用无常破斥他的常,他可以常破斥你的无常,都有道理。
虽两方都说自己的成立,实际上是互相对立了。佛教以无常破
常,是说无有常住的常,缘起的非常非断的相续,不是也没有。
以无我破我,是说没有像一般所执著的实在我,缘起如幻的假我
还是有的。性空者破斥实有者,原则很简单,就是用他自己的
手打他自己的嘴,显出他的矛盾,使他知道自己所执为实在有

的一切,不成其为实在。离却实在的自性见,这才了解如幻的
缘起。常断一异的自性不可得,而无自性的、幻化的一异常
断,却都可成立。立要这样的立,破要这样的破,不空是绝对
不行的。批评别人,建立自己,在言说上尚且要依空,解脱自
然更非空不可了!

观六种品第五

观世间的苦谛,有蕴、处、界三,观六种,就是观六界。种、界
是没有差别的。界的意思有二:一、类性,就是类同的。在事相
上,是一类类的法;在理性上,就成为普遍性。所以,法界可解说
为一切法的普遍真性。二、种义,就是所依的因性。这就发生了
种子的思想;法界也就被解说为三乘圣法的因性。《俱舍》说界
为种类、种族,也就是这个意思。现在观六界,是从事相的类性
说的。

界虽有众多的差别,主要的是六界——地、水、火、风、空、
识,这是构成有情的质素。有以识为六种的根本;有以地、水、
火、风的物质为根本;也有以为物质要有空才能存在,空更为根
本些。性空者说:组成有情的六种,心色固是不即不离的,而与
空也是相依不离的。《观六种品》中,虽总破实有自性的六种,
但主要的是观破虚空。如《观五阴品》中观破色阴、《观六情品》
观破心识的作用。心识与四大的生灭无实,易于理解,唯有虚
空,很易于误认为普遍真实常住不变,所以本品特别以它为所破
的对象。

　　萨婆多部说:虚空是有实在体性的。经部譬喻师说:虚空只是没有色法的质碍,所以没有真实的体性。案达罗学派说:虚空是有为法。萨婆多部说虚空有二:一、我们眼见的空空如也的空,是有为法。六种和合为人的空种,是属于这一类的。这虚空,是色法之一,就是窍隙的空。二、虚空无为,无障碍为性,一切色法的活动,存在或不存在,都在无碍的虚空中。虚空是遍一切的、实有的、真常的。这虚空无为,不碍他,他也不会障碍虚空。空宗说:虚空是缘起假名,与经部及案达罗学派的思想有关。

　　空间,哲学上是个很重要的问题,诤论也很多。有说空间是外界绝对的存在,不是寸尺的长短可以量的。有说空间是内在的,是认识上的格式,认识本有空间的格式,从空间的格式中认识一切,一切都现出空间相;所以,空是内心的存在,不是外界存在的。有的说:空间是外在的,但是物质的存在、形态,有物质,就显有空间相。物质的有变动,空间性也就有变化;是相对而不是绝对的。这可见空间的问题,在世学,在佛法,都有很多的诤论,但主要不外绝对的与相对的,外在的与内在的诤论。空宗不否认对象的虚空,不过不承认它是实有真常;承认它是缘起的幻相,它的存在与色法有依存的关系。如板壁上的空隙,是由根见身触而得的认识,空宗是接近经验论的。虚空依缘起而存在,也就依缘起而离散,所以,有集也有散;缘起的存在,是毕竟性空的。

丁三　观六种

戊一　明正观

己一　广破空种

庚一　非所知性

辛一　非有

壬一　以能责所破

空相未有时　则无虚空法　若先有虚空　即为是无相
是无相之法　一切处无有

　　一切法的存在,必有它的样相,有相才可以了解。法体、样相,这就是能相所相。佛法说能所,如"量"、"所量","知"、"所知",虽没有说"能"字,也可知道它是能量、能知,因为量与知,本是动词而静词化的。说相与所相,也就是能相所相。虚空的法体,是所相;能表显虚空之所以为虚空的相,叫能相。现在就研究它的所相:假定承认虚空是以无碍性为相,而无碍性的虚空又是常住实有的,那么在空相还没有时,岂不是没有虚空吗?所以说:"空相未有时,则无虚空法。"什么是无碍性?是质碍性(色法)没有了以后所显出的;也就是因为没有色法,或眼见,或身触,所以知道有虚空。这样,色法存在的时候,不就是没有无碍相吗?心法不是物质,是无碍的,而不能说是无碍性的虚空。单说不是色法,也不能说是无碍性的虚空。虚空与色法有关,必在有色法而色法又没有了的时候,才成立。如说死,没有人不能叫死,要有人受生后,到生命崩溃时,才叫做死。这样,怎能说虚空是常住、实有的呢？假定说：不是起先没有虚空，是"先"前已"有虚空"的存在，不过等色法没有了才显现而已，所以没有上面的过失。这也不然，如果先前已有的话，这虚空法就应该无有"无"碍"相"。不但无有"无"碍"相"的虚空"法"，凡是无相的，"一切处"都决定"无有"。无相，怎么知道它是有呢？怎么可说先有无相的虚空呢？虚空是眼所见，身所触，在没有色法而显出的，离了这样的认识，根本没有虚空。

壬二　以所征能破

于无相法中　相则无所相　有相无相中　相则无所住
离有相无相　余处亦不住

　　一般人的认识中，都觉得相与所相，有能所体相的差别，所以起自性实有的差别执。现在再从所相法难破他的能相。所执的虚空所相法，是有相呢？还是无相？假定说虚空的法体是无相法，上面说过，无相法根本不存在，存在的必然有相。那么，能相是为所相法作相的，现在所相的虚空既然不可得，在不可得的"无相法中"，无碍性的能"相"，不是没有"所相"法可以为它作相了吗？如装谷物的麻袋，有一袋袋的所相法在那儿，才可以贴上一号二号的或米或麦或豆的能相条子，作为它的标记。如根本没有所相的谷物麻袋，那你一号二号的能相封条，不是无可张贴了吗？所以，所相的法体，不但不能说它是"有相"——本身已有了相，那还要能相做什么？并且本来已有了一相，再有一能相的无碍性，也没有所住处，实有的两相是不能并存的。也不能说它是"无相"，无相就等于不存在，不存在的无相法，那能"相"

的无碍性也还是"无所住"著的。假定说，所相的法体，不是有相，也不是无相，离有无相，另有个第三者。这也不对！凡有法体的，不是有相，就是无相，所以说"离"开了"有相无相"，更找"不"出一个其"余"第三者，可为能相的所"住"。

壬三　能所相待破

相法无有故　可相法亦无　可相法无故　相法亦复无
是故今无相　亦无有可相　离相可相已　更亦无有物

有的以为虚空的法体是常时存在的，不过要离去物质才显出它的无碍相，这等于承认二者的可离性。不知相法与可相法，是相待共存而不能独立存在的，虚空与无碍性，哪里可以分离！所以要有无碍性的能相，才有虚空的可相法，假使无碍的能"相法无有"，那"可相"的虚空"法"，也就"无"有。反过来说：要有虚空的可相法，才有无碍性的能相，假使"可相"的虚空"法"是"无"，那么，能"相"的无碍"法"自然"亦复无"有了。这两者既然是因缘的存在，就都没有自性，"是故"，现"今无"有"相"法，也"无有可相"法，"离"了这"相可相"法以外，还有什么东西是虚空呢？所以说"更亦无有物"。物，是实有自体的东西。虚空是这样，其他的一切法也是这样。因为一切法，不出相与可相的二法，相可相的二法不可得，一切法也就都没有自体了。

辛二　非无

若使无有有　云何当有无

性空者说：能所相待的缘起虚空，我并不否认它的存在，不过不许实有自性罢了。但一般人,说有就觉得有个实在的;听说自性非有,就以为什么都没有。虚空法体不可得,无碍性的幻相也不可得,这就是破坏缘起的虚空;他们以为虚空是颠倒的妄见,如病眼所见的空花一样。这是反世俗谛的常识,也就是不了解自性的不可得了。要知道上面所以破有,是破它的自性有,不是破坏缘起幻有。同样的,这里破无,也是破实自性无。所以说:"若使无有"实在的自性"有",哪里"有"实在的自性"无"呢? 现实的虚空,有种种的形态,有彼此的差别,吾人可以直接感觉到,怎么可以说没有呢?

庚二　非能知性

有无既已无　知有无者谁

青目论师说:有责难说,有法不可得,无法也没有,知道没有有无的人,应该是有的了。这是不对的,所知的实有实无都不可能,哪里还有个能知者呢? 照这样解释,这半颂已超出破虚空的范围,而从破所知法转破到能知者的我不可得了。其实,这还是破虚空,意思说:在能知者的意识中,也没有虚空。因为,假使有有体或无体的虚空作对象,那才能引起能知者的认识,认识这或有或无的虚空;现在"有无"的虚空"既已无"有了,哪里还有"知"这虚空是"有无"的能知者? 哪里会离开所知别有内心本具的虚空相? 如这里有《中论》,能知者的认识上才现起《中论》的认识;假使这里根本没有这部书,能知者怎么会生起《中论》的认识? 哪里会有内心本具的《中论》相而可以了知呢?

己二　结例余五

是故知虚空　非有亦非无　非相非可相　余五同虚空

前三句是结前虚空,后一句是例破五种。地以坚硬为相,水以润湿为相,火以温暖为相,风以轻动为相,识以了别为相。这所"余"的"五"种,如"虚空"一样的是"非有亦非无","非相非可相",只是缘起假名的存在。

戊二　斥妄见

浅智见诸法　若有若无相　是则不能见　灭见安隐法

诸法的实相,不可以看作有相,也不可以看作无相,但"浅智"浅见的世间有情,或"见"到"诸法"的实"有"自相,或见到诸法的实"无"自"相"。其实,他"是""不能见"到虚空及一切法的非有非无的缘起法的。不理解缘起法,就不能通达性空;不通达性空,就有自性见的戏论;有了实有的自性见,就不能见到"灭"除妄"见"的"安隐"寂静的涅槃"法"。"不得第一义,则不得涅槃"也就是这个意思。所以缘起幻有的虚空,是要承认的,从缘起中通达性空,通达了性空,就可证得安隐寂静的涅槃了。

观染染者品第六

六情、五阴、六种的三品,是观世间;染染者品以下十二品,是观世间集。世间,指众生的果报自体;世间集,指世间所从生的因缘,怎样的因果相生。所以,世间集不但说明因缘而实是总明因果的关系。世间集，一切是性空的假名，但一般学者误会释尊的教义，要建立世间集的实有，所以本论从世间集的一一论题加以理智的检讨。现在先说烦恼的染著，再说有为相的生、住、异、灭的性空。阿毗昙论，在说明蕴、界、处以后，就说心心所法的相生相应，次说不相应行的生、住、灭三相，这如《阿毗昙心论》的《行品》《俱舍论》的《根品》。本论《观染染者品》是观染心相应的不可得，《三相品》是观生、住、灭性空，这次第是阿毗昙所旧有的。

染是烦恼，这本来很多，如贪染、嗔染、痴染等，但主要的是贪，所以四谛的集谛，特别重视爱；十二缘起中，也特别着重爱与取。在生死流转中，爱可说是生死的动力了。假使只说贪欲、淫欲、五欲，那唯属于欲界的贪；若说贪、染、著，那就通于三界了。贪与嗔，看来是对敌的，其实，为了爱著自己的生命及世间的境界，被自体与境界二爱所系缚；假使爱之不得，就生起嗔恨，嗔恨不过是为了要达到爱的目的而引起的反动。所以缘起论中，特重贪欲。论主在上面破斥蕴自性等不可得，固执自性有的学者，不能理解无性的缘起有，以为不可得是什么都没有了。他觉得一切空不能成立生死流转，所以他要从蕴、界、处的因缘实有中，建立他实自性的蕴等。他觉得，经说“贪欲、嗔恚、愚痴，是世间根本”。有了这染法，自然有染者；有染者，自然作业感果，怎么说蕴等无自性呢？这样，本品中就要进一步地破染与染者。

龙树学随时说到“者”，这是他的特色，是最值得注意的。如前说的去去者、见见者，后面说的作作者、受受者，这里说的染染者。原来佛法虽说无我，但缘起五蕴和合的统一中，大小学派都承认有我，不过所指不同：犊子系立不即不离五蕴的不可说我，一切有系立和合的假名我，大众、分别说系立一心相续的真我。龙树学的缘起我，是依五蕴而有的，但不同犊子的不可说我，也与一切有者的假名我不同。什么是染染者？一、染者是能起染的，染是所起的染，这是从能起所起的关系上说。二、染是贪嗔等染法，染者是为染法所染污的。这样，染为能染，染者为所染，是从能染所染的关系上说。这染与染者，涉及的问题很多：大众、分别说系，说"心性本净，客尘烦恼所染污故"，心性是本净者，染法怎样的能染污他？一切有与犊子系，说烦恼与心心所相应，起染污的作用。心心所法为俱时和合的染法所染，而杂染的五取蕴，使不可说或假名我成为染者。成实论师说：第一念是识，第二念是想，第三念是受，都是无记的；第四念的行，或是染污的，能染污假名相续的众生。这本净者与杂染、无记者与染心所、假名我与染法，这一切怎样成立染与染者的关系，都是本品所观察的对象。这里总括地叙述一下，不再作个别的解说了。

丙二　观世间集

丁一　惑业相生

戊一　染著则生

己一　观染与染者

庚一　正观染染者不成

辛一　别异不成

壬一　前后门破

若离于染法　先自有染者　因是染欲者　应生于染法

若无有染者　云何当有染　若有若无染　染者亦如是

本颂的意义不显，各家的解说不同，且依青目释。前一颂半明先有或先无染者，不能成立染法；后有半颂，明先有或先无染法，也不能成立染者。染与染者的相应，不出两门：一是同时相应，二是前后相应。有部主张前者，经部主张后者。有部与经部同样的建立假我，但有部的我，是依五蕴建立的；经部的假我，是依心的相续而建立的。

假使在染法未起以前，"离"开了"染法"，已"先自有"了"染者"。就是说，先有染者，以后才起染法去爱染他。这是不合理的，因为染者本身既已经是杂染的了，何必还要染法呢？这可说不攻自破。那么，在染法未起以前，没有染者，能不能成立呢？也不可以。因为，若先已有了"染欲者"，这或者可以说"生于染法"；如先有了打球者，然后才有打球的事情发生。既然在染法未起以前，"无有染者"，那"当"来又怎么能够"有染"法的生起呢？这双关的破斥是：前从依染法而后成染者去难破，次从依染者而后生染法去难破。照这样的理论去观察，那么若染者以前已先有了染法，染法既先已存在了，还要染者做什么？假定未起染者以前没有染法，那后来的染者也不应该有，因为没有染法，就不能立被染的染者。所以颂说："若有若无染，染者亦如是。"

　　　　壬二　俱时门破

染者及染法　俱成则不然　染者染法俱　则无有相待

主张同时相应的说：染者与染法，说他前后异时，不能成立，这是对的。但主张同时有，这就可以成立，没有过失的了！这也不然。"染者及染法",如说他有各别的自体,又说他"俱"时相应能"成"立能染所染的关系,这怎么可以呢? 因为,"染者染法"同时"俱"有,就没"有"二法"相"依"待"而成立的因果性了。所以有染法和染者,就是因为染法能染于染者,染者能有于染法。现在二法同时,如牛的二角一样,那还有什么相染的关系呢? 失去了他们的相待性,也就是失去了因果性了。

辛二　和合不成

染者染法一　一法云何合　染者染法异　异法云何合
若一有合者　离伴应有合　若异有合者　离伴亦应合

同时相应者救说:诸法虽各有自体,但我并不主张心心所法是独存的,不相关的和合。《杂阿毗昙论》说:"心心法由伴生。"心心所法,是展转相因而生的。同一念的心心所法,同所依、同所缘、同事、同果,这叫和合相应,所以没有上面所评破的过失。他主张俱时和合,而能构成染与染者的关系。前后相应者也说:前心与后心是相续而统一的,是同类的引生,所以心与心所虽就是一法,但在前后相续中,也可以说相应和合,也可以建立染与染者。和合,既不出一异,现在就从一异门去破。你所说的和合,是一法而和合呢? 还是异法而和合? 假定说,"染者"与"染法"是"一","一法"怎么能够"合"? 要说合,一定是这法与那法合;若但是一法,那是绝对说不上合的,如指的不能自触。假定说,"染者"与"染法"是差别各"异"的,"异法"又怎么能够"合"? 因为合,要两法有涉入、渗合的关系,若各各差别,怎样和合得起? 所以,不同而各有自体的,只可说堆积,不可说和合。

一异的所以不能和合,论中更举出理由。如果一定说染染者是
"一"而可以"有"和"合"的,那么,"离"了"伴"侣,也"应"该
"有"和"合"。有前心时无后心,有了后心而前心又灭,彼此不
相及,怎说心心所法和合相应生?若说一法不能合,还是"异"
法才"有"和"合"的可能,那么,两法和合在一处时,这还不是你
是你我是我,根本生不起关系;伴与非伴,又有什么差别?所以
说"离伴亦应合"。论主所以用破一的理由同样的去破异,因为
独存的一与孤立的异,只是同一思想的两面。所以独存的一不
成立,一个个孤立的异也就不成。一异和合既都不能建立,染染
者的成立,自然大成问题。真常唯心者说真妄和合,当然也此路
不通!

辛三　异合不成

若异而有合	染染者何事	是二相先异	然后说合相
若染及染者	先各成异相	既已成异相	云何而言合
异相无有成	是故汝欲合	合相竟无成	而复说异相
异相不成故	合相则不成	于何异相中	而欲说合相

　　上文总破一异的和合不成,但别异的俱时和合是比较普遍
的见解,所以再特别破斥,指出他内心的仿徨矛盾。如一定要说
染染者是各各别"异,而有"和"合"的,那应该反省:这别异的
"染"法与"染者",怎样能成立他的杂染"事"呢?因为,这"二
相"在"先"已承认他的别"异"相,"然后"又"说"他同一所依、
同一所缘、同一生灭、同事、同果的和"合相"。这种机械的和合
论,等于破坏他人的友情,再去做和事佬。同时,"染"法"及染

者,先"前"各"各"成"立了他的别"异相",你"既"然"已成"立了这不同的"异相",认为应该各各差别,过后,你怎么又要说"合"呢?岂不是白忙! 我晓得,你是觉得染染者的"异相",照上面所说,没"有"办法"成"立,于"是"你要成立染染者的"合"相。等到明白了"合相"也"无"法"成"立的时候,"而"你又恢复固有的见解,"说"两者并不融合为一,还是各各别"异相"的。其实,不论你怎样说合说异,结果总之是不得成立。什么道理呢? 染染者的"异相不"得"成"立,"合相"当然就同样的"不"得"成"立了。你到底在怎样的"异相中,而"想"说"染染者的"合相"呀! 异不成就说合,合不得成又想说异,你到底要说什么? 我们可以停止辩论了吧!

庚二　类破一切法不成

如是染染者　非合不合成　诸法亦如是　非合不合成

　　如前所说的贪"染"与"染者",各各有独立的自体,说和合、说别异,都不得成,唯是缘起无自性的假名染染者,相依相待而存在。所以说:"非合不合成。"贪染与染者是这样,嗔染与染者、痴染与染者,也是这样。三毒是这样,一切烦恼,一切诸法,无不是这样。所以说:"诸法亦如是,非合不合成。"

观三相品第七

　　心念惑染相应,构成杂染,从惑起业,就生起了一切有为法,有为法就是惑业所为的。有为法有它的相,或说有生、住、灭的

三相,或说有生、住、异、灭的四相,或简单说生、灭的二相。凡是
有为法,是无常的,必有生、住、灭的形态,所以佛说:"有为法有
三有为相。"后代的佛弟子,对这三相生起各别的见解:一切有
与犊子系,从分析的见地,分析色法到了极微,心法到了刹那。
这刹那、极微的法体,是常住自性的,没有生、住、灭可说。这色
心的所以成为有为法,在作用上有生、住、灭的三阶段,是受了
生、住、灭三相的推动。三相,是别有一种实在的法。色法或心
心所法的和合现起,从未来来现在,又从现在到过去,有生、住、
灭相与他俱有,所以说三相是有为法的相。晋慧远法师曾问过
什公,什公回答说:佛说有为法,是令人厌离这世间的,并没说有
实在自体的三相。一切有部们对三相加以研究,说三相不是色
法,也不是心心所法,是非色非心的不相应行法。本品虽破斥执
三相的一切学派,但主要的是破三相别有实体的学派。

己二　观生住灭相

庚一　破三相之妄见

辛一　观生住灭不成

壬一　总破三相

癸一　有为无为门破

若生是有为　则应有三相　若生是无为　何名有为相

　　生、住、灭三法是有为法的相,但生、住、灭三法的本身,是有
为呢? 还是无为? 萨婆多部与犊子系,说三相也是有为的;分别
论者说三相是无为;法藏部说生、住是有为的,灭是无为的。分

别论者说:三相是无为的,因为三相是一切有为法的普遍理性,如无常是诸法的真理一样。有为法,在一切处、一切时,总是有生、住、灭的,生、住、灭,有它的普遍性、永久性,它是普遍恒常的理性,所以能使一切法流动不息,一切法照着它的理则而生灭。这思想,接近观念论与形而上学。法藏部说灭是无为,一切法终究要归灭无,它是一切有为的最后归宿,能灭一切,有绝对而必然的力量,所以也非无为不可。他们执有实在的自体,不论是说有为或无为,都不得行,为什么呢?假定如有部说"生"、住、灭"是有为的",那么,生、住、灭的自身也就"应"该"有"这"三相"。就是说,生有生、住、灭三相,住与灭也各有生、住、灭的三相。为什么要这样?因为凡是有为法就有这三相。生、住、灭既然是有为,自然也有此三相。不然,也就不能知道它是有为了。假定如分别论者说"生"、住、灭"是无为"的,无为法不生不灭,没有变化,没有差别,没有作用,没有相貌,这样的无为法,怎么能为"有为"法作"相",表现有为法是有为呢?无差别的无为法,作为有差别的有为法的表相,性空论者认为是不能成立的。

癸二　共聚离散门破

三相若聚散　不能有所相　云何于一处　一时有三相

　　三相在同一的时间中具足,叫聚;有前有后,在初中后中具足,叫散。说三相为有为法作相的,到底说同时有三相?还是前后次第有三相?有部与犊子系,主张在一法的一刹那中同时有三相。但这是相当困难的;假定说,在一法一刹那中聚有三相,这不是同时有生、住、灭的作用了吗?有部说:我虽说同时有,却不是这样讲的。一念心中三相共有,这是就三相法体说的。作用方面,生起生的作用时,住、灭的作用还没有;起住的作用时,生的作用已过去,灭的作用还没有来;起灭的作用时,住的作用也成过去。所以法体同时有,作用有前后的差别,这有什么困难不通呢? 但他说到刹那,是没有前后的,没有前后分,怎么可说生用起,住、灭作用未起? 灭用起,生、住作用已成过去? 由此,可见体同时而用前后,是讲不通的。经部主张三相有前后,他说:先生,次住,后灭,这在相续行上建立。但佛说有为法有三相,现在不是承认——刹那中没有三有为相吗? 他说:我虽主张三相前后起,但在一念心中也还是可以说有三相;刹那间的生起是生,过去的是灭了。这刹那在相续不断的流行中,可以说住。这是观待建立的,如人的长短,因甲的长,有乙的短,因丙的短,才显出乙的长,不是单在乙的个人身上,可以说出他的长短。这观待假立,不过是缘起假名,但他要在现在实有的刹那心上建立,这怎么得行呢? 所以“三相若聚”若“散”,对有为法,都“不能有所”表“相”。一法上聚有三相,有生灭自相矛盾的过失。也不能说前后有三相,有生无灭,有灭无生,也不能表示它是有为。一定要说三相同时,你想想,怎么可说“于一处一时有三相”呢? 在大乘学者,都承认即生即住即灭的同时三相的,但他的意义,是值得研究的。《成唯识论》在一刹那心中建立即生即灭说:“如秤两头,低昂时等。”但这是否可通,在理论上是值得考虑的。秤有两头,有长度,所以可有低昂同时的现象。不可分的刹那心,也可以说有两头生灭同时吗? 空宗不许无分的刹那心,在贯彻过、未的现在相续中,观待假名才能说即生即灭。

癸三　有穷无穷门破

若谓生住灭　更有有为相　是即为无穷　无即非有为

　　假定"生住灭"的三相是有为法,像萨婆多等所说的,即应该"更"承认这有为的三相,又"有"生、住、灭三"有为相",那就犯了"无穷"的过失:如甲法是有为,是由生、住、灭乙为它作表相的;乙法也是有为,就又要生、住、灭丙为它作表相;丙法仍是有为,那就还要生、住、灭丁为它作表相了,这样推论下去,不是成了无穷吗? 假定说生、住、灭虽是有为法,但不要另外的生、住、灭为它作相,那么,这有为法上的三相,就不能说它是"有为"了,它不再有生、住、灭三相,怎么知道它是有为呢? 这样,承认另有生、住、灭,就犯无穷过;不承认另有生、住、灭,又犯非有为过。这究竟要怎样才好? 有部推论的结果,承认另有生、住、灭,但不承认有无穷过。分别说系说三相是无为,大众系说三相是有为,但自生、自灭,不需要另有生灭为它作相。思想恰好是对立的:不是有为,就是无为;不是俱时,就是前后。不建立缘起的假名论,怎能不犯过失呢?

壬二　别破三相

癸一　破生

子一　自他门破

丑一　破他生

####### 寅一　立

生生之所生　生于彼本生　本生之所生　还生于生生

　　能生有为法的生,是怎样生起的? 有说:由另一个生生的,这叫他生派,或展转生派,是犊子系与说一切有者的见解。有说:生是自生的,不需要其他的生法生,这叫自生派,或不展转生派,这是大众系的见解。现在,先破他生派。这一颂,是有部他们为了避免上来的无穷过,而作展转生的建立。他们说:另有一法能生这生的,叫生生,如另有能得这得的,叫得得。某一法的生起,有生能使他生起。这生,另有能生他的"生生";这生生的"生"起,能"生于"那个"本生"。本生,指能生某一法的。本生从生生而生,这生生是不是也还要另一个生生,去生这生生? 不要! 因为本生生起的时候,除了他自己以外,有能生其他一切法的力量,所以"本生"的"生"起,"还"可以"生于生生"。这样,本生是有为,是由生生所生的;生生也是有为,是由本生所生的。所以主张生、住、灭外另有有为相,却不犯无穷的过失。有部、犊子系都这样说。有部建立三相,说一切法现起时,有七法共生;一是法、二本生、三本住、四本灭、五生生、六住住、七灭灭。根本的生、住、灭,作用特别大;生,生起时,能使其余的六法也都生起;住,住时,能使其余的六法也住;灭,灭时,也能使其余的六法灭。但生生只能生本生,住住专能住本住,灭灭唯能灭本灭。法,根本是被动的,不能叫余法生灭。假定说生、住、异、灭,那就一法起时,有九法共生了。法、生、住、异、灭、生生、住住、异异、灭灭,是为九法。根本生又名大生,生生又名小生,小生生大生,大生生小生,就是这个道理。正量部除了这些法,还有其余的法,所以说一共有十五法共生。西藏的《无畏论》说,本论的破他生,是破正量部;但《十二门论》与青目释,都是指一切有部的。总之，凡是主张三世实有的，主张展转生的，都为此中所破。

寅二　破

若谓是生生　能生于本生　生生从本生　何能生本生
若谓是本生　能生于生生　本生从彼生　何能生生生
若生生生时　能生于本生　生生尚未有　何能生本生
若本生生时　能生于生生　本生尚未有　何能生生生

假定说，生生是因，本生是果，这"生生"的因，"能生于本生"的果。那么，就不可说生生是从本生生的。为什么呢？"生生"是"从本生"生的，这所生的生生，又怎么"能"够转过来"生"起"本生"？如说母生子，又说子生母，这话讲得通吗？同样的，假定说本生是因，生生是果，这"本生"的因"能生于生生"的果，那么，就不可说本生是生生所生的。为什么呢？"本生"是"从彼"生生而"生"的，这所生的本生，又怎么"能"够转过来"生"起"生生"呢？有部说：先有本生，后有生生，生生当然不生本生；或先有生生，后有本生，本生自也不能生起生生。可是，我建立同时的因果，它们同生同灭，你却把它分作前后讲，这自然觉得有上说的困难了。依我的俱有说，生生的时候，可以生起本生；本生生的时候，也可以生起生生。像两个一只脚的跛子，你扶我，我扶你，就可以站立不动，这不是彼此为因吗？不行！像你所说的"生生"，在"生"起的"时"候，"能"够"生于本生"。如生生像跛子一样，本来已有了，那或许可以说彼此相依而立。但是"生生"的自体，还"未有"现起，还需要本生生它，它怎么"能"够"生"于"本生"呢？又"若"如你所说，"本生生"的"时"

候，"能"够"生于生生"，"本生"的自体还"未有"现起，还要生生来生它，它又怎么"能"够"生"于"生生"呢？由此，可知所说的彼此展转相生，并不能免无穷的过失。

丑二　破自生

寅一　立

如灯能自照　亦能照于彼　生法亦如是　自生亦生彼

这是自生派，也叫不展转派，建立自己的理论，大众系的学者就是采取这方法的。自生，是说能生起有为法的生，自己能够生起。他不但说生法是这样，其余的法，也还有采取这一理论的。如心能认识境界，心又能自己认识自己。后代唯识家的自证分，以心见心，也是从这样的思想而来。照自生派的学者说："如"放射光明的"灯"光，一方面"能"够"自"己"照"耀自己，另方面又"能照"耀"于"其他的东西。灯光是这样，"生法"也是这样；生法生起时，"自"己能"生"自己，同时也能"生"其他的法。这样，生是有为法却不须生生来生它。这样的思想，完全走上另一系统，与他生派的有部学者截然不同。这灯能自照的比喻，照提婆的《百论》看来，也是外道所常用的。大众系可说是通俗的学派。

寅二　破

卯一　破其喻

**灯中自无暗　住处亦无暗　破暗乃名照　无暗则无照
云何灯生时　而能破于暗　此灯初生时　不能及于暗**

灯若未及暗　而能破暗者　灯在于此间　则破一切暗
若灯能自照　亦能照于彼　暗亦应自暗　亦能暗于彼

　　灯能照破黑暗，这是世俗所共知的。但灯光是怎样的破暗，在理智的观察下，大成问题。灯是光明的，假定灯体已成就了，光明四射。那时，"灯"光的本身"中"，"自"己根本没有黑"暗"，灯所照达的"住处"，也同样的没有黑"暗"。那灯光所照，照个什么？照所以为照，是约它能够"破暗乃名"为"照"的。现在灯的自体及所住处，都"无"有"暗"，无暗可破，那还有什么"照"呢？一般的看法，光明与黑暗，不能同时存在。有了光明，决定没有暗，所以灯的光体放射了光明，灯体没有黑暗，处所也没有黑暗。没有黑暗，所以说它能照。但现在从照的所以为照上观察，没有所照破的黑暗，自照照他的能照也不能成立。或者说：灯光中不能说没有黑暗，如暗淡的灯光不能明彻地照耀，再加一盏灯，就越发的光亮起来了，这不是灯中有黑暗可照吗？不是这样：暗淡的灯光中，有他的暗淡，这暗淡不是这暗淡的光明所照破的。在后起明亮的灯光中，现在的暗淡已不可得，那也不是后有的光明所照破的。灯光怎能自照照他呀！

　　外人救道：我说灯能自照照他，不是像你那样讲的。灯光没有时，当然没有照；灯光生起后，黑暗已破了，自然也没有照。但在灯光正发生的时候，我说它有照，这有什么不可以呢？有照就可以自照照他了！这仍然不能照，为什么呢？你说的灯光初生，是已成就呢？还是未成就？假使说灯将生时，光体没有成就，没有成就就没有力量能破黑暗，那怎么可说"灯"初"生时""能破于"黑"暗"呢？同时，"此灯"光"初生"的"时"候，光明还"不能"碰"及于暗",明暗不相到。暗在时明还未来,明来时暗已前去,光明怎么可以破暗呢?光既是实法,暗也是实法,在同一空间时间中,是不能同时矛盾存在的,所以明暗不相及,光明也就无力破除黑暗了。假定执著"灯"体不能碰"及暗","而"是"能"够"破"除黑"暗"的,那么,一盏透明的"灯",放"在"这个地方,就应该"破"除"一切"地方的黑"暗"了!这因为灯在这儿,碰不着暗而可以破暗;其余一切地方的黑暗,也碰不着,也应该有力量可以破除了!此间的暗,与一切世间的暗,有什么差别呢?事实上,此间的灯光,只能破此间的黑暗,不能遍破一切世间的黑暗。可见灯未及暗而能破暗的话,是不合道理的!

再进一步说:明与黑暗的体性,是相反的。假定"灯"光"能"够"自"己"照"自己,也"能照"及"于"其他的一切,那么,黑"暗"也"应自"己"暗"蔽自己,"亦能暗"及"于"其他的法。这样说来,你想以光明去照它,它还要以黑暗来障蔽你哩!灯的自照照他,既在胜义谛中不可得,那怎能用作自生生他的比喻呢?

古代三论师,是常时活用灯破暗喻的。光明犹如智慧,黑暗等于烦恼。智慧的破除烦恼,是怎样破的呢?痴与慧是不并存的,般若现前,那时本没有愚痴,你说断个甚么?假定说,般若将生未生的时候可以断烦恼,未生就没有能破的力量,已生又没有烦恼可破!假定说:现在一念烦恼灭,后念的智慧初生,称为破除。那么,烦恼在前念,智慧在后念,两者不相及,怎么可以说破?又有什么力量,可以保证烦恼的不再生?如不相及而可以相破,见道的智慧生起时,修所断的一切诸惑,也就应该断除了!

还有,智慧既能有力破烦恼,烦恼也有力蒙蔽智慧。岂不要成个相持不下的局面,还能说破吗? 大乘的不断烦恼,烦恼悟时即菩提,都在这性空的见地上成立。

卯二　破其法

此生若未生　云何能自生　若生已自生　生已何用生

现在再直接从自生生他的见地,加以观察。你说生能自生,也能生他,是怎样生的呢? 是未生而能生自生他呢? 是已生而能自生生他呢? 如未生能够自生,这"生"还"未"曾"生"起,还没有自体,怎么"能"够说"自"能"生"自呢? 如已"生"后能"自生","生"体既"已"成就了,还"用生"做什么? 老实说:自就不生,生就不自,说生能自生,是不合理的。生还不能自生,更谈不上生他了。

子二　已未门破

丑一　总遮三时生

生非生已生　亦非未生生　生时亦不生　去来中已答

《中论》用三时破,虽说已生、未生,主要的是逼他走上生时生的绝路。如《观去来品》中三时破去,也就是如此。上面说,"生"相不是在"生"起了"已"后有"生"的,因为生的作用已过去了。也不在没有"生"的时候已有"生"的,既然未生,哪里会有生相呢? 或者说:已生、未生都不可,生时生该是没有问题了! 这仍不行。要知道:生时是依已生、未生而建立的,离了已生、未生,哪里还有生时? 所以,"生时"也是"不生"的。这个道理,在

"去来"品的破去"中","已"详细地解"答"过了。

丑二　别破生时生

寅一　破缘合之生时生

若谓生时生　是事已不成　云何众缘合　尔时而得生
若法众缘生　即是寂灭性　是故生生时　是二俱寂灭

论主说:三时中都不可生。外人意中,一定承认生时生;但要免除生时无体的过失,就转计众缘和合的时候可以生。虽说众缘和合生,意许上还是成立他的生时生。所以论主批评他:"生时生",这"事"在上面"已"说过"不"得"成"了,怎么又说"众缘"和"合"的那个"时"候"而得生"呢?众缘和合时生,不仍旧是生时生吗?外人心目中的因缘和合生,或者是同时因果,或者是异时因果。不问同时、异时,因法与果法,都是各有自相,独立存在的。因缘和合是这样,不和合还是这样。所以说有自性,又说众缘和合生,这是不合理的!依中观的正见,"若"诸"法众缘"和合而"生"起,那就是无自性的;无自性的缘生,当体"是"本性空寂的"寂灭性"。寂灭性的缘生法,不应执有实在的自性法在生时生。所以"生"法与"生时","是"观待的假名,在缘起的无自性中,"二"者都是"寂灭"无生的。

寅二　破已有之生时生

卯一　约所生之生破

若有未生法　说言有生者　此法先已有　更复何用生

因缘生法,是释尊的根本教义。外人虽不能正确地把握,也有他的根据,他是不能轻易放弃的。所以现在再破已有的在因缘和合时生。像说一切有系,主张未来具足一切法的,不过没有遇到缘的时候不生起,因缘和合时就生起了。这近于因中有果论者。性空论者说:凡是存在的,必是生起的,没有生就不存在。所以,说"有未生"的"法"先已存在,一碰到缘就可以"有生"的话,这未生的(所生)"法"既是"先已有"了,"更"要"用"(能生的)"生"做什么呢?因为生是使法从无到有的;既已有了,生就无用,那怎么可说先有而后生呢?

卯二　约生之能生破

若言生时生　是能有所生　何得更有生　而能生是生
若谓更有生　生生则无穷　离生生有生　法皆自能生

假使说未生的法,在因缘和合的"生时生",这法依不相应行的生而生,姑且说"是能有所生"的。但生相又从何而生?"何得更"另"有"一个"生"相"而能生"这个"生"?假定说:"更有"一个"生"能生此生,那么"生"又从"生",就"无穷"了!假定说:"离生生"而能"有"本"生",本生能生有为法,而自己能自生,不须另外的生法生;生既可以自生,一切"法"都是"自"己"能生"自己的,又何必要这能生的生相呢?

子三　有无门破

丑一　就体有无破

有法不应生　无亦不应生　有无亦不生　此义先已说

实有论者,说有就是实有,说无就是什么都没得。现在就以外人的观点,实有自体和自体都无,破斥他的生。其中,先从有为法体的有无破,再约有为的标相有无破。三有为相,是有为法的相,而生、住是有相,灭是无相。

　　所说的生,是有实在的自体法而生?还是没有实在的自体法而生?或者是亦有法亦无法而生?假定"有"实在的自体"法",就"不应"该"生"。为什么呢?法既然已是实有的,何必还要生?假定没有实在的自体法,没有就根本没得;没有,能生个什么呢?所以说"无亦不应生"。常人以为有了不生,这是可以说得过去的;无,为什么也不能生?要知道:生是因果相生,果法既根本没得,能生的因及缘,自然也都谈不上。因果必有能生所生,必有能所相及的作用。现在果法既一切都无,不能有因果能所相及的关系,所以有固不能生,无也不能生。有无都不可生,说亦"有"亦"无",当然更是"不"可"生"的了。这详细的意"义",在前《观因缘品》的"若果非有生,亦复非无生,亦非有无生"的颂中,"已"明白地"说"过了。

丑二　约相有无破

若诸法灭时　是时不应生　法若不灭者　终无有是事

　　上面都是以生破生,现在以灭与生相待,破生的不成。你所说的生,是在灭的时候生,还是不灭的时候生?假定是在"诸法灭"的"时"候有生,正在灭"时",实"不应"有"生",因为生灭是相违的。灭时非生,生时非灭,灭是损害生的。假定说:在法不灭的时候生,这也不合道理。一切有为法,是念念生灭,即生即灭的。生不离灭,没有灭的生,是不会有的。所以说:"法若不灭者,终无有是事。"

癸二　破住

子一　已未门破

不住法不住　住法亦不住　住时亦不住　无生云何住

　　上面已破三相的生,现在接着破住,也有三门。不住法是未住法,住法是已住法;前者是不安定不静止的,后者是安定不动的静止。不安定不静止的动相,说它是住,这当然不可以,因为动静是互相乖违的,所以说"不住法不住"。安定的不动的静止,说它是住,这也不可以。因为,住似乎是安定相,但它是从动到静的,离却从动到静,就不能了解什么是住。所以已"住"的"法",也"不住"。除了未住的法和已住的法,更没有住时,所以说:"住时"住也是"不"能"住"的。还有,住是从生发展来的一个阶段,要有生才有住。如上所说,生是不可得的;没有生,哪里还谈得上住呢?所以说"无生云何住"?

子二　有无门破

若诸法灭时　是则不应住　法若不灭者　终无有是事
所有一切法　皆是老死相　终不见有法　离老死有住

　　前三时门破,用无生故无住的类例破;本门是以灭与住相待而破住的不成。是灭时住,还是不灭时住?假定说:"诸法"正在"灭"的"时"候有住,这是不可以的。因为一法中的灭、住二相(住是有,灭是无)是相违的,住就不灭,灭就非住。灭是破坏住的,所以说"是则不应住"。假定说:法不灭时住,这也有过。

因为诸"法""不"刹那"灭",是"无有是事"的。"一切"有为"法",在有情分上,具有"老(异相)死(灭相)相";在众多的无情分上,具有异灭相;在整个器界分上,具有坏空相;法法都在不断地演变过去的过程中,所以从来"不见有"一"法,离"了"老死"相而"有"安"住"的。这可见不灭时住,是怎样的错误了。

子三　自他门破

住不自相住　亦不异相住　如生不自生　亦不异相生

不论住相的能否使有为法住,现在问:住相是本身能自有住力而住? 还是也像其他法一样,要假借其他的住力才能住? 假定说:住是自体能住的,那法也就应该能自体住;法既不能自相住,"住"自然也"不"能"自相住"的。假定说:住的本身无力自住,要借他住才能住,那就住更要住,成无穷过。所以说"亦不异相住"。这"如"上面说的"生不"能"自生",也"不"由"异相生"的道理一样。但上面广破,这不过略略指破而已。住不自住,是破自住派的大众系;住不异相住,是破他住派的有部学者。以无穷过破他住派,他是不承认有过的,他说:大住住小住,小住也可以住大住的。其实这不能免除过失,因为小住是由大住有的,怎样能够住大住呢? 大住是由小住有的,怎么反而住小住呢?

癸三　破灭

子一　已未门破

法已灭不灭　未灭亦不灭　灭时亦不灭　无生何有灭

生相与住相不成,灭相也自然不成,所以从此以下,观破灭相,也有三门。假定说:这"法已"经"灭"了,既已灭了,灭的作用已息,流入过去,这当然"不"可再说有"灭"。假定说:法还"未"曾"灭",既没有灭,就是灭相的作用未起,既没有灭相,自也"不"可说它是"灭"。离了未灭、已灭,又没有灭时,所以说:"灭时"也"不"能成立有"灭"。还有,灭是生的反面,有生才有灭,上面已详细说到"无生"相可得,这哪里还"有灭"呢?所以在三时中,求灭不可得,这实在是不言可喻的了。

子二　有无门破

丑一　约相有无破

寅一　以住相破灭

若法有住者　是则不应灭　法若不住者　是亦不应灭

这是以有相的住,观察无相的灭。假定说:这"法有"安定不动的"住"相,既然安住不动,自然是"不"会"灭"的。假定说:这"法"没有安定"不"动的"住"相,这也"不应"该说它有"灭"。因为,一切法虽是即生即灭的,但灭是从有到无,从存在到非存在的,它离了住相的存在,灭无也不能成立的。谁能离却存在的住相,而想像灭无呢?所以佛法说,灭相是有为法,是缘起法离散的假相。

寅二　以灭相破灭

是法于是时　不于是时灭　是法于异时　不于异时灭

这是直从灭相的本身,推破自相灭的不成。假定现在有这么一法,你说这一法就在这时候灭,还是在另一时候灭? 如果说:这法在这个时候灭,这是绝对的矛盾不通。因为,一方面承认现在有这法的存在,同时又说这法现在是灭无,这岂不有有无同时的矛盾? 所以说:"是法于是时,不于是时灭。"假定说:现在是有,所以这时不灭,要到下一刹那才灭,这也说不过去。怎么呢? 这时,此法没有灭;异时,又没有此法;没有此法,已失却了此法灭的意义,这哪里还能成其为灭呢? 所以说:"是法于异时,不于异时灭。"

寅三　以生相破灭

如一切诸法　生相不可得　以无生相故　即亦无灭相

这是以生相的不可得,例观灭相的不可得。在"一切诸法"中,"生相"是"不可得"的。如《观因缘品》,以自、他、共、无因四门观生不可得等。所以无有生相,成为佛法的根本大法。"以"一切法"无生相",也就没有"灭相",无生,更有何可灭呢?

丑二　约体有无破

若法是有者　是即无有灭　不应于一法　而有有无相
若法是无者　是则无有灭　譬如第二头　无故不可断

这又约法体的有无,评破灭相不可得。假定说:"法"体"是有"的,那就不能够说"有灭",因为实有法体的存在就是常住,常住的东西怎样说得上灭? 同时,在"一法"当中,不能够说"有有无"的二"相"。如光与黑暗不能同时存在;它是光明的,就不能够说有暗相一样。假定说:"法"体"是无"有的,那也"无有灭"相可说,因为灭是有的否定,如法体根本就没有,那也说不上灭不灭了。"譬如第二头",根本是"无"的,所以就"不可断"。这样,法体实有或实无,灭相都不能成立。

子三　自他门破

法不自相灭　他相亦不灭　如自相不生　他相亦不生

本颂对照自他门的破生破住,已大体可明了。上半颂,从灭相的"不"能"自""灭",与另一"他相"(灭灭)也"不"能"灭",直接地破斥自性的灭相。下半颂,例破"如自相不生,他相亦不生",可知灭相也不能自灭他灭。进一步说,灭相待生相而成立,如生相是如此的不生,哪里还有灭相可成立呢!凡自他门破生的一切论式,都可以照样的破灭,此处不再广说。

辛二　结一切法不成

生住灭不成　故无有有为　有为法无故　何得有无为

"生住灭"三相,是有为法的标相。是有为,必有此三者;离却三相,就无法明了它是有为法。所以,从上来详细观察,三相既然"不成",也就"无有有为"法可得了。下半颂,进破无为法。无为法的定义,是"不生不住不灭"。有人不了解佛说无为法的真义,成立种种的无为法,如择灭、非择灭等,以为在有为法以外,另有无为法体的存在。不知道佛说无为,是不离有为的,待有为而说无为的。指出有为法的如幻不实,生无所来,灭无所至;以此实生实住实灭的不可得,从否定边,称之为不生不住不灭。或是指它的本来性空,或是指体悟不生(择灭),这是开显缘起空义的,何尝以为有真实的不生不灭的无为呢? 所以如能了解"有为"三相的"无"性不可得,即可悟入"无为"法空了。有些经中,因学者妄执离有为虚诳的无为真实,所以说有为、无为、非有为无为的不二。理解教意的,知道佛法还是如此,与专说有为无为的同一意趣。那些守语作解的人,就坚决地执著:无为法不究竟,非有为无为的不二中道,才是究竟的真实。我们引申论主的意趣,应当告诉他:二既不成,何得有不二呀!

庚二　显三相之正义成

如幻亦如梦　如乾闼婆城　所说生住灭　其相亦如是

上面广显三相的不可得。然而三相的不可得,是胜义自性空。从世俗谛假名的立场,不能不有。说它无是破坏世俗,说它不空是破坏胜义。进一步说,俗破真也不成,真坏俗也不立,二谛都失坏了,这是佛法中的痴人。所以,上显真空,此一颂要说明俗有,也是遮破破坏世俗的方广道人。

颂义很简要,举三种譬喻,"如幻"、"如梦"、"如乾闼婆城",说明"生住灭"三"相",也是"如是"的。幻是类于魔术师的变幻,依某些东西,加以某种方法,现起另一种形态,诳惑人的耳目。梦是睡着了,心识失却统摄力,种种记忆杂乱地浮现,觉到他如何如何。乾闼婆城,即是海市蜃楼,空中楼阁。这三者,如依一分声闻学者的意见,这是譬喻无常无我的,不是说空。如依一分大乘学者的意见,这是譬喻一切境界是唯心所现的。现在都不是,是直显一切法(本颂指三相)的自性空的。《大智度论》说:"幻相法尔,虽无根本而可闻见。"如幻成的牛马,牛马是实无的;但它都很像牛马,观者也必然地见牛见马。法相不乱,决不因它的无实而可以指东话西的。它虽现起牛相马相,欺惑人的耳目,但加以考察,实在并无此牛此马的存在。自性不可得,而假相分明不乱,即简要地指出这譬喻的意义。幻,譬喻假名可有,也就譬喻自性本空。以此等譬喻为譬喻无常的,姑且不论。以此譬喻唯心,实是违反世俗。如乾闼婆城,决不是我们心中的产物。或在海边,或在沙漠中,因空气光线等关系,远方的人物在眼前影现出来,使我们见人见城。这有物理的因素在内,岂纯是自己心识的妄现。又如梦,有过去的经验,或者可说熏习于自心;然而睡眠者身体上的感觉,或太饿,或太饱,觉热,觉冷,还有外来的音声、香气等,无一不引发此梦境,也决非自心或过去的经验而已。至于幻有幻者,有幻所依的东西,有幻者的方术,必在种种因缘和合下,才有此幻象。以性空者看来,一切皆在根境识三者和合的情况下幻现,它与心可以有关系,但决不能说唯心。从世俗谛说,一色一心,假名如幻;从胜义说,一色一心,无不性空。依上面解说,三相如幻,也决非否定三相假有。一切法是性空的,所以是无常的;假名如幻,即生即住即灭。自性不可得,因为非自性有,是缘起的,所以三相同时而前后的特性不失。不即不离,一切成立。

观作作者品第八

观世间集中,上两品论究从烦恼——染著而有生灭。集谛本以爱取为主动力,作业而受果,所以此下三品,明作业、作者及受报。《阿含经》说：无作者而有果报。这是说：作作者没有，而业与果报却丝毫不爽。《净名经》也说："无我无造无受者，善恶之业亦不亡。"但这是针对外道的神我而说的。外道们立有我论，为作作者、受受者，建立他们的轮回说。佛法是彻底的无我论者，所以说作作者没有，仅有业及果报。因为执著我我所，为造业感果的原因；无我，即能达到解脱，所以特别的重视无我。业及果报的是否实有，且略而不谈。其实，是常是实的作作者，固不可以说有；假名的作作者，也还是要承认的。同样的，业及果报虽说是有，但业果的实自性，也还是不可得的。作作者、受受者、业、果报，都没有实在自性可得，而经说自作自受，这都是约缘起的假名说。这缘起如幻的作业、受报，是佛法中最难解的。忽略如幻的假名，犊子系等才主张不可说的作者、受者；一分大乘学者，才主张有如来藏为善不善因。

戊二　有作则受

己一　观作作者

庚一　正破

辛一　遮戏论

壬一　实有实无门

癸一　标章

决定有作者　不作决定业　决定无作者　不作无定业

作者是能作者，作业的业是事业。作身口意的三业，引起感果的能力，也叫做业。这作者与业，是实有的呢？还是实无？能作的作者及所造作的业，一般人的见解，不是实在有，就是实在无；本论称之为决定有，决定无。惯习了自性见的人，不出这二边见，所以用有无双关去观察。假定说："决定有"实在的"作者"，就"不"应"作"实有的"决定业"。假定说："决定无"实有的"作者"，也"不"应造"作"实无的"无定业"。虽有这双关的观破，但下文解释时，只说明决定有作者，不作决定业。因为，实有作者、作业，尚且不可得，何况无作者、作业呢！这可以不必再说。

癸二　释成

决定业无作	是业无作者	定作者无作	作者亦无业
若定有作者	亦定有作业	作者及作业	即堕于无因
若堕于无因	则无因无果	无作无作者	无所用作法
若无作等法	则无有罪福	罪福等无故	罪福报亦无
若无罪福报	亦无大涅槃	诸可有所作	皆空无有果

　　为什么说决定有作者不作决定业呢？因为，假使说业自有决定真实的体性，这就不能成立造作的意义。这业是自体成就的，不是由作者的造作而有，也就根本用不着作者。所以说："决定业无作，是业无作者。"反之，假定说能作者的我，自有决定的体性，不因作业而成立，这也就不能成立造作的意义。并且，离了业而先已有了能作者的自体，这作者也就与业无关。作业与作者，要有相依不离的关系，然后能成因果的联系。假使此是此，彼是彼，二者不相关，这因果的联系就不能成立。所以说："定作者无作，作者亦无业。"说作者，说作业，本来要

成立能作所作的因果性，但执为实有自体，就不能成立他的目的了。

再进一步地推破：如执著人法各别，作业之前"定有作者"，或作者之前"定有作业"，那么，所执的"作者及作业"，就会"堕于无因"而有的过失。要知道，由于作业，所以名为作者，如说在未作业前，决定已有作者自体，这就是离作业的因，有作者的果。作者不从因缘生，所以是无因有。同样，作业是由作者所造的，如说它在没有作者以前已有，这就是离作者有作业，作业不从因缘有，所以也是无因。上颂说不能有所作，这一颂说作者作业无因。如作者及所作业，不从因缘有，这又有什么过失呢？这过失太大了！假定作者、作业"堕"在"无因"中，无因，根本就不能成立。而且，作者是作者，作业是作业，二者既"无因"，那当然也就"无果"。真的因果都不可得了，那还有什么呢？也就"无作无作者，无所用作法"了。无作是没有作业，也可说是没有作果的动作；无作者，是没有能造作的我；无所用作法，是说所作的资具也不可得。

从此推论下去，就达到拨无一切的邪见。因为，造作、作者、所用作法都不可得，那么，恶业的罪行、善业的福行，也就无有了。所以说："若无作等法，则无有罪福。"罪行是感罪恶果报的，福行是感福乐果报的。"罪福等"行既都是"无"有，那么罪苦的、福乐的果报，当然也就不可得了，所以说"罪福报亦无"。有罪福的业行及罪福的果报，就有世间生死的因果，及依此而超脱的出世法。假使没有了这些，这就是破坏了世间，也就是破坏了出世间。所以说："若无罪福报，亦无大涅槃。"涅槃是依修行无漏圣道而证得的,也还是胜无漏因所显。经中说:"有因有缘世间集,有因有缘集世间,有因有缘世间灭,有因有缘灭世间。"世出世间一切,不离因果。所以如不能成立因果,世间的苦集不可说,出世间的灭道也不可说,那就成为一切"所作"的,"皆空无有果"了。那么,我们还辛勤地修善、精进地修学佛法做什么呢?

壬二　亦有亦无门

作者定不定　不能作二业　有无相违故　一处则无二

上面说实有或实无作者,不能成立作业。于是外人又转计:作者亦决定有亦不决定有,能作亦决定亦不决定的业。这亦有亦无,类似性空者所说的性空假名,但实际不同。他们的意念中,不是实有,就是实无,有无是敌体相违的,决不同性空者的性空假名,相成而不相夺的。亦有亦无,有人说:没有作业的时候,不决定有作者;造作业了,就决定有作者。没有感果时,决定有所作业;感了果,就不决定有所作业,如饮光部所说的。他是约长时说的,如在一刹那间,那谁能建立亦有亦无呢?"作者"的亦"定"亦"不定",是"不能"造"作"亦定亦不定的"二业"的。定不定,就是有与无。实"有"与实"无",两性"相违",怎么可于"一处"的作者,说他亦有亦无?或于一处的作业上,说亦有亦无的二性呢?所以说"无二"。

壬三　一有一无门

有不能作无　无不能作有　若有作作者　其过如先说

再作一有一无破。如说作者有作业无，或作者无作业有，这都不能成立有所作的。因为，有因与无果，有果与无因，一有一无，二者不能相及，不能构成关系。所以决定"有"作者，"不能作"决定"无"的作业；决定"无"作者，也"不能作"决定"有"的作业。或者觉得：一有一无，难以成立造作。要成立因果的关联，还是有作有作者吧！但是，先有作业，还要作者作什么？在作业前先有作者，这作者到底作了什么，而称为作者呢？这"若有作作者"的"过"失，早已"如先"前所"说"，不劳一破再破的了。

壬四　此一彼三门

作者不作定　　亦不作不定　　及定不定业　　其过先已说

作者定不定　　亦定亦不定　　不能作于业　　其过先已说

从自性的见地去看作者与作业，说作者能作业，这是不能成立的。因为事业定有，"作者不作定"业；事业不决定有，作者也"不作不"决"定"业；事业亦有亦无，作者也不作亦决"定"亦"不"决"定业"。说作者能作业，这业决不出三类。"其过"失，如"先"前的实有实无门、亦有亦无门、一有一无门，"已"分别"说"过。反过来说：决"定"的"作者"，不能作业；"不"决"定"的作者，也不能作业；"亦"决"定亦不"决"定"的作者，也"不能作于"各种的事"业"。他的所以不能作，"过"失也在"先已说"。把这三种作者、三种作业，分别配合来说，可以成为九句：决定的作者，不作决定业；不作不决定业；不作亦决定亦不决定业。不决定的作者，不作决定业；不作不决定业；不作亦决定亦

不决定业。亦决定亦不决定的作者,不作决定业;不作不决定
业;不作亦决定亦不决业。列表如下:

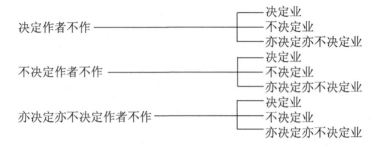

辛二　示正见

因业有作者　因作者有业　成业义如是　更无有余事

　　他人所执的实有或实无的作者及作业,已摧破了;性空者究
竟有没有这二法呢?如抹杀了这二者,这一样的堕在邪见中;如
还承认有这二法,那么到底是怎样的?论主说:作者与作业,是
彼此相依而相存的,彼此都从因缘生,没有自性的作者及作业,
但假名相宛然而有。这就是说:作者之所以为作者,是“因业”
而“有作者”的;业之所以为业,是“因作者”而“有业”的。因
此,作者及作业,成立于假名的相互观待法则。假使离了作者,
作业就不可得;离了作业,作者也就不可得。论主“成”立“业”
及作者的意“义”,就是“如是”。除了这缘起义以外,“更无有”
其“余”的“事”理可以成立的了。

　　古代的三论学者,据“决定业无作”一颂,成立初章义。依
本颂成立中假义。初章义遮他,中假义显正。如说:作者是人,
作业是法,各有决定性,那就不依人而有法,不依法而有人。这

样,人不从法有,人是自人;法不从人有,法是自法。人法都是自
有的,自有就是自性有,失却因缘义,就是非佛法的邪见了。反
之,人不自人,依法故有人;法不自法,依人故有法。这样,人法
都是因缘有,因缘有就是假人假法;假人假法,即是不人不法,从
假入中。转过来,不人不法而假名为人法,就是中后假了。天台
家立不可思议的妙假,所以要破这因缘假;但三论师依龙树本
品,依因缘相待假,立一切法,也破一切法。

庚二　类破

如破作作者　受受者亦尔　及一切诸法　亦应如是破

"如"上"破作作者"的不可得是这样,破斥"受受者",当知
也是这样。受是五蕴法,受者是人。有人才有五蕴的受法,有五
蕴的受法才有人;离了五蕴的受法,人就不可得,离了受者人,五
蕴的受法也就不可得。这一切,因缘和合有的,缘生无自性,无
自性就是空;在这空无自性中,唯有假名的受受者。如破受受者
是这样,其他凡有因果关系、人法关系的"一切诸法",也都可以
"如是"的方法去"破"斥,去成立。

观本住品第九

本住是神我的异名。住有安定而不动的意义,本是本来有
的意思。本有常住不变的,就是我。本论译为《观本住品》,余
译作观受受者。佛法中,犊子系的不即五蕴不离五蕴的不可说
我,经量部的胜义补特伽罗我,都是在一切演变的流动中,显示

有不变不流动者。这存在者，能感受苦乐的果报。外道所说的神我，也是建立于自作自受的前后一贯性；没有这贯通前后的神我，自作自受的业感关系就没法建立。

有情，不论他是人或畜生，都有活泼泼的能知能觉，这知觉者是眼等诸根吗？是了别的心识吗？感受与六根有着密切的关系，但五色根是色法，怎么能对境感受而引起知觉？有人说：眼有视神经，耳有听神经，……身有触觉神经；神经系的中枢是大脑。依神经的感受作用，就可以说明知觉者。但有的说：神经与感觉，虽确乎有关，但物质的神经系，怎能转起主动的意识作用？依他们说：神经传达感觉，像邮差的敲门送信；而接信以后，如何处理，却另有门内的主人。在古代，一般人觉得意识作用的起落复杂，并且也有不自觉有意识的时候，所以都觉得在身心中别有一常住不变的神我。佛法是不许有常住神我的，这神我的不存在，大致无问题；而意识活动的依根身而不就是根身，在现代又引起辩论。那自性的意识论，已发现破绽了。性空者要破斥自性我与自性识，从假名缘起中给予解说。清辨论师说：本品也破犊子部。但主要为破外道离蕴即蕴的我。外道神我论的根本思想有二：一、有神我才有眼等根身及苦乐等的心心所法；二、依眼等根身苦乐心法的生起，推知有神我。眼等必须依我才能发生作用；死人的眼等诸根，不再起取境的作用，证明神我的离去了。有神我才可用眼等见色。本品的观破本住，就针对这两点。

己二　观受受者

庚一　别破

辛一　离法无人破

壬一　叙外计

眼耳等诸根　苦乐等诸法　谁有如是事　是则名本住
若无有本住　谁有眼等法　以是故当知　先已有本住

这是外道建立自己的主张。他说:"眼耳"鼻舌身"等"的"诸根",情感的"苦"痛、快"乐"、不苦不乐,以及意志的、思想的"等"等一切心心所"法",这些,是谁所有的"事"呢? 依他们说:这唯有本住,所以说"是则名本住"。假使"无有本住"者,那"谁"能"有眼等"诸根、苦乐等诸"法"呢? "以是",应"当知"道,有情是"先""有本住"存在的。有本住就有作者,有作者就有作业。如外道的本住能确然成立,那作者作业等也不成问题了。

壬二　破妄执

若离眼等根　及苦乐等法　先有本住者　以何而可知
若离眼耳等　而有本住者　亦应离本住　而有眼耳等
以法知有人　以人知有法　离法何有人　离人何有法

现在要破斥外道的计执。他们说:本住是先有的,要有本住而后才有眼等。那就是承认先有我而后有法。假定真的如此,"离"了"眼等"的诸"根",以"及苦乐"的情感,与意志"等"的心心所"法","先"已"有"了"本住"的存在;那以什么"知"道先有这本住的呢？这问题是外道最感困难的,因为要因眼等诸根及心法,才知道有主体的我;离了这些,就无法说明他的存在。假使以为"离眼耳等"的诸根、苦乐等的诸法,别"有本住"的存在,只是微妙而不易体认,而不是没有。但这同样的不可能,因为如本住可以离眼等而存在,这必然的也"应"该"离本住""而有眼耳等"诸根、苦乐等诸法的存在。果真是这样,那又怎么可说"若无有本住,谁有眼等法"呢？如此反复推征,可见先有本住的主张,达到没有成立本住的必要,自己取消自己。同时,眼耳、苦乐等是法,本住是人,如要有眼等诸"法",才"知"道"有"本住——"人",那当然也要有本住——"人",才"知"道"有"眼耳等诸"法"。假使"离"了眼等"法",哪里还"有"本住的"人"？"离"了本住的"人",又哪里"有"眼等的"法"呢？

古代三论师说:这是约观待不相离破。就是说:眼等与本住,互相观待,有此就有彼,有彼就有此。如法不可得,人也就不能成;人不可得,法也归于无有。嘉祥大师说:前两句是外人的转计,因为破执的第二颂中,曾经说他离眼等有本住,就不可说有本住能利用眼等,而眼等也应该是离本住的。所以他又转救说:人不是离眼等诸根、苦乐等法,知有他的存在,而是因法才知有人的;法也不是离本住的人,知有他的存在,而是因人才知有法的。他们虽各有别体,而在认识时,是彼此相待的。所以下两句就破斥道:人与法既是互相观待有的,观待是相依的假有,离法怎么还有人自性？离了人又怎么会有自性法呢？

壬三　显正义

一切眼等根　实无有本住　眼耳等诸根　异相而分别

这一颂，一方面以自己的正义，显示法有我无的思想；一方面又引诱外人另作一解释，自讨没趣。"一切"的"眼"耳"等"的诸"根"、苦乐等的诸法，是因缘和合而存在，决不由本住而后是有。所以合理地说，"实"在是"无有本住"的。本住虽然没有，"眼耳等"的"诸根"、苦乐的诸法，各各"异相""分别"，各有它自己不同的作用。如眼有分别色的作用，耳有分别声的作用，受有分别苦乐的作用，想有取相构画的作用等。外人所以要建立本住的我，无非要成立身心的作用；现在没有本住，眼等的作用已有了，还要本住做什么呢？

辛二　即法无人破

壬一　叙转救

若眼等诸根　无有本住者　眼等一一根　云何能知尘

外人转救说：如说眼等各各有它异相不同的分别作用，所以不要本住，这是不可以的。假使真的"眼"耳"等"的"诸根"、苦乐等的诸法，没"有本住"去统一它、使用它，这"眼等"的"一一根"，怎么"能知"道外界的一一"尘"呢？眼等根之所以认识色等尘，这是由我去使用根的关系。可以说：眼等根是认识的工具，它本身是没有认识作用的。这见解，近于常识的见解。常人大抵以五官为司理外界的五个官职，内在还有一个支配统一者；这统一者，就是外道所说的神我。

壬二　破邪执

见者即闻者　闻者即受者　如是等诸根　则应有本住

若见闻各异　受者亦各异　见时亦应闻　如是则神多
眼耳等诸根　苦乐等诸法　所从生诸大　彼大亦无神

　　这是破斥外人的转计。照外人的意思说:眼根中有我,说眼
见是见者;耳根中有我,说耳闻是闻者;感受中有我,说感受是受
者……那么,这见闻觉知的我,是一还是多? 如是一,这就应该
"见者即"是"闻者","闻者"也"即"是"受者"。这有什么妨难
呢? 不知道承认了本住是一,在和合的身心作用中,就成为混
乱。因为眼见者不但有见,也应该可以听;耳闻者不但是闻,也
应该可以见。本住既然是唯一的,何必此见彼闻,有差别的作
用! 必须"如是等诸根"互用,才可说"有本住"。但事实上,见
者是见者,只有他的见用,并不能闻;闻者是闻者,只有他的闻
用,并不能见。所以说本住是一,这是不合理的;也可见本住不
能成立。假定说,见者是见者,闻者是闻者,受者是受者,想者是
想者,知者是知者,觉者是觉者:"见闻"觉知者是"各"各差
"异"的,"受"想"者"也是"各"各别"异"的,那么见者"见"的
"时"候,不但有见,也"应"当有"闻",因为见闻者是各异的。
既然见者与闻者各别,那见者见时,自然也不妨碍闻者的能闻。
反过来说,闻者闻的时候,不但有闻,也应当有见。闻见者是各
异的,所以闻者闻,自也不妨碍见者的能见。这样说,诸根中,受
想中,可以同时有很多的知觉,神我(本住)就成为众多了。所
以说"如是则神多"。这样的破斥,因为空宗的法相同于上座系
的旧义:见时只能见,闻时只能闻,五识不共生,与意识也不同时
起。所以,中观家不用唯识家五识同时可以发生作用的理论。
假使承认同时能起五识,虽可以破斥外人的同时多我,外人也可

以反破佛法的同时多心了。

数论外道立二十五谛,其中有地、水、火、风、空的五大,五大是由自性的转变而生的。五大从五尘生;五大又生五知根、五作业根及意根。一般的身心知觉作用,都是依五大而起的。所以,"眼耳等"的"诸根"、"苦乐等"的"诸法",是五大"所从生"的,"诸大"是能生的。此中说的诸大,不是佛教的四大,而是数论的五大说。假定是指佛法的四大说,只可说所造的眼耳等诸根,从能造的诸大生,不可说苦乐等的心心所法也从四大生。现在既说根等苦等从诸大所生,可见是指数论外道的五大说。论主上面从神不离身心而约一神多神作难,现在再指出身心的能生诸大中也无神。所以说:不但从诸大所生的眼等根、苦等法,没有实在的我;"彼"能生的诸"大",也是"无"有"神"我的。大中尚且无我,所生的身心中,又怎会有我呢?

壬三　显正义

若眼耳等根　苦乐等诸法　无有本住者　眼等亦应无

前离法无人破的显正中,是依法有我无的思想而显示的。这即法无人破的显正中,是依我空即法空的思想而显示的。我法是相因相待的假名有,并没他的实自性。外人虽也采取因人知法、因法知人的相待安立,但他执有实自性,所以上面也破斥了他的相待。这里是说:假使"眼耳等"的诸"根"、"苦乐等"的"诸法"中,没"有"实在的"本住";本住没有,哪里还有眼等、苦乐等的诸法呢? 所以说"眼等亦应无"。前者是破人我,显示了我空;后者是破法我,显示了法空。在清辨论中,没有这显正的一颂,破后接着就是结呵,似乎要文气相接些。现在依青目释本颂,所以别判为显正。

庚二　结呵

眼等无本住　今后亦复无　以三世无故　无有无分别

外人说:在眼等诸根、苦等诸法前,先有本住。在上面的诸颂中,以种种的方法观察寻求,成立在“眼等”之前,并没有实在的“本住”。眼等以前,即是过去的。由过去的寻求不可得,现在眼等中、未来眼等以后,也当然同样的不可得,所以说“今后亦复无”。过去、现在、未来的“三世”中,均“无”所有,那就可以确定地说:本住是于一切时中“无”所“有”的。若无所有,哪里还可“分别”本住是先有、今有、后有呢? 如石女儿根本是没有的,当然不可分别他是黑是白、是高是矮了。

观然可然品第十

《观作作者品》,说明了作业的作者不可得;《观本住品》,说明了受用的受者不可得;本品《观然可然》,是约喻总显作受者的空无自性。然(通“燃”)是火,可然是薪;然可然就是火与薪。以火与薪,比喻我与五蕴。因此也可说:前二品是依法破,这品是就喻破。外道及小乘的犊子系,都爱用薪火喻建立他的我。佛世破外道的神我,是以离蕴、即蕴的方法显示我不可得。所以,他们就用不即不离的然可然喻,解救自己。意思是说:离了可然就没有然,但也不能说然就是可然,然与可然,是不即不离的。五蕴(可然)和合有我(然),也是这样:说离五蕴别有一我,是不可;但说我即是五蕴,也同样是不可。我与五蕴,是不即不离的。虽不离五蕴,但也不就是五蕴。中观家说不即不离的缘起我,与外道、犊子系说的不即不离的神我及不可说我,有什么不同? 一、他们说的我,总觉得是有实在性的,或者是神妙的;中观家说的我,是如幻如化缘起假名的。二、他们说不即不离的然可然喻,主要的是建立他们的我实有,而不是为了成立五蕴;中观家说五蕴和合的我,不但我是不即五蕴不离五蕴,就是五蕴,也是不即假我不离假我的。五蕴与假我,一切都是相依而有的假名,是空。从空无自性中,有相待的假我,也有相待的假法;五蕴与我,一切都是假名有。这样的有,自然与他们所说的有不同。所以,虽同样的说不即不离的我,而意义完全不同。这是在本品破然可然时,应先有的根本了解。不然,破他的结果,连自宗的正义也误会被破了。

己三　观然可然

庚一　广破喻说

辛一　一异门

壬一　总破一异

若然是可然　作作者则一　若然异可然　离可然有然

一般人的见解,或以为我与法是一体的,身体是我,知觉是我。或者见到身心的变异,又觉得是别体的。但我法别体,又不能漠视我与五阴有关系,于是乎主张别体实有而不离。性空者不承认他,他们就以然可然的譬喻来救。世俗谛中,然可然相待,而可说有然可然的不同;但胜义的见地,是不可以说实体的。胜义有是真实的自性有,那就非一即异,不能说相因而别体。所以破斥说:然是火,可然是薪。假定说:"然"就"是可然",那"作作者"就应成"一"。作是所作事,作者是能作人,能作人与所作事,说他是一,不特有智者不承认,就是常识的见解,也认为不可能的。所以他们也就转计说,然与可然是各别的。但这还是通不过。假定真的"然"与"可然"是各别的,那就应该"离"了"可然有然",也就是说离柴有火,因为二者是完全独立的。从所喻说,离五蕴法应有我,我法是各异的,但法外之人,凭什么能证实他的存在呢?

壬二　别破各异

癸一　破不相因

子一　破异可然之然

如是常应然　　不因可然生　　则无然火功　　亦名无作火
然不待可然　　则不从缘生　　火若常然者　　人功则应空

　　一般人大致主张因法有我,而我有别体,所以此专从别体去破他的无因。如离可然的柴有然烧的火,那就有四种的过失:一、然烧的火,既离可然的柴,那就"常"时都"应"该有火"然"烧着,可以不问有柴无柴的。二、不但有常时火烧着的过失,更应该自住己体,"不因可然"的柴而有火"生"起,这是无因过了。三、除了常时不待可然因而火能生起以外,既是常然的,也就"无"须有"然火"的人"功"了。四、然是不离可然有的,现在说离可然有然,这然烧的火,到底然烧些什么? 没有所然烧的柴,那火就失却了火的作用,所以说"亦名无作火"。把这四失归结到根本,问题在无因无缘;有了自性见,这可说是必然的结论。所以说:然可然如真的是各各独立的,"然不待"于"可然",那就是"不从"因"缘生"起;不从因缘生起的"火",如常"常"的"然"烧,那添柴吹火的"人功"助缘,也就"应"该是"空"无所有了。但事实上,然与可然,何尝如此!

子二　破异然之可然

若汝谓然时　名为可然者　尔时但有薪　何物然可然

外人说:离可然有然,不是像你那样说的。我的意思,以为可作然烧的柴薪,早就是有了的,它与然不同。不过到了"然"烧的"时"候,起火烧着了,那时因可然而有然,柴也就才成"为可然"。然可然虽有别体,但并无无因常然等过失。这在论主看来,有很大的错误。柴薪之所以成为可然,是因它为然所然的。在没有烧的"时"候,不是"但"只"有"柴"薪",不是可然吗? 你说烧时才成为可然的,那么,在未烧时的薪,烧时的薪,自性实有,是没有差别的。没有烧时只叫做薪,不叫做可然;烧时,有什么力量使薪成为可然呢? 所以说"何物然可然"。

癸二　破不相及

若异则不至　不至则不烧　不烧则不灭　不灭则常住
然与可然异　而能至可然　如此至彼人　彼人至此人
若谓然可然　二俱相离者　如是然则能　至于彼可然

若一定还要执著柴与火是"异"的,那火与薪就各住自体,火就"不"能到达可然的薪上。如火不能从这里到那里,使二者发生关系,而使可然发火,那么,可然的柴就烧不起来,所以说"不至则不烧"。"不烧"就没有火,没有火也就"不"会有火可"灭";火"不"可"灭",就成为"常住",失去因缘义了!

外人救道:哪个说然可然异就不能至? 依我们说,正因为柴与火是异的,才可以说它至。假使不异,是一体的,这才真没有至与不至可谈了。所以,"然与可然"是差别各"异"的,"而"然才"能"够"至"于"可然"。这如有两个人,人异、地异,"此"男人可以到那个女"人"那里,那个女"人"也可到这个男人"这"里来。这岂不因为他别异不同,而可以说至吗? (颂中的此彼,原语为男女。)

外人所举的譬喻,与所说的法根本不合。假使真的离了然有可然,离了可然有然,"然"与"可然"的"二"者,一向是"相离"的,那或者可以如男女一样,可以说这个"然""能"够到那"可然"。可是事实上,二者是不相离的。离了然,根本就没有可然;离了可然也就没有然。既不能相离,你说此譬喻,以成立然与可然异而又可以相及,岂不是不通之至!

辛二　因待门

壬一　破成已之待

若因可然然　因然有可然　先定有何法　而有然可然
若因可然然　则然成复成　是为可然中　则为无有然

外人立相因而相异。上面已破斥他的异体,现在要研究他的相因相待。空宗也说相因相待,但是没有自性的,是如幻的观待安立。没有自性，是说没有真实自性。互相因待，也是说不因相待而有自性。但外人就不然，他听说相异不得成立，就转而计执自性的相因相待。不接受性空唯名说，执有实在的自性，那就也不能成立相待，所以这里又提出来破斥。相待有多种：一、通待，如长待不长。这不但观待短说，凡是与长不同的法，都可以相待。二、别待，如长待短。这唯长与短，互相观待，不通于其他的法，所以是别待。三、定待，是两种不同性质的法，互相对待着，如色与心、有生物与无生物。四、不定待，这与通待是一样的。

假定说：然与可然二者，是相因相待有的。"因可然"而观待有"然"，"因然"而观待"有可然"。那应该推问：是先有然而后有然可然的观待？是先有可然而后有然可然的观待？还是先有然可然而后有然可然的观待？所以说："先定有何法，而有然可然。"假定先有然可然而后有二者的相待，二者的体性既已先有了，那还说什么相待呢？相待，本是说相待而存在。假定先有可然而后有二者的相待，那就不应该说待然有可然，因为可然是先有了的。假定说先有然而后有二者的相待，那就不应该说待可然有然，因为然是先有了的。这样，可见然与可然在实有自性的意见下，观待是多余的。各有自性，是不能成立相待的。

一般人的见解，以为先有然烧的火，后有可然烧的柴，这是不通的；如火与柴同时都在，也不能说它有相待的；所以大都以为"因可然"而有"然"。不知道这种看法，仍免不了过失。一、重成过：在然可然还没有观待以前，说已有可然，这等于已意许然的存在。如没有然，怎么会有可然呢？既已有了然，而现在又

说因可然而有然,这不是犯了然的成而复成的过失吗?所以说
"则然成复成"。反之,可然之所以称为可然,是因然而成为可
然的。现在说:因可然而后有然,那又犯了第二不成过。因为因
可然而有然,就是那"可然中"根本"无有然";如可然中没有然,
可然就不成可然,那又怎么可说因可然有然呢?

壬二　破待已而成

若法因待成　是法还成待　今则无因待　亦无所成法
若法有待成　未成云何待　若成已有待　成已何用待

外人想:已成确是不须观待的,观待也不可能,这应该是相
待而后成,就是因待而后有自性。但这还是不成立的。因待,该
是二法相待的。假定甲"法"是"因待"乙法而"成"的,而甲
"法"又"还成"为乙法所"待"的因缘,甲乙二法有它的交互作
用,方可说为因待。现在既主张待已而成,那就根本没有一法可
作为"因待"的对象;无所待的因,那因待"所成"的果"法",当
然也就没有了。所以然与可然,并不能因观待而成立。假定还
要说甲"法"是"有"所"待"而"成"的,纵然有乙可待,但在甲法
未待以前,就是自体"未成",既甲体未成,凭什么去与乙相"待"
呢?假定又改变论调,说甲法先已"成"就而后"有待",这更不
通! 法已"成"就了,还要"用"因"待"做什么? 因待的作用,是
为了成立呀! 所以,如说然与可然有自性,因相待而成,从未成
已成中观察,都不能建立。

辛三　因不因门

因可然无然　不因亦无然　因然无可然　不因无可然

　　这颂是总结上义的。上面破然与可然是各各独立的,又破成已而待,待已而成;现在就以因不因待门结破。意思是说:"因"待"可然",而后说有然,这"然"就没有自性;"不因"待可然而说有然,这"然"也不可得。反过来说,"因"待"然"而后有可然,这"可然"没有自体;"不因"待然说有可然,也是"无"有"可然"的。

辛四　内外门

然不余处来　然处亦无然　可然亦如是　余如去来说

　　内外,就是从来去中观察。火由什么地方发出? 火不能离木而生,所以不是由外加入,像鸟来栖树。但树木中也还是没有火,所以也不像蛇从穴出。平常说,析木求火不可得,就是这个意思。火是怎样有的? 是在某种条件具备之下发生的,不内,不外,亦不在中间,是因缘有的。所以"然不"从其"余"的地方"来"入可然中,可"然处"也没有"然"可得。然是这样,"可然"也"是"这样。可然的所以成为可然,不是外力使它成为可然,也不是可然本身就这样具有。不来是不从外来,不出是不从内出,也就是不去。以时间说:已烧没有烧,未烧也没有烧,离已烧未烧,烧时也没有烧,所以说"余如去来说"。清辨论释及青目长行,都约三时说,解说"余如去来说"。其实去来一句,可以包括更多的观门。

辛五　五求门

若可然无然　离可然无然　然亦无可然　然中无可然

　　本颂应还有一句"可然中无然"，五求的意义才完备。佛在时，研究有没有我，就应用这一观法。如火与柴，假使说柴就是火，火在柴中寻求，定不可得。离柴外没有火，这更是尽人所知的；所以在五蕴中求我固然是没有，离了五蕴去求我同样是没有的。所以说："若可然无然，离可然无然。"这即蕴离蕴的二根本见，显然是不成立的。印度的外道，立五蕴是我，这是很少的，大都是主张在身心外另有一实我。其实这是不能证明成立的。试离了身心的活动，又怎么知道有神我或灵魂？有的执著说：我与五蕴虽然是相离的，但彼此间有着某种关系，可以了知，所以说有我为主体。但既然我法相依而别有，以我为本体，该是法属于我，我有于法了。然如我，可然如身心，如说有身心属于我，等于说柴是属于火的。但柴并不属于火，所以说"然亦无可然"。这样，我也不应为身心之主，而有身心了。并且，我法是不同的：我是整体的，法是差别的。我法相依而有，那还是我中有法呢？法中有我呢？假定说身心当中有我，寻求起来是不可得的。所以应加一句说：可然中无然。也不是我大而身心小，身心在我中，所以说"然中无可然"。这五门观察，显出即蕴、离蕴、依五蕴的我了不可得。中观家破即蕴离蕴的我，有时依释尊古义，以三门破，有时又以五门破；到月称论师，用七门破，但总归不出一异二门。

庚二　结显性空

以然可然法　说受受者法　及以说瓶衣　一切等诸法
若人说有我　诸法各异相　当知如是人　不得佛法味

上"以然可然法","说"明"受"的五阴法及"受者"的我不可得;其他如"瓶"与泥、"衣"与布等,这"一切""诸法",也应作如是观。佛教的其他学派,有说假依于实,和合的假我没有,假我所依的实法,不是没得。在中观家看来,凡是有的,就是缘起的存在,离了种种条件,说有实在的自性法,是绝对不可以的。所以,依然与可然的见地,观察我与法、自我与彼我、此法与彼法,都没有真实的别异性,一切是无自性的缘起。从缘起中洞见一切无差别的无性空寂,才能离自性的妄见,现见正法,得到佛法的解脱味。因此,"若人说有我",是胜义我,是不可说我,是真我,或者是依实立假的假我;又说"诸法"的"各异相",以为色、心,有为、无为等法,一一有别异的自性,那是完全不能了解缘起。"当知如是人,不得佛法味",如"入宝山空手回",该是不空论者的悲哀吧!

观本际品第十一

从此以下二品,以相续的生死为境,而加以正理的观察。现在先观察本际。释尊在经上说:"众生无始以来,生死本际不可得。"什么叫本际?为什么不可得?本际是本元边际的意思,是时间上的最初边,是元始。众生的生死流,只见它奔放不已,求它元初是从何而来的,却找不到。时间的元始找不到,而世人却偏要求得它。约一人的生命说,是生命的元始边际;约宇宙说,是世界的最初形成。在现象中,寻求这最初的、最究竟的,或最根本的,永不可得。假使说可得,那只有无稽的上帝,与神的别名。这一问题,佛法否认第一因,只说是无始的。但无始又是什么意义呢? 有的说:无始是有因的意义;如说有始,那最初的就非因缘所生了。有的以为:无始是说没有元始。但又有的说:无始就是有始,因为"无有始于此者",所以名为无始,这可说是佛法中的别解。佛常说无始来本际不可得,有人以本际问佛,佛是呵责而不答复的。佛何以不说? 有人说:事实上是不可说的,如问石女儿的黑白,不但与解脱生死无益,而且还障道,所以只指示修行的方法去实践。有人说:根性钝的,不够资格理解,所以不说;大根机的人,还是可以说的。释尊所说本际不可得的真义,论主要给予开示出来。上面说,作作者、受受者的一切不可得,本不是说世俗现象不可得。但执有真实性的,以为实有才能存在的,不满论主的正观,所以引证佛说"生死本际不可得"的教证,以成立有受受者、作作者、三有为相、以及因缘生灭、去来一切。外人既提出本际不可得,论主也就大慈方便,再为解粘脱缚,引导他离执著,正见缘起的本性空寂。

丁二　生死相续

戊一　观生死无际

己一　正观生死无本际

庚一　显教意破

大圣之所说　本际不可得　生死无有始　亦复无有终
若无有始终　中当云何有

"大圣"佛陀"所说"的生死"本际不可得",是外人所引证以成立一切的。但既说生死，何以又本际不可得？生与死是生命的推移，是不能离却时间相的。时间，是生死推移中的必然形态。有生死，必然一端是生，一端是死。时间呢，必然一端向前，一端向后。所以有生死必有前后，有前后应有始终。但释尊说：生死没有始，这不但指出时间的矛盾性，也显示生死的实性空。有始，生与死还是哪个为始？这问题与先有鸡，先有蛋；先有父，先有子，一样的不可解答。"生死"既然没"有始"，也就没"有终"。始是最初，有最初的开始，那就必然有最后的终结；无始那就自然是无终。要知道，时间是虚妄的，没有究竟真实可得的。无论它是曲折形的、螺旋形的、直线形的，时间是必然向前指又向后指；所以生命有始终，时间有过末。但向前望，它是时间，必然一直向前指，决不能发现它的最前端。向后望，也决没有终极。时间应该有始终，而始终的究竟却是无始无终的。时间是怎样的虚伪不实呀！没"有始终"的究竟，也就没有"中"间。既有开始，有终结，在始终的中间，方可说有中。如果没有始与终，那中间的中又从何而建立呢？有以为：过去、未来，永不见边际，而现在却是真实的。所以，以现在为主体，向前推有所因，向后推有所遗，从观待上建立前后与因果。这是现在实有派的三世观。其实，始终的中间，过末间的现在，又哪里有实？离了过末，现在也就不可得了。一般人所说的现在，并不确定，时间可以拉得很长，也可以短为一念。拿刹那的现在一念说，它有无前后？如最短而没有前后相，这根本不成其为时间。如有前后相，这不过前后和合的假名。始、终、中，求它的真实了不可得，所以说本际不可得，所以说"竖穷三际"。

庚二　推正理破

辛一　总遮

是故于此中　先后共亦无

始终中不可得,那就先后同时不可得。有情的生死,无情的万物,不是先有此、后有彼,也不是同时有,所以说:"是故于此中,先后共亦无。"它的所以不可得,下文再为解说。

辛二　别破

若使先有生　后有老死者　不老死有生　不生有老死
若先有老死　而后有生者　是则为无因　不生有老死
生及于老死　不得一时共　生时则有死　是二俱无因

众生的生死,假定说"先有生",随"后"渐渐地衰"老",最后生命崩溃的时候有"死";那就是生与老死分离而各自可以独立。那就是说:没有"老死"而"有生",没有"生"而"有老死"。一切法有生住灭的三有为相;有情的一期生命,具有生老死的三相;外物有成住坏三相,这三相决不是可以分离的。现象中,从无而有叫做生,生是发现。在这生起中,含有灭的否定作用,生与灭是不可以分离的,所以说即生即灭。即生即灭的延长,就表现出一期生命的生死。假定生中不含有死的成分,他就决不会死。说生死不离,不离而又有生死的差别,这是难思的,这是如幻的缘起。假使要推寻生死的实性,确定生死的差别,这是有见根深,永不解世间实相,不得佛法味的。

先有生既然不可,"先有老死而后有生",也同样的错误。

如可以离生而后有老死,那就"是"老死没有"因","不生"而
"有老死"了。本际不可得,从现象上看,要有过去的生为因,才
有未来的老死果。说先有老死,这是犯了无因有果的过失!

　　有的说:生中有死,死中有生,生死是同时存在,这该不犯什
么过? 然外人以为生死是真实的,各有自体的,那生死是不同的
相反力,在同一时出现,那要生不生,要死不死,成何样子? 所以
"生"与"老死","不得一时共"有。假使一定说"生时"就"有
死",那么生死是同时的,生不因死,死不因生,生与死"二"者
"俱"是"无因"而有的了! 所以二者同时,不特犯了无因过,也
犯了相违过。生死既前后共都不可,生死的实自性不能成立。
所以佛说生死是缘起的存在,无始终中而幻现生死的轮回。

辛三　结责

若使初后共　是皆不然者　何故而戏论　谓有生老死

　　先有生后有死的"初",生了以后有死的"后",以及生死同
时的"共",都"是""不然"的,那就该了解生死的无自性空,生
死的本来寂灭,怎么还要作无益的"戏论",说"有生老死"的实
性? 外人虽然熟读佛说的"生死本际不可得",其实何尝了解了
生死? 生死尚且不了解,了脱生死,那更是空谈了!

己二　类明一切无本际

诸所有因果　相及可相法　受及受者等　所有一切法
非但于生死　本际不可得　如是一切法　本际皆亦无

　　上面所说的生老死,固然最初不可得;就是"所有"的一切
"因果",也不能说先因后有果,先有果后有因,或因果一时。

他所遇到论理上的困难，与生死相同。因果是这样，能"相及可相"的诸"法"，求其同时先后，也都不可得。"受"法与"受者"，以及其他"所有"的"一切"诸"法"，都是没有它的本际可得的。所以说"非但于生死，本际不可得"，就像上所说的这"一切法"，"本际"也都是"无"有的。总之，从时间上去考察，那一切是没有本际的。诸法是幻化的，是三世流转的，似乎有它的原始，然而求它的真实，却成很大的问题。依论主的意见，假定诸法有实性，时间有真实性，那就应该求得时间的元始性，加以肯定，不能以二律背反而中止判断，也不能借口矛盾为实相而拒绝答复，因为他们以为什么都有究竟真实可得的。反之，性空是缘起的，始终的时间相，是相待的假名；否定它的究竟真实，所以说本际不可得就够了。日出东方夜落西，你说先出呢？先没呢？如指出了动静的相对性，那还值得考虑答复吗？到这时，就俗论俗，那就是生死死生、缘起如环的无端。生前有死，死已有生；生者必死，死者可生，这是世间的真实。

观苦品第十二

前品观生死相续的超越三际，本品从生死苦果去观察它的缘起无性，不从四作而有。苦是生死苦果，是"纯大苦聚集"的苦报，不但指情绪上的苦痛。众生的生死果报，在三界中，受三苦八苦的苦切。《智度论》说："上界死苦，甚于人间。"这真是"三界无安，犹如火宅"了。这样的苦果，从何而有？是自作呢？是他作，是共作，还是无因作呢？依佛法的缘起说："此有故彼有，此生故彼生，所谓无明缘行乃至如是纯大苦聚集。"由十二缘起的因果钩锁,从惑起业,由业感苦,从苦生苦,从苦起惑。这样的生命,是螺旋式的延续,所以说"缘起如环之无端"。缘起是无性的缘起,所以绝对的远离自作、他作、共作、无因作的四种妄见。印度人说到生死与万有的生成,有主张发生的,有主张造作的。如匠人造作事物叫作,如种子生芽叫生。生与作本有共同的意义,但在这个见解上,四作与四生的意义,可以有点不同。印度的外道说:生命当体是我,是生命的本质,是身心的主宰者,我是本有的。至于身心苦果,婆罗门学者说:是从我本性中开发出来的,是我自己作的。有说:大自在天修一种苦行,创造世间;世界的舞台创造好了,又修一种苦行,创造鸟兽以及人类,这是他作。有说:最初有一男一女,和合而产生一切众生,这是共作。有说:一切法是无因无缘的,都是偶然的,这是无因作。依妄执的不同,才有这四说。这是约人格者的造作说的。还有约法为作者说:如五阴的自体能生五阴,是自作。前阴作后阴,而后阴异于前因,是他作。或前阴引发后阴,后阴才从自体生起,是共作。说不出所以然,后阴是自然而有的,是无因作。这些见解,依佛法说,完全是颠倒的。所以建立缘起的中道观,否定外道的四作说。这是根本佛教的论题,现在要分解其所以然,说明缘起的性空论。

戊二　观苦聚非作

己一　正观内苦非四作

庚一　总遮

自作及他作　共作无因作　如是说诸苦　于果则不然

苦,是所受的果报。所以受苦,必有造成苦果的,这就是作。作与受,作者与受者,是有因果依存性的。因果,怎能说无因?怎能说自说他呢?所以,有人说苦果是"自作"的,或说是"他作"的,自他和合"共"同创"作"的,甚至说是"无因"无缘自然造"作"的。像这样的"说"有"诸苦",在受苦的果报方面,是讲不通的。所以说"于果则不然"。这必须像《净名经》说的:"五受阴洞达空无所起,是苦义。"要解了五阴的性空不生,才能成立苦果呢!这首颂,总遮四作。但下文的破斥,主要在破自作、他作。这因为共作不过是自他的总和,从现象界去观察,没有一法不是从种种条件生的,所以无因作可说是不攻而自破。

庚二　别破

辛一　破自他作

壬一　破法自作

苦若自作者　则不从缘生　因有此阴故　而有彼阴生

此中所说的自作,不是人格创造者的自,是五阴自体。假定说,五阴生死"苦"果的生起,是从前五阴"自"体所"作"的,这是把前五阴与后五阴看作同一的,等于说甲生甲。其实,自就不作,作就不自。如真的是自己能作自己,那就违反诸法缘生的真理,一切都是"不从缘生"的了。世间一切法的生起,必须种种条件的和合,这是共知的现实,可见自作说不能成立。凡执有诸法实在自性的,如论究这实自性的从何而来,很容易走上自作的曲径。因中有果论者,是近于自作的。佛法中,如从五蕴功能生五蕴,从相好庄严的如来藏成法身,无不是这一思想的表现。哪知自作是含有根本的矛盾，指不自指，刀不自割，自己怎能生自己？论主开示他们说：现实的五阴身，是因前五阴而有的，所以说："因有此阴故，而有彼阴生。"前阴与后阴，虽然是同样的阴，但既有前有后，有彼有此的相对别异性，当然就不能说他是自生了。

壬二　破法他作

若谓此五阴　异彼五阴者　如是则应言　从他而作苦

有人说：前阴后阴有差别，说他是自作，这当然不可以。既是这个五阴生那个五阴，说他是他作，这该不犯什么过失了！这也不然！因为，如这个"五阴"与那个"五阴"丝毫没有关系，各自独立，那才可以说"从他""作苦"。但事实上，前五阴与后五阴间有密切的因果关系，离前阴就没有后阴，所以不可说苦是他作的。不自作是不一，不他作是不异；前阴与后阴是缘起假名的一异，而非绝对的一异。以上所破的自作、他作，不仅离外道的邪执，主要是遮破有所得的小乘与一分大乘学者的戏论。

壬三　破人自作

若人自作苦　离苦何有人　而谓于彼人　而能自作苦

佛法说自作自受，自己造业自己感果报。现在说自作，这该是对的，为什么要破呢？他们说的自作，是五蕴身心的果报中，有一能作者。这作者与果报不离，同在，所以叫自作，这就不对了。说"人自"己能"作苦"果的身体，给自己吃苦，这就应该离了五蕴的苦果，别有自我。可是，离了五蕴身，根本就没有自我可得。这可以仔细地观察，"离"了"苦"果，哪里还"有人"？既没有别体的自我，怎么可说"于"五蕴中有"人"，"能"够"自作苦"，给自己受苦呢？所以苦是不能说自作的。

壬四　破人他作

癸一　离苦无人破

若苦他人作　而与此人者　若当离于苦　何有此人受
苦若彼人作　持与此人者　离苦何有人　而能授于此

有人说：自己不作苦给自己受，这是不错的，但可以说他人作苦为他人所受，所以苦是他人所作的。这也不对！因为，如说生死"苦"果是"他人"造"作"出来，给"与"另一个"人"受苦，那么，在作受的中间，有造作者与受苦者二人了。先从受苦者说：如"离"了五蕴和合的"苦"果，哪里还"有"受苦的"人，受"这苦果呢？以同样的理由去观察，若一定说"苦"是那个"人"造"作"出来，给"与"这一个"人"受的；那个作苦者，还不是依五蕴和合的苦果而假立，"离"了五蕴和合的"苦"果，哪里还"有"作苦的他"人，而能"把苦"授于"这个人去受？这两颂，说明了唯有苦报的因果相续，没有作者、受者的自体；没有此人与彼人，那还说什么他作他受呢？

癸二　待自无他破

自作若不成　云何彼作苦　若彼人作苦　即亦名自作

自作苦如果可以成立，或者可说有与自相待的他作苦。现在，"自作"苦的道理已"不"能"成"立，没有自体可以相待，那还说得上他"作苦"吗？并且，他"人作苦"的他人，从他本身看来，也还是"自作"的。上面已彻底地破斥自作，这等于破了他作。所以，见自作不成而别立他作，这实在是表示他智慧的浅薄，缺乏深刻的考察。

辛二　破共作

苦不名自作　法不自作法　彼无有自体　何有彼作苦
若彼此苦成　应有共作苦

　　有人说：苦阴自作苦阴，所以是自作；而即苦的人，有名字差别，又可说他作。这可说是法自人他的共作。论主破斥他说："苦"果是果，"不"能说他能"自"己"作"苦。因为苦"法"自体，是"不"能"自作"苦"法"的，所以自作的意义不成。前阴与后阴的假我，虽可说有名字差别，但离了五阴的苦果，"彼"人是没"有"实"自体"的。他的自体都没有，哪里还"有"他人可以"作苦"呢？分别地观察，自作、他作都是不成，那怎能又综合地说是共作呢？因为要说自他共作，就先要"彼"作苦与"此"作"苦成"立了以后，方可说"有"自他和合的"共作苦"。现在自作、他作都不能成立，自他共作又怎么能够成立呢？

辛三　破无因作

此彼尚无作　何况无因作

　　自作、他作、自他共作，"尚"且不能"作"出生死苦果，"何况"是"无因作"？不消说，这是更不能的。如真的无因作，那善恶罪福一切都不成立了。无因作，近于自己存在的自作；自己存在,这不是等于无因生吗？不过,外道说的无因生,是不知其所以然而忽有的;而所谓自生,那常是因中有果论者的别名。

己二　例观外法非四作

非但说于苦　四种义不成　一切外万物　四义亦不成

佛法所说的苦,虽也可把器世界包在其中;或只可说内心的领受是苦。但一是太过,一是不及。佛说的苦,是专指有情身的五蕴说。所以破除内苦非四作以后,更扩大观点,说一切外物,也不能说是四作的。颂中说:不"但"是"说"五阴的"苦"报体,依这"四种"作的意"义"去观察,"不"能"成"立;就是"一切"身"外"所有的"万物",以这"四义"去观察,也都是"不成"立的。

观行品第十三

本品观无常的诸行,显示无常诸行的本性空寂。"行",在佛法中,使用的范围是很广泛的,含义也大有广狭的差别。约略地说,有二:一、流动变迁的叫行;二、动作而成为动能,能发生一切的,叫行。一切有为法,是业行动能所作成的,又是变迁流动的,所以一切有为法,佛称之为行。三业是动作而成为动能的,所以是行。此外,约有情以心为导的特殊义,所以说内心的一切活动为行。本品所观察的,是通于一切有为法的行。实有论者,不满意性空者的破斥,就引证佛说。一方面责难性空者,一方面建立自己的实有。佛曾说:"彼虚诳取法者,谓一切有为法。最上者,谓涅槃真法。如是诸行是妄取法,是灭坏法。"既有此虚诳妄取的诸行,当然就有流转生死的苦果,哪里能说一切空呢?佛说的话,性空者当然是承认的,不过与他们的理解不同,他们简直没有理解佛说诸行虚妄的理趣所在。所以就从所引的佛说,破斥他们,显示佛说的真意所在,是性空。

丁三　行事空寂

戊一　观妄行

己一　破诸行有事

庚一　立

如佛经所说　虚诳妄取相　诸行妄取故　是名为虚诳

实有论者说:"佛"在"经"中曾经"说"过:"虚诳妄取相。"虚诳,是说它本不是这个样子,不过表现这种现象。这所现起的现象,含有诱惑性、欺骗性,能使我们以为它是这样的。如旋火成环,这本是舞动火星所现起的环相,并不是真的有一个环;但它却能欺诳我们,使我们以为它是真环。妄取,是能取的心在取所取的境相时,不能正确地认识对象。所以,虚诳约所取的境相说,妄取约能取的心识说。一切演变流动的有为法,在虚妄分别心的认识中,不能正确地认识它,无常的以为是常,苦痛的以为是乐,无我的以为我,不净的以为净。外人引佛说的目的,是要成立他所主张的,流动的现象界是有,不过有点虚诳妄取相罢了。所以说:有无常的"诸行",因为"妄"想会颠倒"取"它的关系,所以说它是"虚诳"。但大乘性空者的见地,虚诳是可以有的,但没有实在的自体;有实在的自体,早就不名为虚诳了!

庚二　破

辛一　显教意破

虚诳妄取者　是中何所取　佛说如是事　欲以示空义

佛为什么要说虚诳妄取？你见了这话,就引来成立你的一切有,这是错了的！既是"虚诳妄取"的,在这虚诳妄取"中",还有什么自体,为妄取的"所取"呢？如有一种确实的自体,就不称为虚诳,能知者也不称为妄取了。所以佛说诸行是虚诳妄取的,并不成立诸行的有性,却是从虚诳妄取的说明中,指明诸行是性空的,不是实在的。我们觉得它是如此,这一方面是我们的认识不正确,知识有缺陷;一方面,现起的现象也是虚诳的,能引起认识的颠倒;在这个因缘和合的能所错乱中,我们以为它是真实的了！佛见我们执著诸行有实在的自性,执著常乐我净,所以说这是虚诳妄取的,生灭不住而无自体的。"佛说"这话的目的,是为了显"示"一切法"空"的真"义"。佛依世俗谛,说虚诳妄取的诸行:"此有故彼有,此无故彼无。"唯其是虚诳的,所以依缘而有,离缘而无;可有可无,显出一切行的本性空寂为第一义谛。也唯有从现起的有无生灭中,体观第一义的本性空,这才真的"此无故彼无,此灭故彼灭",而证入寂灭的毕竟空了。不了解释尊的教意,执著流动的因缘生法为真实,这不免辜负佛陀了！

辛二　约正理破

壬一　破

诸法有异故　知皆是无性　无性法亦无　一切法空故

　　本颂，清辨说是外人的主张。依龙树《十二门论》及青目说，这是性空者的批评。现在依龙树及青目释。《阿含》说空，常是依流动变迁的诸行而显的。佛常说："诸行无常，无常即苦，苦即非我，非我者亦非我所。"这无常、苦、非我、非我所，或作苦、空、无常、无我。佛依无常说空，这应该是经文所常见的。那么，如承认虚诳妄取的"诸法"是"有"变"异"的，那也该"知"道一切法都"是无性"空了。诸法假定是有自性的，那就决定非因缘所生；不失它的自体，应该是常住自性的。既知诸法的生灭不住而有变异的，就应知没有实在性了。有所得的小乘学者，以为诸行无常是有的，常乐我我所是空的，但只是常乐我净没有，不是没有无常的诸行。但性空学者的意见，如无常有自性的，那就不成其为无常了。因为诸行是性空的诸行，所以无常性、无我性、无生性。佛说三法印，无不在性空中成立。说"无常是空初门"；解了诸行的无常，就能趣入性空了。但有所得的大乘学者，不知无性是自性空寂，想像有浑然无别的无性法为万物的真体，以无性法为妙有的。反而忽略世谛的缘起假名，而以为无端变化的一切法，不过是龟毛兔角；这是龙树所破的方广道人。拨无世谛的因果，强化了无性法的真实，根本没有正见无性空义。不知无性的遮遣有性，而执为表诠的实有无性。所以，破斥说：不但有性的实体不可得，就是"无性"的实有"法"体，也不可得。这因为，"一切法空"中，实有的有性与无性，这一切戏论，都是不可得的。

壬二　反难

诸法若无性　云何说婴儿　乃至于老年　而有种种异

　　外人反难说:你承认一切法是有变动的,却以为是无性的;但这只能说没有不变的常性,不能说没有变异的体性。所以,"诸法"假定是"无"有变异的自"性",那变异就不能存在,有什么在变异呢? 所以必须承认有自性。如从婴儿变成孩童,从孩童变成少年,从少年变成壮年,从壮年变成老年,有这种种的变异,必有一个五蕴和合的身心;否则,怎么可"说"从"婴儿"到"老年","有"这"种种"的变"异"呢? 所以,无性,是无常住的性,无自我的性,不能没有变异的诸行无常自性。

壬三　重破

若诸法有性	云何而得异	若诸法无性	云何而有异
是法则无异	异法亦无异	如壮不作老	老亦不作老
若是法即异	乳应即是酪	离乳有何法	而能作于酪

　　"若诸法无性,云何而有异"两句,从《般若灯论》与青目释看来,是多剩的,应该删去。论主反责他说:"诸法"假使"有"实在的自"性",他就是固定不变的。在时间上是永远如此,在空间上也不能变异。这样,有自性怎么可以说有变异呢? 所以说"云何而得异"。再从前后的同异去观察:你说诸行有变异,还是说前后是一法,还是说是两法? 假使就"是"这一"法",既然是一法,当然不可说它有变"异"。变,要起初是这样,后来又改为那样。一法是始终如一,永远保持它的自体而不失不异,这怎么可以说变? 假使说前后是不同的两法,这也不能说有变异。这法不是那法,那法不是这法,彼此都保持它固有的自性,如此如此,这还说什么变异? 所以说"异法亦无异"。举事实说吧!

"如壮"年有壮年的自体,要保持壮年的特色;老年有老年的自体。那就壮年是壮年,老年是老年。壮年"不"能变"作老"年,这是比喻异法无有异的。"老亦不作老",流通本作"老亦不作壮",依嘉祥疏及青目论,应改正为"不作老"。意思说:老就是老,怎么可说变异作老? 这是比喻是法无有异的。外人觉得"是法"是可以说变"异"的,本是一法,它起初是这样,后来变化了又成另一形态,这岂不是变? 论主说:在世俗假名上说,蛋变成鸡,小孩变成老年。如说他有真实自性,这不但胜义中不可得,如幻的世俗,也不能容许这样的变异。如牛乳的五味相生,乳、酪、生酥、熟酥、醍醐。如以为就是牛乳自体,慢慢地变成酪,那牛"乳应"该就"是酪"。但事实上,牛乳要加上一番人工制炼,因缘和合才有酪。酪的性质功用,是与牛乳不相同的,这怎么以为就是牛乳的自体呢? 但也不能说异法有酪,"离"了"乳",更没"有"一"法""能"够"作"成"酪"的。乳由种种因缘和合而有,这因缘和合有的乳本无自性,与其他的因缘和合而成为酪。在无自性的缘起中,酪不就是乳,也不能说离乳有酪;不一不异,有乳也有酪,表现着虚妄如幻的无常。

己二　破诸行空理

庚一　约正理破

若有不空法　则应有空法　实无不空法　何得有空法

以下二颂,是破实有论者的。外人见论主否定他的自性,高扬一切皆空,他就反难说:你主张空,那就应该承认不空;如没有不空法,你观待什么而说空呢? 所以,在说空的当下,反而是成立诸法的不空了。反之,如否定自性的不空,就无可观待,不能成立一切空。而我呢,有五蕴的有性,显出无我的空性。或者,有真常大我的不空,显出世间虚妄的不实。或者,依缘起的不空,显出法性的平等空性。这些,在论主看来,是不理解空义的。从空而显出诸法,或真实的有性,自然是执为实有;就是所说的空,也何尝不是有性的存在? 总之,你是想像有不空的存在而后说空的。但经说一切法空,是从胜义观中,现觉无分别的本性空寂。要我们理解一切法的本性无有实性,所以在世俗名言中说一切法空。这不但不是观待不空法而说空,自性也就本来无体。所以说诸法空,如说这里没有花瓶,这不过纠正别人的幻想与错觉,使他了解无瓶;既不是除了实有的瓶而说无瓶,也不是说了无瓶,就有无瓶的实在体。所以,你以为有实在的不空法才有空法;而且想到有实在的空法,这完全颠倒了。我"若"承认"有不空法",那也就"应"该"有空法"。"实"在说来,没有丝毫的"不空法",哪里又显出"有空法"的真实性可得呢? 清辨破唯识家的"诸法空真实是有",说众生执有我,佛就说无我;众生执实有,佛就说性空;你听说空,就以为有真实的普遍空性,这不堕在"空见"中吗? 一般人以为性空者堕于空见,哪知相反的,见有空性真实者,才是堕空见呢! 这一颂,从否定不空法的存在,破除真实有的空性。

庚二　显教意破

大圣说空法　为离诸见故　若复见有空　诸佛所不化

本颂从两个意义而来:一、空性实有论者想:纵然破除了相待有的空性,反而显出离有离无的绝对空性。胜义胜义的空性,哪里可以说没有?二、有所得的大乘学者想:经中处处说一切皆空,法性空,号称性空论者,怎么说"何得有空法"?这是需要解说佛经的意趣,才能拯救他们的空见。要知道,"大圣"佛陀的所以"说"诸法性"空",不是说宇宙万有的真实性是空,是"为"了要我们"离"却种种错误的执"见"的。像有、无,生、灭,常、断,一、异,来、去的这些执见的生起,就因为见有诸法的自性。从根本的自性见中,执著实有的我法。佛知道执自性实有是流转生死的根本,所以依缘起假名说一切法空。自性是出于倒见,本无所有的,所以说本性空寂。这用意所在,无非要我们远离诸见。假定不能理解佛说空的用意,又"见有"实在的普遍的"空"性,那就没有办法了,"诸佛"也"不"能教"化"了!众生本来执有,佛所以说空教化;空,就是离一切戏论而不著。你却要执空,这还能教化吗?再为说有吗,执有是众生的老毛病!可以对治,到底不能使众生解脱,所以也不能再为说有。这如火起用水救,如水中也有火,这还有什么办法呢?佛弟子容易执空,但性空者是不执空的。胜义观中,当然空也不可说,不可著。离却了诸见的错误,世俗谛中,洞见诸法的因缘幻有,所以说一切法如幻、如化。在无自性的缘起有中,涅槃亦如幻如化。生死涅槃寂然都无自性,离一切戏论而正见法相。

观合品第十四

《观行品》以后说《观合品》,这是阿毗达磨的次第。《舍利弗阿毗昙》与世友《集论》，都以此为次第。《观行品》是总论缘起有为的一切行，《观合品》是说缘起中六处缘触的历程，就是六根取境，和合生识，三者的和合而生触。本来，《观染染者品》也曾谈到过合，不过它只在我与法的关系上说；本品所说的，主要在触合，更进一步地说一切自性的和合不可能。小乘学者，说和合是佛陀所说过了的。根境识三法和合而生触，因触而起感情、想像、意志等。由此和合，可以证明三法是有的；没有，怎么可说和合？所以成立有三法的和合，那一切行也不能不成立为实有。并且，六处缘触在缘起中，为生死集灭的转捩点。根身对境而认识，假定是错误的，就起烦恼、造业、流转生死了。假定认识正确，烦恼不起，不作不如理行，这就可以得解脱了！六处缘触合，在诸行中有这样的重要，所以在《观行品》后，有接着一论的必要。佛法中，有人法的相合，有二和合识，三和合触的合；在印度的胜论师，有六句中的和合句。胜论又说：我、意、根、尘合则知生，即主张在根尘和合时，因神我的御用意根，才有知识的产生。像这些实有论者所说的合，或以为实有自性者可合，或以为有实在的和合性。在正确的缘起观察下，根本就不成其为合。所以要一一地击破它，才了解因缘和合的真意。

　　戊二　观和合

　　己一　别破

　　庚一　夺一以破合

见可见见者　　是三各异方　　如是三法异　　终无有合时
染与于可染　　染者亦复然　　余入余烦恼　　皆亦复如是

三法,本不可以说别异;现在姑且承认三法的自性各异,就用这不一的别异,否认它的和合。"见"是眼根;"可见"是色法;"见者",有我论者说是我,无我论者说是识。从三法别异说,境是在外的,根是生理的机构,识是内心的活动。这"三"者"各"各别"异",各有各的"方"所位置。色境既不能透进眼根;眼根也不能到达外境;根境是色法,也不能与无色的心识相接触,这样的彼此不相关涉,"是三法"别"异"的,无论怎样,"终"究都不能"有"可以和"合"的"时"候。总之,说它有实在的自体,别别的存在,彼此间就不能说有贯通的作用;和合的可能性,当然也就没有了!

这三者既不能合,那么,因眼见觉得色的可爱,因而生起贪著,这就是贪染;那时,可见也就名为可染;见者也就叫做染者了。见、可见、见者既不能和合,这"染与""可染"、"染者",当然也是不能有合了。再说到其"余"的耳、鼻、舌、身、意五"入",五尘,五者;及其"余"的嗔、可嗔、嗔者,痴、可痴、痴者等"烦恼",也像眼入与染一样的不能成立和合了。

庚二　无异以破合

辛一　明无合

异法当有合　见等无有异　异相不成故　见等云何合
非但可见等　异相不可得　所有一切法　皆亦无异相

外人想:一体的不能说合,差别的"异法",是应"当有合"的,论主怎能说异法不合呢? 不知论主的真意,并不承认见等是各各别异的;他既执著别异以成立他的和合,所以就否认那样的别异性。"见"所见"等"一切法，是缘起法，有相依不离的关系，所以"无有"自性的别"异"相。异相的不可得，下面要详加检讨。这样，"异相"既然都"不"得"成"，那"见等"诸法，怎么能想像它的和"合"呢？进一步说，"非但"见、"可见"、见者"等"的三事"异相不可得"，其余"所有"的"一切法"，也都是"无"有"异相"可得的。

辛二　成无异

壬一　因离中无异

异因异有异　异离异无异　若法所因出　是法不异因
若离从异异　应余异有异　离从异无异　是故无有异

外人想：世间是无限的差别，怎么说无异？其中，胜论师是特别立有同性、异性的实体。胜论派在有名的六句义中，有大有性及同异性两句。大有是大同，有是存在，一切法都是存在的；一切法的所以存在，必有它存在的理性，这就是大有。同异性，是除了大有的普遍存在以外，其他事事物物的大同小同、大异小异。这一切法的所以有同有异，必有同异的原理，这就叫同异性。如人与人是共同的；而人与人间又有不同，这就是异。又人与牛马是异；人与牛马都是有情，这又是同。一切法有这样的大同小同、大异小异，证明它有所以同所以别异的原理。本文所破的异相，主要是破这同异性中的异性。不但别异的原理不成，就是事物的别异自性，也不能在缘起论中立足。所以破他说："异"是差别，但怎么知道它是差别呢？不是"因"此与彼"异"而知道"有异"的吗？此法因别异的彼法，此法才成为别异的。

此法的差别性,既因彼差别而成立,那么差别的"异"性,不是"离"了彼法的别"异"性,此法就"无"有差别的"异"性可说吗?这样,此法的差别性,不是有它固定的自体,是因观待而有的。从相依不离的缘起义说,凡是从因缘而有的,它与能生的因缘,决不能说为自性别异。如房屋与梁木,哪能说它别异的存在?所以说:"若法"从"所因"而"出"的,"是法"就"不"能"异因"。这样,外人所说的别异,显然在缘起不离的见解下瓦解了。

外人听了,还是不能完全同意。他以为:异有两种:一是不相关的异,一是不相离的异。如木与房子的异,是离不开的异;如牛与马的异,是可以分离的异。不相离的异,固可以用离异没有异的论法来破斥;至于相离的异,焉能同样的用因生不离的见解来批评呢?外人的解说,还是不行!因为,"离"第二者所"从"因的别"异"性,如可以有别"异"性,那就"应"该离其"余"的"异"而"有"此法的别"异"了。但事实上,"离"了所"从"的别"异"性,根本就"无"有此法的别"异"性。如牛与羊,因比较而现有差别;如没有牛羊的比较,怎么知道它是差别的?所以还是"无有异"性。性空者是近于经验论的,决不离开相待的假名别异性,说什么差别与不差别的本然性。第二颂,清辨的《般若灯论》是没有的。这实在不过是引申上颂的意义而已。

壬二　同异中无异

异中无异相　不异中亦无　无有异相故　则无此彼异

上二颂,是从因果门中去观察;这一颂,从理事门,也可说从体相门中去观察。到底异相的差别性,是在不同的异法中,还是在不异的同法中？假定法是别异的，它既是别异的，那就无须差别性与法相合，使它成为别异的。所以"异"相的当"中"，是"无"有"异相"的。假定这法本是不异的，在不异的同法中，差别性又怎么能使它成为差别呢？所以"不异中"也"无"有差别性。异不异法中，差别都不可得，这可见是根本"无有异相"。外人以为有异相，所以事物有别异；那么，现在既没有异相，那还能说这个与那个的自性差别吗？所以说"则无此彼异"。宇宙的一切，不过是关系的存在，没有一法是孤立的，孤立才可说有彼此的自性差别；不孤立的缘起存在，怎么可以说实异呢？

己二　结破

是法不自合　异法亦不合　合者及合时　合法亦皆无

现在，转到本题的和合不成。说和合，不出二义：或是就在这一法中有和合，或是在不同的二法中有和合。但这都是不可通的。假定就在这一"法"中有合，这是"不"可以的，"自"己怎么与自己相"合"？假定在不同的"异法"中有合，这也"不"可以，因为不同法，只可说堆积在一起，彼此间并没有渗入和"合"。是法异法都不能成立合，那"合者及合时"当然也没有。就是胜论所立的为一切和合原理的和"合法"，也是"无"有了。

观有无品第十五

本品，开示佛说缘起的真意。世间的一切，在生灭无常中；但不同一般人所想像的有无。他们所想到的有，是实有；所想到的无，是实无。有是有见，无是无见，沉溺在二边的深坑中，永不得解脱。如来出世，离此二边说中道，即依缘起说法，使人体悟有无的实不可得。缘起法，即一切为相待的现象，因缘和合的假名。因缘和合的时候，现起那如幻如化的法相是有；假使因缘离散的时候，幻化的法相离灭，就是无。此有此无，离却因缘不存在，也不非存在；不生也不灭。是缘起假名的，一切性空的；有无生灭宛然，而推求诸法实性不可得的。缘起性空中，离有离无，离非有非无，灭一切戏论。这是如来开示缘起法的根本思想，以纠正世间一切妄见的。未得善解空义，不知性空是自性见的寂灭；不知无是缘起假名，是因缘幻有离散的过程，以为空与无同样的没有。听说非有非无，于是在有无外另执一非有非无的诸法实体，以为是非有非空的。这样的错见，不知空，也不知非有非无。还有，一分学者不知佛说缘起是性空的假名，执著缘起有决定相，于是爱有恶空，仍旧落在二边中。本品特别针对缘起自相实有的学者，加以破斥，使佛陀的真义开显出来。《十二门论》也有《观有无门》，但它约有为法的三相说：生、住是有，灭是无。本论所观的有无，是约法体说——就是诸法的自体，不可说它自性实有，也不可像外人说的实无自性。两论同有《观有无品》，但内容不同。

戊三　观有无

己一　别观

庚一　非有

辛一　观自性

众缘中有性　是事则不然　性从众缘出　即名为作法

性若是作者　云何有此义　性名为无作　不待异法成

说有性,不出自性、他性或非自他性三者。说无性,外人或以为一切都没有,或以为坏有成无。众生妄见,不出此四句。现在先观自性有不成。本颂以众缘生的事实,破他有自性。所以这里所破的主要对象,是佛法中的有所得学者。有所得的大小乘学者,以为十二缘起的"此有故彼有"、"此无故彼无",是自相有的缘起法,是实有实无的。所以破斥道:既承认诸法是因缘和合生,那就不能说它有自性;因缘有与自性有的定义,根本是不相吻合的。"自性",依有部的解说,与自体、自相、我,同一意义。承认自体如此成就的,确实如此的(成、实)自性,就不能说从众缘生。凡从众缘生的,即证明它离却因缘不存在,它不能自体成就,当然没有自性。所以说:"众缘中有性,是事则不然。"假定不知自性有与因缘有的不能并存,主张自"性"有或自相有的法,是"从众缘出"的。承认缘起,就不能说它是自性有,而应"名"之"为"所"作法";这不过众缘和合所成的所作法而已。一面承认有自性,一面又承认众缘所作成,这是多么的矛盾!所以说:"性若是"所"作者,云何有此义"?凡是自"性"有的自成者,必是"无"有新"作"义的常在者;非新造作而自性成就的,决是"不待异法"而"成"的独存者,这是一定的道理。承认缘起而固执自相有,这在性空者看来是绝对错误的。所以论主在《六十如理论》中说:"若有许诸法,缘起而实有,彼亦云何能,不生常等过!"

本颂明白指出自性的定义,是自有、常有、独有。我们的一切认识中,无不有此自性见。存在者是自有的;此存在者表现于时空的关系中,是常有、独有的。凡是缘起的存在者,不离这存在、时间、空间的性质;颠倒的自性见,也必然在这三点上起执。所以佛说缘起,摧邪显正,一了百了。月称《显句论》,不以本颂的自性三相为了义,专重"自有"一义;离却时空谈存在,真是所破太狭了! 他又以自性有为胜义自性,非本颂的正义。

辛二　观他性

法若无自性　云何有他性　自性于他性　亦名为他性

　　他性,是依他而有自性。依他起法的自相有者,不像一切有部的未来法中自体已成就;他否认自然有性,而承认依他有自性。依论主的批评,这不过是自性见的变形而已。所以说:诸法若有实在的自性,可以以自对他,说有他性。假定诸"法"的实有"自性"都不可得,哪里还"有"实在的"他性"可说? 要知道,自性、他性的名词,是站在不同的观点上安立的。如以甲为自性,以甲对乙,甲即是他性。所以说:"自性于他性,亦名为他性。"这样,说了自性不可得,也就等于说他性无所有了。舍弃自性有而立他性有,岂不是徒劳!

辛三　观第三性

离自性他性　何得更有法　若有自他性　诸法则得成

　　有人以为:自性不成,他性也不成,在自性他性外,另有第三者,那是应该可以成立的。哪里知道,这也不得成。不是自性,就是他性;"自性、他性"既没有,哪里"更有"第三者的"法"呢? 假定实"有"诸法的"自"性、"他性","诸法"也或者"得"以

"成"立；现在根本没有实在的自性、他性，所以诸法实性都不得成立。

庚二　非无

有若不成者　无云何可成　因有有法故　有坏名为无

有人以为：诸法实有自性、他性、第三性不成，那么，实无自性，这该没有过失了！这是不知缘起无的误会。要知先要成立了有，然后才可成立无。现在"有"都"不"能"成"立，"无"又怎么"可"以"成"立呢？无是怎么建立的？"因"先"有"一种"有法"，这"有"法在长期的演变中，后来破"坏"了就说它"为无"；无是缘起离散的幻相。从上面推察，实有已根本不成，那还说什么无呢？如说人有生，才说他有死；假定没有生，死又从何说起？这可见有无都要依缘起假名，才能成立；离缘起假名，实在的有无都是邪见。

己二　总观

庚一　开示真实义

辛一　遮妄执

若人见有无　见自性他性　如是则不见　佛法真实义

此下，依《化迦旃延经》的中道正观，明有无二见的断常过失。先承上总遮："若"有"人"在诸法中，"见有"性，或见"无"性；有性中，"见"实在的"自性"，或实在的"他性"，那就可以断定，这人所见的一切法，是不能契合诸法实相的，也即是"不"能正确地"见"到"佛法"的"真"义、"实义"、谛义、如义。此有故彼有、此生故彼生的缘起流转法，经说但以世俗假名说有。就是此无故彼无、此灭故彼灭的缘起还灭，也建立于假名有。但以假名说缘起，所以缘起法的真实不可得。外人不能理解缘起假名，见有性、无性，自性、他性，那就自然不能够知道缘起性空的真义了。

辛二　证佛说

佛能灭有无　于化迦旃延　经中之所说　离有亦离无

　　缘起性空，是《阿含经》的本义，所以引证佛说。实有实无的自性见，能灭除它的，只有大智佛陀的缘起法，所以说"佛能灭有无"。这在"化迦旃延经中"，佛陀曾经"说"过了的。迦旃延，具足应名删陀迦旃延，是论议第一的大弟子。他问佛：什么是有边？什么是无边？佛对他说：一般人见法生起，以为它是实有，这就落于有边；见法消灭，以为它是实无，这就落于无边。多闻圣弟子不如此，见世间集，因为理解诸法是随缘而可以现起的，所以不起无见；见世间灭，知道诸法不是实有，如实有那是不可离灭的。这样，佛弟子不但"离有"见的一边，也"离无"见的一边。离有离无，即开显了非有非无的性空了！不落二边的中道，就建立在此有故彼有、此生故彼生的缘起上。性空唯名的思想，所依的佛说很多。这离二边的教说，见于《杂阿含经》，是值得特别尊重的。

　　佛陀为令有情契入胜义空性，证得寂静的涅槃，所以就在世间现事上建立缘起法。众生从无始来，都不见诸法的真实义；假使不在缘起的现象上显示，就无法说明。缘起现事是"此有故

彼有,此生故彼生;此无故彼无,此灭故彼灭"的。因这缘有,而
那果才有;因这缘生,而那果才生:这就开显了世间的流转。翻
过来说,因这缘无,那果也就无;因这缘灭,那果也就灭;因缘灭
无,就开显出世还灭。由此,也就可以得解脱,入涅槃,悟证空性
了。世间的缘起现事,可生、可灭、可有、可无,这可见诸法不如
常人所见那样的实有、实无、实生、实灭。如实在的有法,决不可
以无;可以无的法,就知道它不是真实有。有法是这样,生法也
是这样。诸法既是假有假生的,自然也就可以假无假灭。从一
切唯假名中,离却诸法的真实性,就是还灭入涅槃了。这是从流
转还灭中,离却有无的执见,而达到一切法空性的。实有、实无、
实生、实灭,虽然没有,假有、假无、假生、假灭,缘起假名中是有
的。自性空而假名有,这是缘起的本性。佛所说的缘起定义,佛
教的一切学者都不能反对。一切法空为佛教实义,真声闻学者
也不拒绝,何况以大乘学者自居的呢?

庚二　遮破有无见

辛一　无异失

若法实有性　后则不应无　性若有异相　是事终不然
若法实有性　云何而可异　若法实无性　云何而可异

上从教证,显示实有实无性的不可能,这从理论显出实有实
无性的过失。假定诸"法"是"实有"自"性"的,"后"来的时候,
无论怎么样,都"不应"该"无"有。这样,佛说缘起,只可说此有
故彼有,不应更说此无故彼无了。实有自性,如何可无? 佛也不
能违反法相,所以《般若经》说:"若诸法先有后无,诸佛菩萨应

有罪过。"佛既说缘起事相是此有故彼有,此无故彼无,可见诸
法实有自性的不可成立了。实有自性,即不能从有而无,即不能
有变异。如说实有自"性",又承认"有"变"异相",这纯是自相
矛盾的戏论,所以说"是事终不然"。

　　假定一定要固执"实有"自"性",那应审细地考察:这实自
性的法,怎么"可"以变"异"的呢? 实自性的法,不能有变异,而
现见世间一切诸法都在迁流变异中,所以知道诸法是没有决定
自性的。有人见实有性的理路走不通,就转回头来走那诸"法
实无性"的一条路。实无,不是缘起法性空,是一切法如龟毛兔
角的无有,如方广道人。若因果缘起,一切都没有,那还谈什么
变不变异? 所以说"云何而可异"? 这种实有实无论者,可以
说:说诸法实无性的,没有懂得诸法的缘起;说诸法实有性的,没
有懂得诸法的性空。前者是损减见,后者是增益见(其实是二
谛都不见)。要离却二见,不执实有实无,必须透视缘起法的假
名有。虽是假名有,但也不失诸法的因果相互的关系。这样,才
能突破自性见,见到即缘起而性空、即性空而缘起的中道!

辛二　断常失

定有则著常　　定无则著断　　是故有智者　　不应著有无
若法有定性　　非无则是常　　先有而今无　　是则为断灭

　　本颂,总结有无二见的堕于断常,这可说是不知缘起法的必
然结论。假使执著诸法决"定有"实在的自性,就应该以为此法
是始终如此的,以为是常住不变的。这样,就必然执"著"它是
"常",而落于常见的过失了! 假使执著诸法决"定"是实"无"

性,那就抹杀因果缘起,相似相续。那必然要执"著"它是"断",而犯断见的过失了!为什么见断见常都是过失呢?因为诸法是常或断,即违反缘起的相续,不知缘起正法了。所以,"有智"慧的多闻圣弟子,"不应"执"著"诸法是实"有"或者实"无"。这约二人别执断常而说;也可以约一人前后别执说。假定诸"法有"决"定"的实自"性,非"是"无"有,那就必然"是常"住,落于常见,像说一切有系,尽管他说诸法是无常的,万有是生灭的,但他主张三世实有,一切法本自成就,从未来至现在,由现在入过去,虽有三世的变异,法体在三世中始终是如此的。所以在性空者看来,这还是常执。假定以为"先"前的诸法是实"有,而"现"今"才归于灭"无",那又犯了"断灭"的过失!拿烦恼说吧:实有自性者,说先有烦恼,后来断了烦恼,就可涅槃解脱了。大乘佛法说不断烦恼,这就因为见到实有者的先有现无,有断灭过失,所以开显烦恼的自性本空;假名断而实无所断。否则,烦恼有实自性,就不可断;不可断而断,就犯破坏法相的断灭过了!

观缚解品第十六

　　有无品观缘起的此有故彼有,此无故彼无;这一品中,观缘起的此生故彼生,此灭故彼灭。从假名生灭中,体悟生无所来、灭无所至的空寂。此生彼生,是生死流转门;此灭彼灭,是涅槃还灭门。流转是生死往来,还灭是生死解脱;所以说到流转、还灭,也就说到系缚、解脱。学佛者的唯一目的,是了生死,得涅槃。在生死海中有系缚,入涅槃界得解脱。既有生死与涅槃、系缚与解脱,怎么可说诸法无自性呢? 有所得的学者,因此以缚解的事实,证明所主张的诸法有实体。流转、还灭与系缚、解脱,意义上稍有不同:相续不断的生死现象是流转,寂灭无生的涅槃寂静是还灭。系缚与解脱,却在能所动作上说,就是缚有能缚、所缚,脱也有能脱、所脱。当能缚缚所缚的时候,就不能获得自由;假使割断能缚,从系缚中解放过来,这就可以解脱了!

系缚有两种:一、烦恼系缚五蕴。五蕴,不定要流转在生死中,不过由烦恼,尤其是爱取系缚住了他,才在生死中流转的。五蕴从取而生,为取所取,又生起爱取,所以叫五取蕴。爱是染著,取是执取;由爱取力,执我我所,于是那外在的器界与内在的身心,发生密切的不相舍离的关系,触处成碍,成为系缚的现象了。所以经中说:“非眼系色,非色系眼,中间欲贪,是其系也。”二、五蕴系缚众生。众生是假名的,本无自体;不过由五取蕴的和合统一,似有个体的有情。此依蕴施设的假我,在前阴后阴的相续生死中,永远在活动,往来诸趣,受生死的系缚。解脱也有两种:一、以智慧通达诸法,离爱取的烦恼,不再对身心世界起染著执取。虽然还在世间,却可往来无碍,自由自在地不受系缚,这是有为的解脱。二、弃舍惑业所感的五取蕴身,入于无余涅槃界,得到究竟解脱,后有五蕴不复再生,永远离却五取蕴的系缚,这是无为解脱。此是佛法的要义,自然要有正确的知见,所以先观流转、还灭的无自性,后观系缚、解脱的无自性。击破了实有自性见,然后从缘起的假名中,建立生死与涅槃、系缚与解脱。

戊四　观缚解

己一　遮妄执

庚一　观流转与还灭

辛一　观流转

诸行往来者	常不应往来	无常亦不应	众生亦复然
若众生往来	阴界诸入中	五种求尽无	谁有往来者
若从身至身	往来即无身	若其无有身	则无有往来

　　往来天上人间、三界五趣，是生死流转的现象。说到流转，不外诸行的流转、有情的流转。无我有法，法从前世移转到后世，如化地部的穷生死蕴、铜鍱者的有分识，这是诸行的流转。或说五蕴法中有不可说我，一心相续中有真我，从前生移转到后生，这是有情的流转。学派中，大众及分别说系，多说诸行流转；说有情流转的，如说一切有系的假名我、犊子系的不可说我，都是说明从前世到后世的。萨婆多部说诸行无常，念念生灭，三世恒住自性，所以不许流转。大众、分别说系说的诸行无常，不但念念生灭，而且是念念转变，这就是承认诸行的流转了。先考察诸行的流转：是常恒不变的流转呢？是无常演变的流转呢？假定是常恒不变的流转，这不但不成其为诸行（行是迁流变化的），也不成其为流转。常恒是前后一致没有变化的，人间常在人间，天上常住天上，这还说什么流转呢？所以在"诸行往来"生死中，如执著"常"住，就"不应"说他有"往来"。假定是无常演变的流转，无常是终归于灭，而且是刹那刹那的即生即灭。灭

了,还有什么从前世移转到后世去呢? 有从前世到后世的法,必有前后的延续性;才生即灭的无常,如执有自性,怎么可以说它有流转? 所以诸行是"无常"的,也"不应"说它有往来。诸行的常无常,不可说它有往来生死的流转;依蕴、界、处而安立的众生,说他是常或无常,也同样的不能成立生死流转的往来,所以说"众生亦复然"。

虽然说了诸行和众生的流转都不可能,但在固执实有自性者的学者,特别是一切有与犊子系,以为诸行虽不能建立往来,在诸行和合的相续中有我;依这假名的或真实的众生,就可以说有流转了。这对于众生,倒需要考察:假定说有"众生"的"往来",这众生是假有的吗? 是实有的吗? 假定说是假有的,那应当反省:所建立的实有诸法,尚且不能流转,却想在假有的众生上建立,岂不是笑话? 真水不能解渴,想以阳焰来解渴,这当然是不能达到目的的。主张实有自性,就应当在实有上建立流转,否则,应痛快地接受一切唯名论,在假名中建立一切。假定说是实有的或妙有的,根本佛法中,彻底不承认这种思想。因为实有、妙有的众生,在现实身心的探求中,了不可得。如在五"阴"、六"界"、六"入"的诸法"中",以"五种"方法,"求"微妙实有的自我,"尽无"所有。阴、界、入是组合有情的原素,所以在这一切法中求。且以五阴中的色阴说:色不是我,离色没有我,不离色也没有我,我中没有色,色中也没有我。五门寻求色阴中的我不可得,余阴、六界、六入,以五门寻求,同样的也没有。诸法中求我既不可得,那还"有""谁"在"往来"呢?

生死流转,必有前后五阴身的相续;众生既是假有而不可得的,那么前后五阴身的流转中,什么是流转的当体呢? 从前五阴移转到后五阴,前者在前不到后,后者在后不到前,什么是从前到后的流转者? 说到这前后的联系,佛法中有两大派,就是有中有派和无中有派。无中有派,继承佛教的本义,说业力不可思议,由前生业力的存在,感生后五阴,因业力而前后相续。可以从前世到后世,根本不要其他的东西担任联系的工作。但此说,还需要考虑:假定现有的五阴身在法王寺,在此刻崩溃;后有的五阴身在重庆,要在几天以后才生起。时间、空间都有相当的距离,怎么能说联系? 并且,业力在前,还是在后,还是从前到后? 纵然业力难思,也不过前灭后生,也不能成立往来。有中有派,主张在此身死有的五阴身后,来生生有的五阴身前,中间有一中有身,可以担任从此到彼的工作。时空虽都有距离,也不碍前后身的相续。这本是佛教西方系采取世俗细身说的新义。这一说,虽将时空的距离连接起来,免致脱节,但它所有的困难,与无中有家并无差别。因为,如从五阴身到另一五阴身,那么,从前到后的往来者,就是无身。所说从这身到那身,是把前一五阴身带到后生去,成为后有的五阴身? 还是前一五阴身灭,另生一后世的五阴身? 自然,你是承认后一说的。但前一五阴身灭,有前一五阴身的方位;后一五阴身起,有后一五阴身的方位。此生此灭,彼生彼灭,前者在前,后者在后。你觉得前后可以相接,我看出前后的中间,从这里到那里,缺乏连络。前是五阴身,后是五阴身,中间岂非是无身? 所以说:“从身至身”而有“往来”,就是“无身”。中间既没“有”移转的“身”,从这里到那里,哪里还可说“有往来”呢? 这一颂,破无中有派;有中有派,也还是同样的困难,受同样的破斥。从刹那的自性的见地去看,困难毫无差别!

辛二　观还灭

诸行若灭者　是事终不然　众生若灭者　是事亦不然

　　流转的是诸行与众生,还灭的也就是诸行与众生。这里说灭,是灭而不起的永灭、寂灭,不是念念生灭的灭。灭是对生说的,有生生不已的流转,可说有截断生死流的还灭。诸行及众生,本无有生,求流转实性不可得,那灭又何所灭呢?诸行及众生,常、无常,都不能有所灭。实有的东西不可灭;是假有的,就没有东西可以灭。所以诸行与众生,都不可说有灭。说"诸行"有"灭","众生"有"灭",这到底是"不然"的。

庚二　观系缚与解脱

辛一　总观

诸行生灭相　不缚亦不解　众生如先说　不缚亦不解

　　"诸行"是无常念念"生灭"的。即生即灭的如幻法"相",前念后念的诸法,没有任何能力能系缚它,因为刹那生灭,前后不相及。在此一念同时的一切,大家都刹那不住,也没有系缚相可说。通达了诸行是无常的,就知道系缚不可得了。有缚才可以说有解,无缚那还说什么解呢?如有绳索捆缚了手脚,然后把他解开了,这是解;假使先前没有绳索捆缚,那就没有可解的了。经上说:(空间上)法法不相到,(时间上)法法不相及,法法相生相灭,而即自生自灭,那还有什么可系缚呢?如许多人在房子里,房外烧起火来,里面的人同时向外拥挤,挤到门口时,拥塞起来,一个也走不出去。这不是那个拉住那个,不过大家拥塞住罢了。好像彼此牵扯住,其实等于自己挤住自己。所以诸法前生后灭,俱生俱灭,没有一法可缚的。古时有参禅的学者,向一位禅师求解脱。禅师问他:"谁缚汝?"求系缚了不可得,更求什么解脱呢? 如梦中梦见魔鬼魇住自己,千方百计地求他离去;到大梦醒来,知道本没有魔鬼,自然也就不求离去了! 所以说"不缚亦不解"。诸行是这样,"众生"也是这样,这"如先"前所"说"过的无往来,无还灭,也可知众生的"不缚亦不解"了。《般若经》中说"菩萨正忆念,生死边如虚空,众生性边亦如虚空,是中实无生死往来,亦无解脱者",也是这个意思。

辛二　别观

壬一　观系缚

若身名为缚　有身则不缚　无身亦不缚　于何而有缚
若可缚先缚　则应缚可缚　而先实无缚　余如去来答

假使说有系缚与解脱,那应该观察:缚是怎样缚的,脱又是怎样脱的? 如果说:五取蕴的"身"体"名为缚",那么,"有身"就"不缚"。缚是动作,要能缚缚所缚,才叫做缚。独一的五取蕴身,没有能所,怎么可以说缚? 如刀不自割、指不自指一样。或者说:先有的五取蕴身,是能缚,没有所缚,后有的五取蕴身,是所缚,没有能缚。前后不相及,能所不相关,所以有身也没有系缚可说。有身尚且不能缚,"无身"当然更没有能缚所缚的"缚"事了。要说系缚,不出有身无身,有身无身都不能成立系缚,那还有什么可缚呢？所以说"于何而有缚"。

　　主张有缚的说:你根本没有懂得五取蕴的身体是怎样缚的。当然,一法是没有缚的;但五取蕴并不是一法,它是有五类的,尤其是行蕴中更摄有多法。行蕴中的烦恼,尤其是爱取,它能系缚五取蕴身。缚有相应缚、所缘缚的差别:爱取等烦恼,与心心所法相应,名为相应缚;爱取有漏心法,缘虑了诸有漏法,就名为所缘缚。在这相应、所缘缚中,有能所缚的差别可说。能缚烦恼是系缚的工具,由此能系缚那所缚的,成为系缚的现实。这种解说,仍免不了过失。怎么呢？假使在"可缚"(即所缚)之"先",已有一能"缚"者,那或许可以说为能"缚可缚"的。但事实上,在所缚之"先,实"在没有一个能"缚"者。能缚既不在所缚之前,怎么可以说有缚呢？若一时并生,即失去能所的关系了。"余如去来答",是说已缚无有缚,未缚亦无缚,离已缚未缚,缚时亦无缚等。

壬二　观解脱

缚者无有解　　不缚亦无解　　缚时有解者　　缚解则一时
若不受诸法　　我当得涅槃　　若人如是者　　还为受所缚

　　从系缚中解脱过来,是约智慧离却烦恼说。智慧是能解,烦恼是所解。如一般有所得者的解脱观,实不能成立。试问:怎样称为解脱？是曾被系缚者的解脱？不被系缚者的解脱？还是正被系缚的时候得解脱？曾被"缚者",是"无有解"脱的,因为曾系缚的烦恼已过去了,已失却了它的作用,还要智慧去解脱作什么？况且,系缚烦恼在过去,智慧在现在,智慧没有能力去解脱过去。如"不"曾被"缚"，那更"无解"脱；因为没有缚，就无缚可解。正当"缚"的"时"候，也不可以说"有"能"解"的智慧；如有能解的智慧，系"缚"与"解"脱，那就成为同"一时"候存在了。缚与解是相反的，有缚就没有解，有解就没有缚，解与缚怎能同时存在？所以，慧解与惑缚，同时即相违，异时即不相及。可以上面所说的明暗喻，以观察解脱的性空。

有人这样说：如"不受"不取不著一切"诸法"，心离烦恼；"我当"来即能究竟"得"于无余"涅槃"。前五蕴灭，后不复生，安然寂静，这可以说是解脱了！为什么要破解脱呢？"人"如生起这样的观念，那他"还"是"为受所缚"，并不曾真的得到涅槃甘露味。因为，虽不著于生死，但又取于涅槃，以为实有涅槃的解脱可得，又被涅槃见所缚，可说是"逃峰趣壑"。所以，仍是在生死海中奔流，并没有能入于寂静的涅槃！涅槃即一切法的如相，如幻如化而毕竟空寂，无一毫取相可得。哪里是生死以外，别有个实在的安然快乐的涅槃，可以到达、证入。不过为了引诱众生远离妄执，佛才方便说有涅槃。如了达诸法如幻如化，生死如幻如化，即生死当相为涅槃，本来寂静；哪里可以说不受诸法以后，我当得涅槃？前颂约有为解脱说，此颂约无为解脱说。这两者，如说它是实有的，以性空正见观察，根本都不得成。

己二　示正义

不离于生死　而别有涅槃　实相义如是　云何有分别

生死与涅槃，系缚与解脱，这不是截然不同的两法。生死就是涅槃，系缚就是解脱，"不"可说"离于生死"之外"而别有涅槃”，也不可说离系缚之外而别有解脱。因为在诸法“实相义”
中，一切平等平等，无二无别。如在生死系缚中通达性空，这就
是涅槃解脱；假使离生死而求涅槃的真实，离系缚而别求解脱，
涅槃解脱即成为生死系缚了。涅槃解脱，即一切法毕竟性空，一
切戏论都息。不过引诱初机，劝舍生死入涅槃，岂真的有可舍可
取！所以《法华经》说“此灭非真灭”，是“化城”。不能了达实
相的毕竟性空，不知毕竟空中不碍一切；执有生死外的常乐我净
的涅槃，那就是“增上慢人”了。《华严经》说：“生死非杂乱，涅
槃非寂静。”可见生死本来寂静，本无系缚相得。我们所以有
生死系缚，不过是我们错误的认识所造成。反之，涅槃不离万
有，何尝如有所得者所想像的寂静！对众生妄见生死的杂乱，所
以方便假说涅槃的寂静；从究竟实相义说，如“何有”种种“分
别”：是生死，是涅槃，是系缚，是解脱呢？大乘佛法建立的无住
涅槃，初意也不过如此。

观业品第十七

　　本品是观世间集的最后一品。世间集，主要的是说烦恼与
业；不过说到惑业，就要谈到起烦恼造业，由业感果的经过。所
以经中观苦，即观蕴、处、界的无常故苦；观苦集，就涉及从业感
果的因果相续了。集谛中，烦恼虽是生死的推动力，但直接招感
苦乐果报的，是由烦恼发动造作种种业所引起的业力。所以，以
业力结束这一门。而且，品题说观业，实际上谈到了由惑起业，
由业感果，作作者、受受者的全部问题，所以本品可看作苦集的

总结。招感来生的生死苦果,业是最主要的;果报的或苦或乐,是由行为的或善或恶所决定的。但是,现在造业,怎么能感将来的苦果?这是有业力的存在不失。业力到底是什么?存在,到底是怎样地保持、怎样地存在呢?探究到这问题,佛教的各派学者,就提出种种理论去说明它。说一切有部,成立色法的无表业,以三世实有的见地去说明它。但有的以为无表业是假色。经部譬喻师,根据世间植物种果相生的现象,说业是熏习于相续心中而成为种子。正量部的学者,根据如字在纸的券约,说业的不失法。犊子与经量本计,主张有我,以我为作者受者。业力是重要的问题,也是佛教发展当中的一个主要问题。种种说法,虽各各自圆其说,然在性空正见的观察下,这都是似是而非的,意见更多困难更甚的,不能解决此重要教义。所以颂中一一地洗破,让朴质而纯洁的佛教本义显发出来。

戊五　观业

己一　遮妄执

庚一　破一切有者的诸业说

辛一　立

壬一　二业

大圣说二业　思与从思生　是业别相中　种种分别说

这颂之前,什译还有"人能降伏心……二世果报种"一颂。这突如其来的成立善业颂,文义是不相顺的。西藏的《无畏论》,此颂在第十颂之后说。清辨的《般若灯论》长行中,虽也先提到此颂,但正式的解释还是在后面。所以现在也就把这颂留到后面去说。

这是一切有者,也是一般学者,直依经中的叙述而解说诸业。假名诸业,虽可作此说,但讨论到诸业的如何感果,就显然有问题了。"大圣"指佛,佛所"说"的业,根本只有"二"种"业":一、思业,二、思已业。"思"是心所法,以造作为用,能推动内心去造作,发动身体的活动、口头的说话。思是意志的,从思虑到决定去做,所以它是业的动力。因思心所的发动而能表现于身体的动作与语言,这是"从思"心所"生"的,即是思已业。佛教学者对这二业是共同承认的,所不同的,有部说思业是以心所为体,思已业以身表色及语表为体;经部说这二业,身体的动作与语言的诠表,不过是业的工具。这二"业"的"别相",在经论中又作"种种"的"分别说"。此下的三业、七业,即是从二业分别而来。

壬二　三业

佛所说思者　　所谓意业是　　所从思生者　　即是身口业

"佛所说"的"思"业,就是通常讲的"意业";"从思"所"生"的业,"即是"通常讲的"身、口"二"业"。所以二业开出来就是三业。思与意相应,说名意业。这样,业的眷属,都包括在里面。由分别思虑的意业,发现于外所有的身体动作是身业,语言诠表是口业,也称语业。

壬三　七业

身业及口业　　作与无作业　　如是四事中　　亦善亦不善

从用生福德　罪生亦如是　及思为七法　能了诸业相

这两颂,成立七业。但颂文隐晦,很难确指是哪七业。青目论中没有清楚的说明,清辨释也同样的含糊。嘉祥疏中举出几种不同的解说,但只采取了一种。就是身、口、意三业中,意业在七业中名思;身、口分为六种,就成了七业。身、口的六业,前四种在颂文中可以明白地看出,是"身业"、"口业"、"作"业、"无作业"。但也可解说为身有作业、无作业,口有作业、无作业,成为四业。作与无作,或译表与无表。正在身体活动、语言谈说的时候,此身语的动作能表示内心的活动,是身口的作业。因身口的造作生起一种业力,能感后果,他不能表示于外,故名身口的无作业。作业是色法的,由色法所引起的无表业,所以也是色法的,不过是无所表示罢了。这无表色,毗婆沙论师说是实有的,《杂心论》说是假有的。在这"四"种业当"中",有"善"业"不善"业,而善不善业又各有两类,一是造作时候所成的业,一是受用时候所起的业。如甲以财物布施乙,在甲施乙受时,即成就善业;乙受了以后,在受用时,甲又得一善业。青目释举射箭喻说:放箭射人,射出去是一恶业,箭射死了那个人,又是一恶业;如没有射死,那只有射罪,无杀罪。前者是约能作者方面说的,后者是约所受者方面说的。上一颂约能造作说,"从用生福德,罪生亦如是",即是约受用业而说。但这样讲来,似乎不止七种业了。嘉祥说:善恶各有七种业:善的七业是身、口、作、无作、作时善、受用善、思业;恶的七业是身、口、作、无作、作时恶、受用恶、思业。依我看,七业应该是身、口、作、无作、善、不善、与思。"从用生福德,罪生亦如是"二句,是身口业所以成为福业罪业的说明。意思是说:作无作业的善恶,不仅在于内心的思虑,也不仅在于身口的动作,要看此一动作是怎样的影响对方,使他人得何种受用而定。如布施,决不单单作布施想,也不单是用手把财物丢出去,必须施给人,人受了受用快乐,受者能得到好的受用,所以成为善的福德业。又如杀人,他人受痛苦以至命绝,所以也就成为罪业。所以,善恶二业的分别,就看对方受用的结果是怎么样。医生的针割病人,不是罪业;以毒施人,使人或病或死,也不是福业。罪福必须注意对方的受用。凡说明业力,至少要讲这七种:内心的动机,表现于身口的动作,及因此而起的无作,影响他人而成善不善的分别。明白了这七业,佛法中所说种种的业,就能正确了解。所以说:"及思为七法,能了诸业相。"表现的身口业是作业,潜在的身口业是无作业。意业为什么不说它有作无作业呢? 思是心内种种分别思虑,内心的造作是不能直接表示于人的,所以不名为表业;既非表业,当然也就没有无表业。无表业是依有表业立的。在这些上,可见佛教的业力说是怎样的重视身口,重视社会关系,并不像后代的业力说,倾向于唯心论。上面所说,本是佛经中的旧义。但有部他们,以为这些业是真实有自性的。明白此等业性的差别,就可以建立起业果来了。

辛二　破

业住至受报　是业即为常　若灭即无常　云何生果报

　　论主并不说他所立的二业、三业、七业是错误的,因为这确是佛说,缘起法中是可以有的。问题在他们主张实有自性,所以要破斥他。所说业能受报，是业住受报呢？还是业灭受报？"业住"，是业力存在不灭的意思；从开始造业一直到感"受"果"报"，这业力都存在不失。那么，所说的"业"，从作到受，不变不失，就是"常"住的了。但实际上，佛说业行是无常生灭的。佛说造业感果，不但是前生造业，来生感果，是可以经过百千万劫的。如经百千万劫的常住，太与无常相反了。如业是常的，常即不应有变化；受报就应该常受报，那也破坏随业流转、苦乐推移的事实了。进一步说，业如果是常住的，那也说不上造作了。假定说，作了业在未到感果的时候就"灭"，那业就是"无常"的。业力刹那无常，业灭时果未生，灭了以后即无所有，那又怎么可以"生果报"呢？实有论者的常与无常都是邪见，都不能成立业果的相续。有部说身、口的作业是无常的，无作业虽也是刹那生灭的，但随心转。这就是说：有无表色与心俱生俱灭相续而起，所以能相续到未来感果。同时，又说在未感果以前，业得也是随心而流的。所以有色界的有情生到无色界去，色法的无表业虽暂时没有了，然而因为业得的关系，后生有色界的时候，还可以现起无表业色。这是他的解说，姑且不问此说如何，以性空者的观点，分析到刹那生灭，自性有者即不能成立前后的联系。

庚二　破经部譬喻者的心相续说

辛一　立

壬一　成立业果

癸一　举喻

如芽等相续　皆从种子生　从是而生果　离种无相续

从种有相续　从相续有果　先种后有果　不断亦不常

譬喻者不满于一切有部的业力说,提出心心相续的业力说。以为心心相续的业力,不断不常,才可以从业感果。他的业力说,从世间的植物从种生果的现象,悟出传生的道理,成立他的不断不常。譬如黄豆,从种生果,是经过三个阶段的:一、种子,二、相续,三、结果。一粒黄豆放在土中,起初发芽,由芽生茎,从茎开花,由花结果。初是豆种,后是豆果,中间相续的是芽、茎、花、叶,不是豆种豆果,而豆种生果的力量,依芽茎花叶而潜流。所以,豆种生果,不是豆种直接生的;豆种子虽久已不存在了,但依芽茎等相续,还可以生果,而且种果是因果相类的。所以说:"芽等"的"相续",是"从种子生"的;由种子有相续,由相续"而生果"。假使"离"了"种"子,就没有"相续";相续没有,果法当然更谈不上的了。既然是"从种"子"有相续,从相续有果",那就是"先"有"种"子而"后有果","不断亦不常"。怎样呢? 从种生芽,从芽生茎,从茎发叶、开花、结果,豆种生果的力量,是相续不断的;种子灭而生芽,种子是不常的。由此不断不常的相续,豆种就可以在将来生果。

癸二　合法

如是从初心　心法相续生　从是而有果　离心无相续
从心有相续　从相续有果　先业后有果　不断亦不常

譬喻者以上面所说的譬喻,成立他的业力说。他以为从业感果,也是这样的。思心所就是心。不但考虑、审度、决定的思是思心所,就是身体的动作,言语的发动,也还是思心所(发动思）。不过假借身语为工具，表出意思的行为罢了。由作业的熏发，就有思种子保存下来。作业虽是生灭无常的，业入过去即无自体，但熏成思种子，随内心而流，心心法却是相续生的。如布施，不但布施的身口业不常，布施心也有间断，有时也起杀盗等的心行；但熏成施种，不问善心、恶心，它是可以相续而转的。业体是思，熏成思种，也不离心。所以，心心所法相续，作业虽久已过去，还可以感果。这样，最初心起作什么事业，将来就感什么果。虽然最"初心"所起的罪福业刹那过去，但"心"心所"法"是"相续"而"生"的。从此思业熏发的心心相续，就可以"有果"了。假使"离"了"心"心所法，就没有"相续"；相续没有，果法自也不可得。既"从心"而"有相续"，"从相续"而"有果"，此"先"有"业"因而"后有"报"果"的业果论，即能成立"不断亦不常"的中道。所造作的业，一刹那后灭去不见，这是不常；作业心与感果心的相续如流，有力感果，这是不断。由业种的不断不常，能完满地建立业果的联系。后期的大乘唯识学，说种子生现行，也还是从此发展而成。不过把它稍为修正一下，不用六识受熏，而谈阿赖耶受熏持种生罢了。譬喻者的思想，最初造作的时候，叫种子；作了以后，没有感果之前，叫相续；最后成熟的时候，叫感果。从现象的可见方面说，虽有种子、相续、感果的三阶段，但实际上重视心识的潜流不断。唯识者的思想，最初熏成的力量，固然是种子；就是在心识不断的相续中，也还叫做种子；种子如瀑流水一样的相续下去。譬喻者从相续的心心所法上着眼，唯识者多注意种子的自类相生，两者略有不同。

　　壬二　别立善业

能成福业者　　是十白业道　　二世五欲乐　　即是白业报
人能降伏心　　利益于众生　　是名为慈善　　二世果报种

　　业有福业、罪业。"能"够"成"为"福业"的，是不杀、不盗、不欲邪行、不妄言、不两舌、不恶口、不绮语、不贪、不嗔、不邪见的"十白业道"。白，即清净善的意义。那现生未来"二世"的"五欲"快"乐"，就"是"十"白业"道的果"报"。微妙的（色、声、香、味、触）五欲快乐，不能说它的本质不好。如说地狱苦痛，就因没有微妙的五乐。然佛法所以呵斥五欲，是因为这样的：第一、五欲的快乐，还是不彻底的；解脱的快乐，才是究竟的。为令有情离有漏乐趣无漏乐，所以不遗余力地呵斥它。第二、五欲本是给有情受用的，有情自己没有把握，不能好好地受用它，反而被它所用，这就要不得了。如吃的饭，煮得好好的，适当地吃，可以充饥，也能增进健康，有精力才能做自利利他的事业，这是谁也不能说他不对。但普通人贪食，吃了还要吃，好了还要好，超过营养与维持生存的正当需要，那就成为不好了。众生的欲望无穷，佛才种种地呵斥五欲，免为五欲所包围，埋没自己。就五欲境界的本身说，大乘佛法以之庄严净土，这有什么不好呢？二世的五欲乐，为学佛者应积集而努力地去实现它，以作为自利利他的资粮。这是白业感得的妙果，所以特别的成立它。十善业为什么是善的？因为修十善业的"人能"够调"伏"自己的内"心"，使内心的烦恼，我见、我爱、嗔恨等不起；烦恼不起，使自己的身心高洁、安和、喜乐、坚忍、明达，得身心修养的利益。同

时,修十善业道,也能"利益于众生"的。不杀、不盗等的十善
业,看来是消极地禁止的善法,实际上也能利益众生。如不杀,
能使有情减少畏惧的心理;不盗,能使有情的生活安定;不邪淫,
能使人们的家庭和乐融洽,也能保持自己家庭中的和乐,这不是
有益众生吗?进一步,不但消极地不杀、不盗、不邪淫,而且积极
地救生、施舍、行梵行;不但自己行十善业,而且还赞叹随喜别人
行十善业道。十善业的扩大,不是通于大乘行吗?所以不要以
为十善业道是人天的小行;能切实地履行它,是可以自利利他
的。十善业,是道德律,确立人生道德的价值,指出人类应行的
正行。因为有了这,人们就能努力向上向解脱,提高自己的人
格,健全自己的品德,不会放逸堕落。这十善业道,为佛教的人
生道德律。行十善业,能够自利利他,所以说它"是名为慈善"
的事业。能实行这十善业,才能把握自己,才能创造现生未来
"二世"快乐的"果报"。唯有如此,才能受用福乐。善业才是微
妙五乐的因"种";否则,受用欲乐,不过是欲乐的奴隶,哪里能
得到有意义的可乐的受用!

辛二　破

若如汝分别　其过则甚多　是故汝所说　于义则不然

　　论主说:假使"如"譬喻者那样的"分别",说由业相续而感
果报。"其过"失那就太"多"了。所以"所说"心相续的业力
说,是不合乎道理的。怎样的不合理,有怎样的过失,论主没有
明白地说出。他的困难所在,仍旧是有自性;理解实有者的困
难,譬喻者的业种相续说,也很可以明白他的无法成立了。青目

释中又略为谈到一点:譬喻者的中心思想是不断不常,所以就在这上面出他的过失。你说种子不断不常,试问从种生芽,是种灭了生芽? 是种不灭生芽? 假使说种灭生芽,这是不可以的,种力已灭去了,还有什么力量可以生芽? 这不脱断灭的过失。假使说不灭,这也不可以,不灭就有常住的过失。所以,从刹那生灭心去观察他的种灭芽生,依旧是断是常,不得成立。所以后来的唯识家说有阿赖耶识,种子随逐如流。无论从现业熏种子也好,从种子起现行也好,都主张因果同时。以性空者看来,同时即不成其为因果。而且,前一刹那与后一刹那间的阿赖耶识种,怎样的成立联系? 前灭后生? 还是不灭而后生? 如同时,即破坏了自己前后刹那的定义。唯识者要不受性空者所破,必须放弃他的刹那论,否则是不可能的。青目说:世间植物的种芽果,是色法的,可以明白见到的,它的不断不常还成问题;内在的心法,异生异灭,不可触不可见,说它如种果的相续,这是多么的渺茫啊!所以说:过失众多,"于义""不然"。

庚三　破正量者的不失法说

辛一　立

壬一　叙说

今当复更说　顺业果报义　诸佛辟支佛　贤圣所称叹

正量者说:一切有部、譬喻者的业力说,都不能建立,我"今"应"当""更说"一种正确的业力观,符"顺业"力感"果报"的正"义"。这是我佛所提示的,是一切"诸佛"与"辟支佛"及声闻"贤圣"者"所"共同"称叹"的。义理正确,有谁能破坏他呢?

壬二　正说

癸一　标章

不失法如券　业如负财物

　　正量部的业果联系者,就是不失法。经中佛也曾说过:业未感果之前,纵经百千亿劫,也是不失的。他根据佛说的"业力不失",建立不相应行的不失法。他的不失法,也是从世间事上推论出来。如世人借钱,恐口说无凭,立一还债的借券;到了约定的时期,还本加息,取还借券。在没有还债以前,那借券始终是有用的。它本身不是钱,却可以凭券取钱。正量者以为造业也是这样,由内心发动,通过身口,造作业力,业力虽刹那灭去,但即有一不失法生起。这不失法的功用,在没有感果以前,常在有情的身中。到了因缘会合的时期,依不失法而招感果报。感果以后,不失法才消灭。造业招果,不是业力直接生果。可说不失法是业的保证者,是保证照着过去所作的业力而感果的。所以,正量部的意见,"不失法如"债"券,业"力"如"所"负"欠别人的"财物"。凭券还债,等于照着不失法的性质而感果。不失法,与有部说的得是相似的;不过得通于一切法,而不失法唯是业力才有。这因为正量部是犊子系的支派,犊子系与说一切有系同是从上座系所出的,所以他们的思想有着共同点。

癸二　别说

子一　不失法

此性则无记　分别有四种　见谛所不断　但思惟所断

以是不失法　诸业有果报　若见谛所断　而业至相似
则得破业等　如是之过咎

　　先说不失法：以善、恶、无记的三性分别，不失法虽是善不善
业所引起的，而不失法本身却是非善非恶"性"的"无记"。因为
无记性的法，才能常常地随心而转，不问善心恶心的时候，都可
存在。假使是善的，恶心起时就不能存在；是恶的，善心起时就
不能存在了，所以唯是无记性的。同时，是善是恶，就可以感果
报；不失法是感受果报的保证者，它本身不能再感果报。否则，
它能感果，它也更要另一不失法去保证它，推衍下去，有无穷的
过失了，所以是无记性的。

　　以三界系及无漏不系去"分别"，不失法是"有四种"的。欲
界系业，有欲界系的不失法；色界系业，有色界系的不失法；无色
界系业，有无色界系的不失法；无漏白净业，有无漏的不失法，它
是不为三界所系的。这样，总合即有四种。

　　以见所断、修所断、不断的三断分别，不失法是"见谛所不"
能"断"，而"但"为"思惟"道（即修道）"所断"的。见所断的，是
恶不善法；不失法是无记的，所以非见道所能断。见道后的初
果，还有七番生死，而招感这生死的，是不失法。这可见见道以
后的修道位中，还有不失法存在。甚至阿罗汉圣者，有的还招被
人打死的恶果呢！所以，不失法决不是见道所能断的。由于有
这"不失法"的存在，所以见道后的圣者，还随"诸业"所应感的
"有"种种"果报"。"若"不失法是"见谛"道"所断"呢，那就有
失坏业力感果的过失了。"而业至相似"，清辨与青目释中，都
没有说明，意义不很明显。可以这样解说：不失法假使是见谛所

断,而又说业力还能够感到相似的果报,如善得乐果,恶感苦果,
这是不可能的。因为不失法是业果的联系者,作业过去了,不能
常在与果发生直接关系;所以可说由业感果,这就是因为有这不
失法。现在说不失法在见谛也断了,这样,作业久已过去,不失
法也已灭去,修道位中的业果,如何建立? 岂不就成了"破"坏
"业等"感报的"过"失了吗? 所以不能说它是见谛所断的。不
失法中,有有漏的为三界所系的,有无漏的不为三界所系,这是
上面说过的。这样,解说断的时候,也应当说有漏的是修道所
断,不系的无漏不失法是不断的,为什么颂中没有说明它? 难道
无漏的不系不失法,也是修道所断吗? 当然不会的。这不是分
别有四种另有解说,就是此中所说的不失法主要是成立作业感
果,所以唯约有漏的三界系法,分别它的何所断。无漏不系的,
姑且不谈。古代的三论学者,常以正量部的不失法,类例地说到
唯识家的阿赖耶。阿赖耶的异名叫阿陀那,陈真谛三藏译为无
没,无没不就是不失的意思吗! 就是玄奘译阿赖耶名藏,藏的作
用不也就是受持不失吗? 赖耶在三性中,是无覆无记的;在系中
分别,也是三界系及无漏不系的;约三断分别,有漏赖耶的种子,
在修道位上一分一分地灭去,是见道所不能断的。再探究到建
立阿赖耶的目的,主要也还是为了业力的受持不失,使业果得以
联系。所以唯识家的阿赖耶与正量部所说的不失法,确有它的
共同性,不过唯识学说得严密些罢了。

子二　诸行业

一切诸行业　相似不相似　一界初受身　尔时报独生
如是二种业　现世受果报　或言受报已　而业犹故在

若度果已灭　若死已而灭　于是中分别　有漏及无漏

　　再说业。然论文的意义,实为解说业力,以说明不失法的性质。"一切"的"诸行业",有"相似"的、"不相似"的两种。欲界与欲界的业相似,色界与色界的业相似,无色界与无色界的业相似;善的与善业相似,不善的与不善业相似;有漏的与有漏业相似,无漏的与无漏业相似:这是相似业。这业不同那业,那业不同这业,就是不相似的业了。清辨说:不相似业,各有一个不失法;相似的业,有一共同的统一的不失法。也就是凡业力的相同者,和合似一,有一共同的不失法,将来共成一果。我以为此相似不相似业,也可以说是共业不共业。属于某一有情的,各各差别,是不相似业。如众生共业,将来感得众生共得的依报等,即是相似业。每一有情,现生及过去生中,造有很多的相似与不相似的业,但他在前一生命结束,即死亡了以后,重行取得一新生命的时候,在无量无边的业聚中,某一类随缘成熟。假使他生在欲界,就唯有"一"欲"界"的业生果;而欲界业中又有六趣的差别,他如生在人趣,就唯有人趣的业生果;人中也还有种种。总之,作业虽很多,而新生时唯是某一界一趣的业,最"初"生起"受身","尔时"就唯有某一种果"报"单"独"地"生"起;其他的业,暂时不起作用,再等机缘。果报现起,保证业力的不失法,也就过去不存在,而唯有此果报身的相续受果了。"如是二种业",清辨释中说是上面说的作业无作业;青目更说这是轻业与重业;嘉祥疏说有多种的二业。也可说是相似不相似业,由这二业,"现世"就可感"受"正报、依报的"果报"了。

　　正量部中的另一派说:由业"受报",果报现起了"已"后,新生命固然一期地延续下去，就是那保证"业"力的不失法，也还是同样的存"在"。这与正统的正量学者，说得不同了：不失法没有感果的时候，是存在的；一旦感受了果报，立刻就不再存在。《明了论》说："不失法待果起方灭。"真谛三藏说："不失法是功用常，待果起方灭。"都是主张感果即灭的。而现在说不但没有感果是存在的，就是感了果，保证业力的不失法，在所感果报没有尽灭以前，也还是存在的。彼此意见的参差，是这样：正统者说：因既生果，果体能一期继续地生下去；因不再生果，所以感果就灭了。旁支者说：因生果后，果体的继续生下去，有它一定的限度；有限度的延续，不能说与因无关，此必有支持生命延续的力量。所以要在果报身灭时，不失法才失坏。这两派，以瑜伽师所说去批判它，正统注意生因，旁支又注意到引因。这样，依旁流者的解说不失法——业的失灭，在两个时候：一、圣者位中度果的时候，二、异生位中死亡的时候。从初果到二果，从二果到三果，从三果到四果，这都叫度果。在度果的过程中，每度一果，就灭去后一果所应灭的业力。如初果还有七番生死，证得二果时，即有六番生死的不失法灭，只剩一往来了。到最后阿罗汉果入无余涅槃（死）的时候，就彻底地灭除有漏不失法了。寿尽命绝，这叫做死。一期生死既没有了，感此一期果报的业——不失法，也就随之而消灭了。所以说："若度果已灭，若死已而灭。"在这度果死已灭"中"，应更"分别"它的"有漏""无漏"，即三界系与不系法。异生死灭，这是三界系的有漏业；阿罗汉入涅槃灭，也舍有漏的残业；如舍无漏智业，这是不系的无漏业。度果灭的，有三界系的有漏业；舍前三果得后三果所灭的，即有不系的无漏业。这是应该分别而知的。

壬三　结说

虽空亦不断　虽有而不常　业果报不失　是名佛所说

　　清辨释、佛护释、无畏释等说："虽"诸行"空"无外道所计即蕴离蕴的我，但有不失法在，所以"不"是"断"灭的。"虽"然"有"生死业果的相续，因感果以后，不失法即灭，生死在无常演化中，所以也"不"是"常"住的。有了这"业"与"果报"联系的不失法，业果"不失"而不断不常。这并不是我新创的，而"是""佛"陀"所"宣"说"的。他们这样地解说本颂，以为此颂是正量者总结上面所说的。青目释以此颂前二句为论主自义，后二句是论主呵责正量部的不失法。古代的三论家，以全颂为论主的正义，就是以性空缘起的幻有思想，建立因果的不断不常，业果不失，作为中观家的正义。《智度论》有几处引到这颂，也是开显业果不失的正义的。究竟这颂是中观的正义，是正量部的结论，似乎都可以。现在且以这颂为正量者的结论；到后显正义的时候，也可以这一颂作为中观家正义的说明。

辛二　破

壬一　业力无性破

癸一　显不失之真

诸业本不生　以无定性故　诸业亦不灭　以其不生故

　　这是从否定自性而显示缘起的业相。行业不失，确是释尊所说的。它一方面是刹那灭的，一方面又是能感果不失的。刹那灭了,存在还是不存在? 假使存在,可以说不失,却就有了常住的过失,与无常相违;不存在,可以说无常,但又有断灭不能感果的过失,与不失相违。这是佛法中的难题,各家种种说业,正量者立不失法,都为了此事,然都不离过失。依性空正义说,业是缘起幻化的,因缘和合时,似有业的现象生起,但究其实,是没有实在自性的。既不从何处来,也不从无中生起一实在性。一切"诸业本"就"不生",不生非没有缘生,是说"无"有它的决"定"的自"性",没有自性生。一切"诸业"也本来"不灭",不灭即不失。它所以不灭,是因为本来"不生"。我们所见到的业相生灭,这是因果现象的起灭,不是有一实在性的业在起灭;没有实在的业性生灭,唯是如幻如化的业相,依因缘的和合离散而幻起幻灭。如幻生灭,不可以追求它的自性,它不是实有的常在,是因缘关系的幻在,幻用是不无的。此如幻的业用,在没有感果之前不失;感果以后,如幻的业用灭,而不可说某一实在法消灭,所以说"灭无所至"。诸业不生,无定性空,虽空无自性,但缘起的业力于百千劫不亡,所以又不断。不是实有常住故不断,是无性从缘故不断。行业不失灭,可以建立如幻缘起的业果联系。

癸二　遮不失之妄

子一　不作破

若业有性者	是即名为常	不作亦名业	常则不可作
若有不作业	不作而有罪	不断于梵行	而有不净过
是则破一切	世间语言法	作罪与作福	亦无有差别

　　这是遮破有自性的业力,使它失去造作的性质。如定执

"业"是"有"它的实在自"性"的,自性有即自体完成的,那么所说的业,不能说从缘而生起,应该不待造作本来就有的了! 如果说虽是本来就存在的,不过因造作了才引生来现在,这就不对! 实有自性的存在,"是"业就是"常"住的;常住的业,在"不作"以前,既已有此业的存在,已可以叫做"业"。业既本有"常"有,那还有什么作不作? 常住法是"不可作"的。不造作,怎么可以成为业呢? 如承认"不"经造"作"已有"业"力,那不是"不作"恶"而有罪"业了吗? 不杀生的有了杀业,不偷盗的有盗业;如不作即有罪业,那纵然"不断"地修习清净"梵行",也是徒然。因为虽然不作,已"有"罪业"不净"的"过"失了! 梵行,广义地说,一切的清净德行都是;狭义地说,出家人守持淫戒,在家人不欲邪行,叫做梵行。梵行的反面,是不净的罪业。假使修梵行的人还有不净业,那就"破"坏了"一切世间"的"语言法"了。语言法,即世俗谛的名相习惯,是大家共同承认的:人格的高尚与卑劣,行为的善恶,法制的良窳等。如照上面所说,那就承认不作而有罪恶,反之也可不作而有善德,好坏善恶一切破坏了。持戒者就是犯戒者,犯戒者就是持戒者,"作罪"的及"作福"的也就没"有"什么"差别",这是破坏世间的大邪见。

子二　重受破

若言业决定　而自有性者　受于果报已　而应更复受

再破业自性的不失,使他犯受果无穷的过失。假定说:"业决定"是"自有性"的,这不但本来存在而不成造作,也应该永远存在而不再灭失,那就应该这生"受"了"果报",此业不失,来生

"更""受"果报，再来生还是受果报，一直受果无穷。如这样，也就失去随业受果的意义。人类不能再以新作的善业改善自己了！如世间犯罪的人，他犯了罪，受国家的法律制裁。除了死刑，在刑罚期满后，他可以回复自由，可以向善。因他的善行，或者又可以得国家的奖拔，社会的赞美、拥戴。假定说制裁了以后还应该制裁，他的罪恶永远存在，这岂非绝大的错误吗？饮光部见到了这点，所以他主张业力没有受报是存在的，受了报就不存在的了。

壬二　业因不实破

若诸世间业　从于烦恼出　是烦恼非实　业当何有实
诸烦恼及业　是说身因缘　烦恼诸业空　何况于诸身

业从烦恼的发动而作，所以进一步地从烦恼不实中说明业性本空。一切"世间"的善不善"业"，都是"从于烦恼"而造"出"的。有烦恼，才有世间的诸业；有世间的诸业，才招感世间的诸果。有漏业的动因，主要的是爱，爱自我的生命，爱世间的一切，由内心爱取的冲动，通过了身口，就造成业。这贪爱的烦恼，是为因；诸世间业，是所引发的果，因果有着不相离的关系。假使能生的因是实在的，所生的果或者可以说它是实有。但"烦恼"因也是"非实"在的，从不实在的因中所产生的果"业"，哪里还可说它"有实"在性呢？同样的理由，这"烦恼及业"，又"是"苦痛的果报"身"的"因缘"；身因缘的"烦恼、诸业"，既已知它是"空"无自性的，"何况"是果报的"诸身"呢？不消说，当然也是空的。这是以业性非实而推论到业因（烦恼）业果（身）

的非实了。

庚四　破有我论者的作者说

辛一　立

无明之所蔽　爱结之所缚　而于本作者　不异亦不一

　　在生死中流转，是具有两条件的：一无明，二爱。无明是不正确的认识，不是无所知识，是不正确的认识蒙蔽了真知灼见，永远见不到真理，永远地乱碰乱撞在危险中。如以布蒙蔽了我们的眼睛，我们不辨方向地走，时时有跌倒的危险。"无明""所蔽"的当中，主要的是在缘起幻相的妄现自性相中，直觉地见有自性。外执事事物物的实在，内执五阴中自我的实在。以自我妄见去认识世间的一切，自我与世间构成我我所的关系，就有贪爱的生起。这"爱结"，犹如一条绳索；因爱力，使我们在所有的认识经验中，牢牢地被它"所"系"缚"，而不能获得自由的解脱。以自我为中心去看外界，衡量世间，批评世间，一切都以自己作主宰；又以自我去追求新的未来，他又恋恋不舍于过去，所以就被时空的环境紧紧地缚在世间。外在的环境发生变化，内在的心识也随着变化，而产生无限的苦痛。如盆中开着一枝美丽的花朵，内心上起爱著，假使忽然被人折去了，或花谢了，内心上立刻就生起懊恼、痛惜。人类所以多痛苦，就在于环境的一切以贪著而与自我结合密切的联系。非如此不得自由，也就因此而不得不苦痛。未来是没有着落的，未来还有未来；从现在的不安定，到了未来快乐安定的环境，不久他又感到那环境不安定，不满足，希望未来更美满的环境了。如渴饮盐汁，终久是渴爱失望的。所以有自我爱的存在,要想没有痛苦,这绝对是不可能的。以无明的暗蔽、爱的贪著,为烦恼根本;由烦恼就造作种种的业,这业不论是善的、恶的,都不离于无明爱的力量所支配。像这些,本是《阿含经》中所常说的,也是性空者所同意的。但现在,有我论者要以此经文成立他的作者受者,以建立业果,这就不同了。他们以为:无明与爱的暗蔽束缚,所以作者(我)作业,所以受者受果。受果者与那"本作者,不异亦不一"的。如果说作者与受者异,那就前后脱节,不能成立前造业后感果的理论。如说是一的,不能说有作与受的差别;作者在人间,也不能受天上的果。作者我与受者我,是不一不异的。前一能作者与后一所受者,彼此间有密切的联络,所以非异。如小孩时做的事情,老时说是我从前做的;前生作的,到后生受,也说自作自受。这是把前后生命当作统一性看的。虽说是不异的,但前后的果报又有不同,所以又是非一的。此佛教内有我论者,以作者我及受者我的不一不异,建立作业受果的联系。既有作者与受者,怎么能说业无自性呢?

辛二　破

业不从缘生　不从非缘生　是故则无有　能起于业者
无业无作者　何有业生果　若其无有果　何有受果者

外人以我成立业,论主就以业不可得去破他的作者、受者我。业的生起,不出缘生、非缘生。非缘生就是无因自然生,缘生不出自、他、共的三生。像这样的缘生,在性空者看来是不可能的,所以说"业不从缘生"。自性法从自性缘生不可能,而如幻法从如幻缘生,不是也不可以;所以说业也"不从"无因而自然的"非缘生"。这两门观察,如第一品中说。缘生、非缘生都不可,就知业的自性是没有的。从否定自性业的真实生起,归结到"无有能起"这"业"的作"者"。没有所作的"业",能"作者"的人,哪里还可说"有业生果"呢? 业所生的"果"报不可得,又怎么可以说"有受"这"果"报的人呢? 所以业、起业者,果、受果者,这一切的一切,都是不可得的。

己二　显正义

如世尊神通　　所作变化人　　如是变化人　　复变作化人

如初变化人　　是名为作者　　变化人所作　　是则名为业

诸烦恼及业　　作者及果报　　皆如幻如梦　　如焰亦如响

作者、作业,受者、果报,这都是世俗谛中现有的。论主已一一破斥有自性见的作者、作业、受者、受果,而正见的业果,需要成立。既可以答复外人,也可以免他人落于断见,所以结显正义。先说明缘起业的真相,后结归到业力等是如幻如化。神通,不唯佛有,佛弟子中的罗汉圣者也有的,不过从化起化,是声闻弟子所不能作到的。经中说有六种神通,这里说的"世尊神通",指神境通而说。由世尊神境通的力量,"作"出种种的"变化人";由这所"变化"的"人,复"又"变作"各式各样的变"化人"。此从化起化的比喻,即说明作者、作业的都如幻化。"如"最"初"以世尊为根本所"变化"出来的"人",是变化的,还能起化,所以譬喻本"作者"。那又由"变化人所"幻"作"出来的种种化人化事,是从幻起幻,如以无明爱而起作的"业"。此中有一问题,如幻如化,经中所常说的。但执有自性的学者,以为所幻化的,可以是假,但幻化到底要有能幻化者才能成立;此能幻化者,不能说是假有的,所以他们归结到实有、自相有。这不但声闻学者,即以大乘学者自居的唯识家,也还是如此。这本来自性见未尽,难以使他悟解一切皆空皆假名的。所以论主特出方便,以从化起化的事象,譬喻作者作业的一切空而一切假。读者应了解论主深意,勿执著世尊是实有,否则如狗逐块,终无了期!这"烦恼及业,作者及果报",没有一法是有实自性的,一切都是"如幻、如梦、如焰、如响"的。幻是魔术所幻现的牛马等相;梦是梦境;焰是阳焰,就是日光照到潮湿的地方,蒸发热气上升时,现出一种水波的假相;响是谷响,是人在深山中发声,这边高声大叫,那边就有同样的回响,并没有真的人在那里发声。这些,都是不实在的,都是可闻可见而现有的。这比喻无自性空,但空不是完全没有,而是有种种假相的;假使什么都没有,也就不会举这些做比喻,而应该以石女儿等来做喻了。所以,如幻等喻,譬喻自性空,又譬喻假名有。也就因此,一切法即有即空的无碍,开示佛陀的中道。这三颂,不特是总结本品,世间集的十二品,也都以此作总结。

观法品第十八

此下,是大科别观中的第三观世间集灭。灭是四谛中的灭谛。佛从假名中安立灭谛,实即一切法本性寂灭的实证;能证所证,毕竟空寂,如经中所说"无智亦无得"、"无一切可取"的。一般学者,以为有为法外别有灭谛;以为实有能证所证;以为实有修因证果;以为实有烦恼可断,真实可得:一切是实有自性的。有所得的人,无道无果,所以论主一一观察,开显此证灭的真相,以引人得道。此中,大分三门,本品先论现观,即直示正观悟入实相的教授,为一大科的中心所在。《观法品》的观,是现观,或正观,就是悟入如实相的实相慧;抉择正法的有漏闻思修慧,随顺无漏般若,也称为正观。法是轨持,轨是规律,或轨范;持是不变,或不失。事事物物中的不变轨律,含有本然性、必然性、普遍性的,都可以叫做法。合于常遍本然的理则法,有多种不同,但其中最彻底最究竟最高上的法,是一切法空性。现观这真实空性法,所以叫观法。体悟真如空性法,声闻行者在初果,菩萨行者在初地。经中说"知法、入法,于法无疑",就是悟达此空真如性。能悟入毕竟空的智慧,称为"净法眼"。圣者体悟诸法的真实,必须如实修行。在正确的实践中,最重要的是智慧的如实现观。现观是超越能所的认识关系而冥证的直观,近于一般人所说的神秘经验。佛弟子有了正确的直观经验,这才是在佛法中得到了新生命。正确地洞见佛法,现证解脱,名为得道。

悟法得道,声闻学者有两派思想不同:一、如萨婆多部等,主张别观四谛,先体悟苦谛中流动演变的诸行无常,没有作者受者我的诸法无我;……后通达灭谛中不生不灭的寂静涅槃。这次第悟入的见地,也名见四谛得道,见有得道。二、如大众分别说系学者,说真正的体悟,必须通达了空寂不生的涅槃。证灭谛以前,正观诸行无常、诸法无我等,不能算为领悟真理的。这顿悟的见解,也名见灭谛得道,或见空得道。但所见灭谛,有以为见灭谛即见真实的;有以为"因灭会真"的。依性空宗真义说:无常、无我及涅槃不生,即是毕竟空的方便假说;常性不可得,我性不可得,生性不可得。一空一切空,三法印即是一实相,无二无别,见必顿见。如未能通达无自性空,不但无常、无我不见真谛,观无生也还有所滞呢!

本品的意义,中观家的解释每有不同。如体悟的真理,是大乘所悟的? 是小乘所悟的? 大小乘所悟的,是同是异? 这都是诤论所在。清辨说:小乘唯悟我空,大乘悟我法二空。所以他解释本品时,就依这样的见解去分别,以为这颂是小乘所悟的,那颂是大乘所悟的。月称说:大乘固然悟我法二空,小乘也同样的可以悟入我法二空性。所以他解释本品时,不分别大小。依本论以考察论主的真意,月称所说是对的。本品先明我空,后明法空。大乘、小乘的正观实相,确乎都要从我空下手的;通达了我空,即能通达我所法空。有我见必有我所见,得我空也可得法空。所以释尊的本教,一致地直从我空入手。其中,悟二空浅的是小乘,如毛孔空;悟二空深的是大乘,如太虚空。悟入有浅深差别,而所悟的是同一空性,真理是不二的。

本品在全论的科判中,青目的《中观论释》、西藏的《无畏论》、佛护的《中论释》等,都说后二品是以声闻法入第一义,前二十五品是以大乘法入第一义。这样,本品是依大乘法悟入第一义了。但细究全论,实依四谛开章,本不能划分大小。本品的颂文,从无我入观,到辟支佛的悟入,也决非与二乘不同。所以,本品是正确指示佛法悟入真实的真义,即释尊本教(《阿含》)所开示的;三乘学者,无不依此观门而悟入的。古代的三论师,起初也是没有分别三乘的,后来受了后期佛教(大乘不共)的影响,也就分割本品,以为初是声闻所悟的,次是菩萨所悟的,末一颂是缘觉所悟的。不知《中观论》论究的法相是《阿含经》,从头至尾,都是显示释尊的根本教法。释尊开示所悟的如实法,论主即依经作论,如实地显示出来。佛的根本教典,主要的明体悟我空,所以论主说《阿含》多明无我,多说我空。但佛的本意,生死根本,是妄执实有,特别是妄执实有的自我,所以多开示无我空。如能真的解了我空,也就能进而体悟诸法无实的法空了。但一分声闻学者,不能理解这点,以为不见有我、确实有法,是佛说的究竟义。龙树见到了这种情形,认为没有领悟佛的本意;他们如执著诸法实有,也决不能了解我空。所以在本论中,一一指出他们的错误,使他们了解法性本空。学问不厌广博,而观行要扼其关要,所以本品正论观法,如不见有我,也就没有我所法,正见一切诸法的本来空寂性了。从破我下手,显示诸法的真实,为三乘学者共由的解脱门。明我空,不但是声闻;说法空,也不但是菩萨。一切法性空,却要从我空入手,此是本论如实体见释尊教意的特色。

　　真如的体悟,是要如实修习的。佛法的体见真理,特别重在观察,就是以种种方法,种种论理,以分别观察。久观纯熟,才能破除种种妄见;在澄净的直觉中,悟达毕竟空寂性。这不是侥幸可得,或自然会触发的;也不是专在意志集中的静定中可以悟得的。体悟了真理,烦恼就被净化不起;净化了自心,所悟的真性愈明。但观察要正确,确实地如理观察,并非假定一种意境去追求它。如观察不正确,虽有许多幻境,不但不能净化内心,不能体悟真相,而且每每加深狂妄,走上更荒谬的险道——不是著有,就是落空。佛教的正观,以现实事相为境,不预先假定其为如何,而以深刻的观慧,探索它的本来真相。所以能破除迷妄,而不为自己的意见所欺。久久观成,勘破那蒙蔽真理的妄见,就洞见真理了。如窗纸蒙蔽了窗外的事物,戳破纸窗,就清楚地见到一切。不见真理,所以有生死。生死的动力,是一切行业;行业的造作,由于烦恼;烦恼的根本,是无明或我见。所以无明灭而明生,就可彻见诸法的真相,解脱众苦。

丙三　观世间集灭

丁一　现观

戊一　入法之门

己一　修如实观

若我是五阴　我即为生灭　若我异五阴　则非五阴相
若无有我者　何得有我所　灭我我所故　名得无我智
得无我智者　是则名实观　得无我智者　是人为希有

印度的宗教、哲学者,说有情的生死轮回,是以小我的灵魂为主体的;宇宙的一切现象,以大我的梵为实体的。这小我、大我,经佛的正智观察,断为如有我,生死轮回不可能;宇宙的一切,也无法成立。外道的大我,假使人格化,那就是神、是上帝、是梵天;假使理体化,那就是各式各样的神秘的大实在。这种思想,在佛法的体系中是彻底地扫荡;神或上帝,是我佛所极端痛斥的。佛法在印度思想中的根本特点,就在此。我是主宰义,主是自己作得主,含有自由自在的意思。宰是宰割,能支配统治,自由区分一切的意思。妄执有我,就以自我是世间的中心,一切的一切,都是以自我的评价为标准,以自己的意见去决定他。我见的扩展而投射到外面,称之为神,以为是世间的支配者、创造者,是自在的。感到人格神的不能成立,就演化为宇宙的实体——物质或精神。这是自己完成的,永恒常存的;不是宇宙为一绝对的实体,即想像为无限差别的多元,各各独立的。这些是佛经所常据以破斥的我。然佛说无我的真义,不仅摧破这些分别推论而建立的我。我见是生死根本,是一切有情、一切凡人所共同直觉到的。所以,常识直觉中的自我感,不加分别而自然觉到的,自有、常有、独有的自我,为我见的根源;实为佛说无我的主要对象。此无我,也即是没有补特伽罗我,也就是无那身心和合中人人直觉的主宰我。自己所觉到的我,是主宰,是不离环境的。所以,内执自我,同时必执外在的我所;我所属于我,与我有密切的联系。我所有的,我所知的,以及我所依的,都是,也即是法我。它的所以被执为实有,与我见同样的,是同一的自性见。一分声闻学者,以为我是无的,法是有的,这实在没有懂得佛陀的教意。要知没有自我,即没有我所。以无自性的正观,通达人无我,也必能以同样的观慧,了解外在的一切一切没有自性,必然能达到法无我的正觉。从人无我可以达到法无我,所以佛多说有情身心和合的自我不可得。

人人所直觉到的我,虽然外道计执为即蕴或离蕴的;然依《阿含经》说"若计有我,一切皆于此五受阴计有我",他决非离身心而存在。身心的要素,佛常说是五阴。生理的机构、血肉的躯体,是色法;心理的活动,不外情绪的感受、想像的认识、意志的造作,而能知这三者的,是心识的作用。约精神与物质的分别,色阴是物质的,受、想、行、识四阴是精神的。约能知与所知分别,识阴是能知的,色、受、想、行四阴是所知的。反观自我,身心中了不可得,除了五阴,更没有我的体用。我,不过是依五蕴和合而有的假我,如探求他的实体,一一蕴中是不可得的。外道要执有实我,那么,如"我是五阴",那所说的"我",应该与五阴一样是"生灭"的。色法的迁变演化,在人的生理上是很显著的;心理的变化,更快更大。苦乐的感受,不是时刻地在变动吗?认识、意志,都在息息不停的变化中。不但是所知的四阴是生灭变化的,就是能知的心识,也是生灭变动的。我们反省认识时,心识已是客观化了,客观化的能知者,也就是所知者,它与前四阴一样的是生灭法。凡是认识,必有主观与客观的相待而存在;不离客观的主观,必因客观的变化而变化。在反省主观的认识时,立刻觉了此前念的主观已过去;现在所觉了的,仅是一种意境,与回忆中的东西一样。佛法不承认有此离客观的主观独存常存。各式各样的真常唯心论者、有我论者,他们以为主观性的能知者,永远是不能认识的,始终是内在的统一者。反省时所觉到的,是主观的客观化,不是真的主观;所以产生真心常住的思想。然而,既是不可认识的认识者,又从何而知他是认识者?而且,凭什么知道过去主观的认识与此时的主观认识是一、常住不变?真的不可认识吗?根本佛法,是不承认有能知者不可为所知的,或是常住的。主张有我的,决不肯承认我是生灭的;因为生灭,即是推翻自我的定义,所以有的主张离蕴我。然而,"我"

如"异"于"五阴"，我与阴分离独在，即不能以"五阴"的"相"用去说明。不以五阴为我的相，那我就不是物质的，也不是精神的，非见闻觉知的；那所说的离蕴我，究竟是什么呢？我不就是五阴，破即蕴的我；我不异于五阴，破离蕴的我。凡是计著有我的，无论他说我大我小、我在色中、色在我中，乃至种种的不同，到底是依五阴而计为我的。所以破了离阴、即阴的我，一切妄执的我无不破除。这样的破我，虽是破除分别计执的我，但要破除一切众生所共同直觉存在的，人同此心、心同此感的俱生我，也还是从此而入。因为，如确有实我，那加以推论，总不出离蕴、即蕴二大派。如离蕴、即蕴我不可得，一切实我都可以迎刃而破了。

　　我所，凡自我见所关涉到的一切都是，如灯光所照到的，一切都是灯所照的。灯如自我，光所达到的如我所。有我见即有我所见。我所，或是我所缘的一切，或是我所依而存在的身心。觉得是真实性的，为我所有的，即是法见、我所见。我所见依我见而存在，"无有我"的自性可得，我所也就没有了。所以说"何得有我所"？这是从我空而达到法空。不过，无我，但无自性有的我；流动变化中依身心和合而存在的缘起假名我，是有的。这假名我，不可说他就是蕴，也不可说他不是蕴，他是非即蕴非离蕴的。但也不如犊子系所想像的不可说我。假名我是不无缘起的幻相而实性不可得的。正确地悟解身心和合中的缘起假名我，就是正见。有了正见，可破除常住真实的自我了。在吾人的身心和合演变中，有不断不常、不一不异的假名我。众生不知道他是假名无实的，这才执为是真实自性有了。假名的缘起我，不离因缘而存在,所以非自有的;依他因缘而俱起,所以非独存的;在息息流变中,所以非常住的。通达此缘起假名我,一方面不否定个性与人格,能信解作与受的不断不常;一方面也不生起错误的邪见,走上真常的唯心与唯神。依缘起我而正见性空,即我法二执不生,正见诸法的真相了。

上一颂半,观所观境空;下一颂半,即解成观而得真空慧。观我我所不可得,我法二执不起;通达一切法无我我所的般若现前,名无我智。一分学者以为:无我智是浅的,是共声闻所得的;法空智更深刻些,唯菩萨能得。又有人说:法空智还不彻底,要即空即假的中道智,才是微妙究竟的。依本论所发挥的《阿含》真义,无我智是体悟真实相的唯一智慧。这是凡圣关头:有了无我智,就是圣者;没有,就是凡夫。不过二乘圣者求证心切,所以不广观一切法空,只是扼要地观察身心无我(佛也应此等机,多说人无我)。不能正见法无自性中,萨迦耶见的妄执自我,为生死根本;所以能离萨迦耶见,无我无我所,自会不执著一切法,而离我法的系缚了。月称说:声闻学者通达了人无我,如进一步地观察诸法,是一定可以通达法空的。他们可以不观法空,但决不会执法实有。我们要知道:后代佛法的广明一切法空,一是菩萨的智慧深广;一是为了声闻学者的循名著相,不见真义,于我法中起种种见,所以于内我外法,广泛推求,令通达诸法无自性。论到依解成行,仍从无我智入;得无我智,即能洞见我法二空了。因此,三乘圣者解脱生死的观慧是无差别的,只是广观略观不同罢了。论说"灭我我所故,名得无我智",即指此实相般若的现觉。"得"到这"无我智",才真是能如"实观"法实相的。能

"得"这"无我智"的,"是人"最"为希有"!他已超凡入圣,不再是一般的凡夫了。

佛说的般若,不是常识的智慧,也不是科学哲学家的智慧,他们的智慧,只是世间常识智的精练而已。凡是世俗智,不能了解无自性,不能对治生死的根本,自然也不能得解脱。此中所说的无我智,是悟解一切我法无自性的真实智,也名为胜义智。胜义无我智所体悟的,即一切法的真相。一法如此,法法如此,是一切法的常遍法性;不像世俗智境那样的差别,而是无二无别的。朴质简要,周利槃陀那样的愚钝,均头沙弥那样的年轻,须跋陀罗那样的老耄,都能究竟通达:这可说是最简最易的。然而,在一般的思想方式中,永不能契入,所以又是非常难得的!

清辨《般若灯论》,后一颂作:"得无我我所,不见法起灭;无我我所故,彼见亦非见。"解说也不同。他说:以无我观,见诸法的刹那生灭,悟到无常是苦,苦故无我;得无我智,通达我空,唯见法生法灭,这是二乘的悟境。再进一步,观无我故即无我所,一切法的生灭相不现前。悟得不生不灭时,不但生灭的法相空无所有,得无我我所的观想也不现前,到达境智一如,能所双泯,才是菩萨悟见真法性的智慧。然而,本论虽有此从我空到我所空的观行过程,但决不能以此而判大小。不但菩萨,就是二乘,如真的现觉无我,也决无能所差别的,不会有无我观想的。《金刚经》即明白说到这一点。而且,依梵文、藏文的本颂,作:"无我无所执,彼亦无所有,见无执有依,此则为不见。"文意是:外人难:以无我智通达无我无我所执,有智为能证,有空相为所证,这还不是我与我所的别名?所以论主说:现证无我我所时,决不会自觉有我能证无我我所的。如见到自己无我我所执,这是不能见真理的。这样,颂文在解说泯除我能证无我的观念,虽与青目释不同,然在全体思想上,却没有矛盾。清辨论师所释,显然是别解了。

己二　得解脱果

内外我我所　尽灭无有故　诸受即为灭　受灭则身灭
业烦恼灭故　名之为解脱　业烦恼非实　入空戏论灭

这两颂,向来有不同的解说。三论宗的学者说:这是声闻的解脱。依青目论,前颂是无余涅槃,后颂是有余涅槃。月称论师说:这是一般的解脱。清辨论师说:前颂明小乘解脱,唯灭烦恼障;后颂明大乘解脱,双灭烦恼、所知障。推究论意,应同月称说,即前颂说所得的解脱果,后颂说能得解脱果的所以然。

"内"而身心,"外"而世界,在这所有的一切法上,妄起"我我所"执;执内身是我,执外法是我所有等。如能得无我智,即能把我我所执"尽灭无有"。我我所见灭,"诸受"也就"灭"除不起了。诸受,即诸取:一、我语取,这是根本的,内见自我实我而执持他。二、欲取,以自我为主,执著五欲的境界而追求它;贪求无厌,是欲取的功用。三、见取,固执自己的主张、见解,否定不合自己的一切思想。四、戒禁取,这是执持那不合正理、不近人情的行为,无意义的戒条,以为可以生人、生天。有了这诸取,自然就驰取奔逐,向外追求而造作诸业了。有了业力,就有生老病死的苦果。所以,推求原委,是由无明的不能正见我法的性空,以为是实有的而贪爱他;由贪爱追求,造作种种的善恶业,而构成生死流转的现象。如在所认识的境界中，慧明生而无明灭，我我所执不起，也就不再有诸取的追求造作了。诸"受（取）灭"，那受生老病死的苦报"身"也就随之"灭"而不生。业烦恼灭，生老病死不起，指未来的后有。至于现在的果报身，已经生起，生起就不能不老不病不死；三乘贤圣，就是佛也不能例外。此中身灭，即未来的苦果不生；不生也就不老不死而宣告生死已尽了。

　　有情有老病死的现象，是由诸业所感的，诸业是由烦恼所引起的。所以，"业烦恼灭"了，即能截断生死的源流，"名之为解脱"。解脱，不但是未来生死的不起，现实的有情，如能离去系缚，能现证寂灭的不生，这也就是解脱。一般说了生死，不是到没有生死时，才叫了脱；是说一旦体悟空性，不再为烦恼所系缚，现身即得无累的解脱。解脱是现实所能经验得的，否则，现生不知，一味地寄托在未来，解脱也就够渺茫了！

　　为什么烦恼业可灭而得解脱呢？因为，"业"与"烦恼"，本是"非实"、无自性的。不过因妄执自性，起种种戏论分别而幻成的。如烦恼业有实自性，不从缘起，那就绝对不能灭，也就不能解脱。好在是无实自性的，所以离去造成烦恼业的因缘，即悟"人空"性，一切的"戏论"都"灭"了。戏论息灭，烦恼就不起；毕故不造新，即能得真正的解脱。戏论虽多，主要的有两种：爱戏论，是财物、色欲的贪恋；见戏论，是思想的固执。通达了无实自性，这一切就都不起了！

　　梵文及藏文，后一颂的初二句，束为一句；次二句开为三句。是："业惑尽解脱；业惑从分别，分别从戏论，因空而得灭。"语句虽不同,意思是一样的。就是:烦恼业是从虚妄分别起的;虚妄分别,是从无我现我、无法现法的自性戏论而生的,要灭除这些,须悟入空性。悟入了空性,就灭戏论;戏论灭,虚妄分别灭;虚妄分别灭,烦恼灭;烦恼灭,业灭;业灭,生死灭;生死灭就得解脱了。

月称说:通达无自性空,离我我所执,所断的是烦恼障,也是所知障。二障是引发生死的主力;三乘圣者得解脱,都要离此。其中,以萨迦耶见(我见)为主。如果未能彻见无我,二障是一定要现起的。习气不是所知障,是烦恼熏习在身心中所残余的气分。有了这习气存在,就不能普遍地了解一切。二乘圣者,但断二障,习气未除,所以不能遍知世俗谛中一切差别,功德不能圆满。这可以譬喻说明:如镜子里的人影,无知的小孩见了,以为是个实在的,所以喊他叫他。有知识的大人,见到那镜中的影像,知道是影子,自然不会与他谈话。小孩如凡夫,凡夫不知诸法是幻化假有的,所以执一切诸法为实在。大人如圣者。其中,二乘圣者,虽知诸法如幻如化,虽不起实有的妄执,但习气所现的自性相,还于世俗智前现起;虽然不起实执,但不知不觉的,总还觉得他如此。佛菩萨离了习气,不但胜义观中离自性相,即世俗谛中也毕竟不可得。到这时,才能圆见诸法的即假即空。然习气的存在,并不能招感生死,所以二乘极果、八地菩萨,断二障尽,就得名为阿罗汉了。

　　戊二　入法之相

　　己一　真实不思议

诸佛或说我　或说于无我　诸法实相中　无我无非我

诸法实相者　心行言语断　无生亦无灭　寂灭如涅槃

无我无我所,是约观行趣入说。到得真正的现证诸法实相,那是一切名言思惟所不及的。佛说:诸法是无常的,无常是苦的,苦是无我的;有人即因此以为实有无我理性,无我理即诸法实相。这样的解说,是远离实相的。佛说的实相,是一切戏论皆灭的,所以说:"毕竟空中,一切戏论皆息。"如以为破除人法二我,别证真实的无我性,那就心行有相,不契实相了。并且,如有真实的无我自性,那佛也不应说我了。佛有时说我——我从前怎样,我见色,我闻声;有时也说有众生——如此名、如此族、如此寿命。佛有时说我,有时又说无我。佛说我与无我,都是适应众生的根机而说的。有的听了无我,以为是断灭,生起极大的恐惧;佛就为他说有我,自作自受。缘起法中,确乎有假名我;佛说有我是真实的。有的听说有我,就生起坚固的执著,以为有真常实在的自我,佛要对治他们,所以说无我。如他们所妄执的我不可得,这也是确实不可得的。说无我是对执我的有情说,使知道我我所没有自性,离我我所执,是对治悉檀;说有我是为恐惧断灭的有情说,使知道有因有果,不堕于无见,是为人悉檀。有时,对已觉悟了的阿罗汉、八地菩萨,不妨说有我,他们是知道假名我的。"佛"虽有时"说我",有时"说于无我",但"诸法实相中",是"无我无非我"的。即我自性不可得,而也没有无性(空)相的。无妄我而不著无我;名相不能拟议;对虚妄说,称之为实相。这一颂,针对有人无我与法无我实性的学者。

上面的解说,是以性空者的思想,会通《阿含经》说我说无我的差别,而指归毕竟空寂的。如依后期佛教真常论者的立场,会别解说：佛说无我，是无外道的神我；佛说有我，是有真常乐净的真我。无外道的神我，是昔教；有真常大我，是今教。然真常大我，即诸法实相，是离四句，绝百非，不可说为有我无我的。非有我无我而称之为我，即从有情的身心活动，而显示真常本净的实体。

以理智观察，悟到"诸法实相"，这实相是怎样的？是"心行言语断"的。心行断，是说诸法实相不是一般意识的寻思境界。一般的意识，分析、综合、决断，想像它，是不可能的。《解深密经》说：胜义谛是超过寻思的。言语断，是说诸法实相，不是口头的语言或文字所能说得出的。我们的语言文字，不过是符号、表象，在常识的惯习境中，以为是如何如何；而诸法实相，却是离言说相的。《解深密经》说：胜义谛是离言性的。净名长者的默然，即表示此意。总而言之，是不可思议。实相是自觉的境界，一切所取相离，能见相也不可得。一般人所以不能体解实相，就因为常人的认识有能知所知、能说所说的对立。有所知，就不能知一切；能知是非所知的（约一念说）。所以，实相的自觉，是泯绝能所，融入一切中去直觉一切的。如此境地，如何可说？要说，就必有能所彼此了！所以《法华经》说："诸法寂灭相，不可以言宣。"但为了使人趣向实相，体悟实相，又不得不从世俗假名中说。世俗的心知言说，都不能道出实相的一滴，所以宣说实相的方式，是从遮诠的方法去仿佛它的。对虚妄的生死，说涅槃的真实：一切法有生有灭，无常故苦；要解脱生老病死，不生不灭，才是涅槃。一分学者，不知如来方便的教意，以为有生有灭是世间，克制了起灭的因，不起生灭的苦果，就达到不生不灭的出世涅槃了。涅槃是灭谛,是无为,是与一切有为生灭法不同的。这样的意见,实是不解佛意。其实,涅槃即诸法实相,不是离一切法的生灭,另有这真常不变的实体。不过常人不见诸法实相,佛才对虚说实;说生灭应舍,涅槃应求。如从缘起而悟解空性,那就无自性的缘起生灭的当体,本来即是不生不灭的。体达此无自性生灭的空性,也就是实证不生灭的涅槃了。何曾别有涅槃可得? 涅槃是不生灭的,寂静离戏论的,一切学者都能信受;但大抵以为离一切法而别有。所以,现在说"无生亦无灭,寂灭如涅槃"。寂灭是生灭动乱的反面。不要以为涅槃如此,一切生灭法不如此;佛法是即俗而真的,即一切法而洞见它的真相,一切法即是寂灭如涅槃的。这里说如涅槃,是以一般小乘学者同许的涅槃,以喻说实相的。依性空者的正见,诸法实相寂灭即涅槃,不止于"如"呢!

己二　方便假名说

庚一　趣入有多门

一切实非实　亦实亦非实　非实非非实　是名诸佛法

实相寂灭离言,那又怎样能引导人去体悟呢? 佛有大悲方便,能"言随世俗,心不违实相";依世俗相待说法,引入平等空性。所以,实相无二无别,而佛却说有看来不同的实相,令人起解修观。不同的观法,都可以渐次地深入悟证实相。本颂"是名诸佛法"一句,在《智论》中作"是名诸法之实相",可见这是不同的解说实相。佛陀是善巧的,适应众生根性的不同,说有多种不同的方法。依本颂所说,归纳起来,不出三大类:一、"一切实非实"门;二、"亦实亦非实"门;三、"非实非非实"门。古代的天台、三论学者,根据本颂,说有四门入实相:即一、一切实门;二、一切非实门;三、亦实亦非实门;四、非实非非实门。依天台者说:一切实即藏教,以有为无为一切法都是真实的。一切非实即通教,说一切法都是虚假而不实在的。依此二门而悟入的诸法实相,即真谛。亦实亦非实,是别教;真俗非实,非有非空的中道,是真实。非实非非实,是圆教;三谛无碍,待绝妙绝。依后二门而悟入实相的,是中谛。依三论者说:四门都是方便,因此悟入四门常绝,是一味的实相(三论师也用三门解说)。本来,世俗的缘起假名,是相待的。凡有所说明,必至四句而后完备。如说:一、有,二、无,三、亦有亦无,四、非有非无。第一句是正;第二句是反;第三是综合,但又成为正的;第四句是超越,又成为反的。此四句,有单、有复、有圆,如三论家所常说的。然归纳起来,只有两句:一有(正),二无(反),所以佛称世俗名诠所及的为"二"。佛依世俗而指归实相,也不出二门:一、常人直觉到的实有性,是第一句;超越此实有妄执性的空(也可以称之为无),是第二句。世法与佛法的差别,即世间二句,是横的、相对的;佛意是竖越的,指向绝对的。所以,如对有名无、有空无的相,那纵然说空无自性,也非佛意了。如说为四句,第三句的亦有亦无,就是第一句的有——有有与无有;第四的非有非无,即是第二句的无——无有与无无。解作相对,即落于四句,都不能解脱,不见佛意。如领解佛意,离彼不住此,那非有非无即不堕四句。无或空,非有非无,即入不二法门。

　　然清辨与青目,都判说本颂为三门。的确,龙树归纳声闻者的思想,也是用三门的。这因为,本颂是总摄圣教,而圣教的诠辨,必是依二(不能单说实或者非实)而说明其性质的。所以,依实与非实而说明的时候,不出三门:一、一切实非实,是差别门。这是说:一切法,什么是真实的,什么是非真实的。真实与非真实,是有它的严格的界限。如说:一切法是真实有的,一切法中的我是非真实的。或者说:一切世间法是不真实的,一切出世法是真实的。或者说:于一切法所起的遍计执性是非真实有的,依他、圆成实性是真实有的。这可以有种种不同,但彼此差别的见地主导一切。这大体是为钝根说法,《般若经》说"为初学者说生灭如化,不生灭不如化",即是此等教门。不如化,就是真实的。一切法中,生灭是不真实的,不生灭是真实的。或者说:生灭是用,不生灭是体;生灭用是依他起,是虚妄分别性;不生灭体是圆成实。二、亦实亦非实,这是圆融门。中国传统的佛学者都倾向这一门。天台家虽说重在非实非非实门,而实际为亦实亦非实。如天台学者说:"言在双非,意在双即",这是明白不过的自供了。实即是非实,非实即是实。或者说:即空即假;或者说:即空即假即中;或者说:双遮双照,遮照同时,这都是圆融论者。三、非实非非实,是绝待门。待凡常的实执,强说非实;实执去,非实的观念也不留,如草死霭消,契于一切戏论都绝的实相。此为上根人说。《中观论》即属于此。修行者,依此三门入观,凡能深见佛意的,门门都能入道。否则,这三门即为引人入胜的次第。为初学者说:世俗谛中缘起法相不乱。以此为门,观察什么是实有,什么是非实有——假有,分别抉择以生胜解。进一步,入第二门,观缘起法中所现的幻相自性不可得;虽无自性而假相宛然,于二谛中得善巧正见。以缘起故无自性,以无自性故缘起;空有交融,即成如实观。再进一步,入第三门,深入实相的堂奥而现证它。即有而空,还是相待成观,不是真的能见空性。所以,即有观空,有相忘而空相不生,豁破二边,廓然妙证。不但空不可说,非空也不可说。《智度论》说:"智是一边,愚是一边,离此二边名为中道。有是一边,无是一边,离此二边名为中道。"都指此门而说。释尊的开示,不外乎引入实行实证,所以从修学入证的过程上,分为这三门。中国一分学者,不解教意,不知一切教法,都是为众生说的。于是乎附合菩萨自证境的阶位,初见真,次入俗,后真俗无碍,事事无碍,反而以非实非不实的胜义为浅近,不知未能透此一关,拟议圣境,是徒障悟门呀!

青目说:亦实亦非实,为下根人说的;一切实非实,为中根人说的;非实非非实,为上根人说的。三者的次第不顺,所以依清辨论释改正。

庚二　证入无二途

辛一　约胜义说

自知不随他　寂灭无戏论　无异无分别　是则名实相

如能得意证入,三门所体悟的实相还是同一的,不可以说有差别。所悟入的实相,"心行言语断"一颂,已略示大意,现在再为诠说。先从胜义说,次从世俗说。胜义说,明圣者自觉的智境。世俗说,明圣者悟了第一义,所见缘起法相的一切如幻境界。这虽可以言说诠表,然也大大的不同于凡愚所见。圆满地无碍通达二谛,唯有佛陀。

"自知",诸法的真相,是自己体悟到的,有自觉的体验。"不随他",是不以他人所说的而信解。古代禅宗的开示人,多在剿绝情见,让他自己去体会。如对他说了,他就依他作解,以为实相是如何如何。其实,与实相不知隔离了多远!正觉实相,是"内自所证",如人的饮水,冷暖自知,不是听说水冷而以为冷的。"寂灭",是生灭的否定。生灭,是起灭于时空中的动乱相;悟到一切法的本来空性,即超越时空性,所以说寂灭。肇公说:"旋岚偃狱而常静,江河竞注而不流",也可说能点出即生灭而常寂的实相了。"无戏论",根本是离却一切的自性见。因此,一切言语分别的戏论相,都不现前。在自觉的境地,没有差别性可说,是一切一味的,所以说"无异"。我们听说无异,就想像是整体的;这不是实相的无异,反而是待异的无异,无异恰好是异——与异不同。龙树说:"破二不著一。"如离了差别见,又起平等见、一体见,这怎么可以?世间的宗教或哲学者,每同情于一元论;这虽有直觉经验,也是不够正确。因为执万有混然一体,每忽略了现实的一面。唯有佛法,超脱了诸法的差别相,而不落于混然一体的一元论。"无分别",是说诸法的真性,不可以寻思的有漏心去分别它。能具备自知、不随他、寂灭、无戏论、无异、无分别的六个条件,"是"即"名"为"实相"般若的现证。

辛二　约世俗说

若法从缘生　不即不异因　是故名实相　不断亦不常

"唯佛与佛,乃能究竟诸法实相。"实相,即是如是性,如是

相,如是因、缘、果报等,这是《法华经》所说的。要知道,实相即
缘起的真相。常人不解缘起而执有自性,所以如本论的广说一
切法实相皆空。毕竟空寂,当然是缘起的实相。然而,缘起而寂
灭,同时又即缘起而生灭,缘起法是双贯二门的。缘起的自性空
寂是实相;缘起的生灭宛然,何尝不是实相? 否则,就不免偏堕
空边了。彻底地说,说缘起法自性毕竟空,也即是成立诸法的可
有,使众生改恶修善,离有漏而向无漏。所以,这要说实相的因
缘生法。悟了如实空相,从毕竟空中达世俗的缘起幻有。从空
出有,从般若起方便,彻底地正见诸法的如幻如化。这样的世
俗,不是无明所覆的世俗,而是圣者的世俗有了。没有一法不是
相互关系的存在,一切是重重关系的幻网。所以,依佛所悟而宣
说的是缘起,诸法是从因"缘"所"生"的。缘与缘所生的果法,
有因果能所。因有因相,果有果相,果是"不即"是因的;但果是
因的果,也非绝对的差别,所以又是"不异因"的。不一不异,就
是因果各有它的特相,而又离因无果,离果无因的。因果关涉的
不一不异,即"名"为"实相"。缘起幻相,确实如此解。因为因
果的不一不异,所以一切法在因果相续的新新生灭中,如流水灯
焰,即是"不断亦不常"的。因不即是果,所以不常;果不离于
因,所以不断。不一不异,是自他门;不断不常,是前后门;此二
门,即可以通解时空中的一切。而此二者,又成立于缘生的基点
上:"缘生即无(自他共无因)生。"不生不灭,是有无门。自他门
是横的,前后门是竖的,有无门是深入的。缘起实相如此,此与
毕竟空性融通无碍。阿罗汉及证无生忍的八地菩萨,能如实见
诸法的如幻如化。

戊三　入法之益

不一亦不异　不常亦不断　是名诸世尊　教化甘露味
若佛不出世　佛法已灭尽　诸辟支佛智　从于远离生

　　如上所说，"不一""不异"，"不常""不断"的实相，就是即俗而真的缘起中道。如有修行者通达了，那就可以灭诸烦恼戏论，得解脱生死的涅槃了。所以，此缘起的实相，即"诸"佛"世尊教化"声闻弟子、菩萨弟子的妙"甘露味"。甘露味，是譬喻涅槃解脱味的。中国人说有仙丹，吃了长生不老；印度人说有甘露味，吃了也是不老不死的。今以甘露味作譬喻：世间的仙药，哪里能不老不死？佛说的缘起寂灭相，即实相与涅槃，才是真的甘露味。得到了，可以解脱生死，不再轮回了。这甘露味，为佛与弟子所悟的。佛所开示而弟子们继承弘扬的，也是这个。所以，佛法不二，解脱味不二，三乘是同得一解脱的。佛与声闻弟子，同悟一实相，不过智有浅深，有自觉或闻声教而觉罢了！

　　这一世间所流布的佛法，创于释迦牟尼佛。佛的教法在推动如来法轮的佛子，当然是求正法久住于世的。不过诸行是无常的，佛法流行到某一阶段，还是要灭的。佛说的法门，在长期的弘传中，经过许多次的衰微与复兴；但久了，渐渐地演变，失去了它的真义。有佛法的名，没有佛法的实。如不尊重根本，时时唤起佛陀的真谛，那就要名实俱灭了。世间没有了佛法，经过多少时候，又有佛陀出世，重转法轮。佛教在世，是这样的。在前佛灭度，后"佛"未"出世"，"佛"的教"法"也"已灭尽"的时期，也还有悟解缘起实相的圣者，名"辟支佛"。辟支佛，译为缘觉或独觉。约觉悟诸法缘起说,名缘觉;约不从师教,能自发地觉悟说,名独觉。辟支佛虽自觉缘起的真相,虽近于佛,但他不说法,不能创建广大普利的佛教,不过独善其身而已。这辟支佛的真"智"慧,与佛及声闻多少不同,他是"从于远离生"的。他是见到诸法无常,厌离世间,而觉悟空相的。过去有位国王,闲游花园的时候,见百花盛开,心里非常喜乐。他走过了不久,采女们把花攀折了。他回来一看,刚才盛开的百花一切都零落了,顿时生起无常的感慨。观察诸法的生灭缘起,于是就悟道而得甘露味。本品的末后二颂:前一颂即佛化声闻弟子,后一颂即缘觉的独悟。二乘的解脱,从此而入。佛陀也如此,佛陀即是将自己所行证的教人。在这点上,才做到佛教的圣者们见和同解,理和同证。

观时品第十九

此下有三品,明从因到果——向得中的问题。向与得,是通于三乘的。三乘圣者,由现观而悟证圣果,所经的时劫不同。如说:声闻,利根三生成办,钝根六十劫证果;缘觉,利根四生成办,钝根百劫证果;菩萨三大阿僧祇劫修行。所以现观品以下,说《观时品》。三乘圣者的修因证果,也有不同。如说:声闻修四谛的因,证阿罗汉果;缘觉修十二因缘的因,证辟支佛果,菩萨修六度万行的因,证无上佛果,所以说《观因果品》。三乘圣者的修行,到某阶段,即成就他所应成就的功德;在某些情形下,又失坏了他的功德。如初果有退或无退,七地前有退或无退等,所以说《观成坏品》。上来所说的诸品，是各就一事说。这三品，虽约向得中的问题而说，却可以通于一切，而含有普遍性的。所以，这三品研究到普遍的概念，不同上面诸品观察具体的事情。时间、因果、成坏——三概念，佛法与外道的见解不同，中国与外国的看法也不同。然而这三类概念，不特有思想的，有知识的，就是常识不丰富的一般人观念中也是有的，可说是最极普遍的。现在以佛法的正观，开示不同外道的时间、因果、成坏观。

时间，是很奥秘的。人人有这直觉的时间观念，但不是人人所能认识的。不加推论，觉得时间的滚滚而来，倒也不觉得它的奇突；如加以三世的考察、推论，那就立刻发现它的难以理解了。印度外道的时间观，如胜论师，以为时间是有实体的，一切表现在时间的流动过程中。凡是存在的，都有时间性。时间别有实体，它与一切法和合，使一切法表现出前后、来去、变迁的时间相。时间如灯，黑暗中的一切，由灯可以现见；诸法的动态，也由时间可以现出。所以，时间是诸法的显了因。又如时论外道，以为时间是万有的本体，一切的一切，都从时间实体中出来。一切受时间的支配和决定；一切法的生起灭亡，都不过是时间实体的象征。到了这时这法生，到了那时那法灭，一切以时间而定的。所以他说："时来众生熟，时去则摧朽；时转如车轮，是故时为因。"这样的时间，是一切法的生因。

释尊说法，不详为时间的解说。佛法的真义，要从圣典的综合研究中理解出来。佛灭后，声闻学者对这一问题略有不同的两派：一、譬喻师说：时间是有实体的，是常住的。常住的实体的时间，是诸法活动的架格；未来的通过了现在，又转入过去。过、现、未来三世,是有它的实体而严密地画出界限的。所以,诸行是无常的,而诸行所通过的时间,却是常住的。这是绝对的时间观。二、其他学派,都说时间并没有实体,是精神物质的活动所表现的;不是离了具体的事物,另有实在的时间。依性空者看来,二派都不免错误。绝对的时间,是非佛法的,不消说。一般以色法心法为实有,以时间为假有,不但依实立假,是根本错误,抹煞时间的缘起性,也是大大不可的。在后一派中,所说依法有生灭而立时间,然表现时间的诸法生灭,怎样入于过去,怎样到达现在,怎样尚在未来,这又是很有诤论的。一切有部,主张法体实有,虽表现为三世而都是实有的。那怎可以说有三世呢?《大毗婆沙论》中,有四大论师的解说不同。被推为正宗的有部学者,是这样的:法的引生自果作用,已生已灭是过去,未生未灭是未来,已生未灭是现在。时间性,就在这作用的已起未起、已灭未灭中显出;法体是实有的,恒住自性的。大众、分别说系及经部师,以为现在的法是实有,过去未来法是假有的。这在大乘法中,如唯识学者的三世观,也是现在实有的。过去已经过去了,不能说实有;它虽生起现在,有功能到现在,但这已是现在的。现在起用或潜藏在现在,并不在过去。我们觉得过去是有,不过依现在的因果诸行而推论它的有所来而已。未来也是这样,现在有功能,可以引起未来,未来是有的。然此只是当来可以有,此能引生未来的,实际上还在现在。大乘性空论者,是三世有的。以记忆过去来说:记忆过去的经验,从能记忆的意识说,从再现于意识的影像说,好像过去是依现在而假立的;其实,意识现起的意象,是指示过去所经验的。记忆意象所指的,是过去的经验,不是现在的认识;过去的经验并没有来现在。约预测未来说,预测未来有某事发生,就预测的意识说,好像未来是现在的;其实他所预测的境界,是未来,而不是现在的想像。现在实有论者,把心封锁在短促的现在。不知道,心识了境的能力,回想到过去,所缘就在过去;推想到未来,所缘就在未来。说一切有部,也是属于三世有的,但他是实有论者。性空论者是三世幻有论者,所以能圆满地解说时间。现在实有者,有一根本的错误,不知现在是不能独立的,没有绝对的现在可说。现在是观待过去未来而有;离了过去未来,还有什么现在?没有前后相的时间,根本是破坏时间特性的。凡建立现在有的,被刹那论所缚,还不得解脱呢!大乘佛学者,还有说三世各有三世(也从声闻学派演化而来),三三有九世,九世同在一念中,称为十世。九世不碍一念,一念不碍九世,九世一念,是圆融无碍的。这可说是三世有与现在一念有的综合者。但他是拟议的,结果是笼统地忽略时间的历史差别性。现在,论主以性空幻有正见的时间观,破斥实有自性的学者们。

丁二 向得

戊一 观时间

己一 观别法之时

庚一 正破

辛一 破相待时

若因过去时　有未来现在　未来及现在　应在过去时

若过去时中　无未来现在　未来现在时　云何因过去

　　先破别有实体的时间。时间是有三世相的,就以三世来观察。时间的三世,是各别而存在的,还是彼此相依而有的。如以为三世是相依而实有,那且以过去时为例来说。如"因过去时"而"有未来、现在",那么,现在、未来不能独存,不依过去,就没有未来、现在了。现在与未来,既是待过去而有的,那"未来及现在"的实有性,果不离因,就"应"当是"在过去时"中了。假使"过去时中"没有"未来、现在",那"未来、现在时",就不应当说因过去时有。所以说"云何因过去"? 不离过去,现在、未来就在过去中有,这在实有时间别体家,是不能承认的。未来与现在,如真的在过去,那就一切时都是过去,没有现在、未来时可说了。不承认过去时中有未来现在,那未来、现在的二时,就是不因过去而成为自有的了。这是逼犯自宗相违的过失,他是主张相依的。而且,离了过去,怎么能知道是现在、未来呢? 所以说现、未实有而因过去,就有全成过去的危险,失掉时间的前后性;如过去中没有现、未,又不能说因过去失却了相待有的自义。时间的别体实有者,无论他怎样说,都是不可通的。

辛二　破不待时

不因过去时　则无未来时　亦无现在时　是故无二时

　　如承认时间的三世各别,互不相依;三世各有自相,过去有过去相,现在有现在相,未来有未来相,那又别有过失了。未来、现在的所以有,是因观于过去而知道是有的。不因过去时而有未来、现在,这在外人,或以为是可以的;但"不因过去时",就没有"未来"、"现在",所以"二时"都不可得的了。这因为,过去与未来是对待的,有过去、未来的两端,才有现在。如不观待过去,怎能成立未来、现在呢?如未来、现在不可得,过去也就难以成立。失坏三世的过失,都因不相待而成立。

庚二　例破

以如是义故　则知余二时　上中下一异　是等法皆无

未来、现在时,因不因过去时有,有此等过失。过去、未来时,因不因现在时有;现在、过去时,因不因未来时有,同样的不能成立,是可以比例而知的。还有上、中、下的三根,如因上有中下,中下应在上;不因上而有中下,中下就不可得。因上有中下是这样,因不因中有下上,因不因下有中上,也是这样。还有一与异,如同证一解脱而说有三乘。如因一有异,异应在一中;如不因一而有异,异就不可得。因异有一也如此。其他如长短、高低、大小、好歹,都是可以此观门而破他们的实有执。所以说,"以"上面所说的这些意"义",可以"知"道其"余"的"二时"、"上中下"的三根、"一异",这一切一切的"法",都"无"所有了。

己二　破即法之时

时住不可得　时去亦叵得　时若不可得　云何说时相

上面所说的,主要在破外道。《大智度论》卷一也有此文。此下,主要是遮破佛教内的有所得人——依法立时。现在观察此法,还是住而后知时间?不住而后知时间?佛教内的学者,每执著实有刹那,刹那时是最短的一念。分析时间到最短的一念,以为一切法是刹那刹那生灭的。刹那生灭的法,有以为有刹那住相,住是刹那间的安定不动。因为分析到了这不可再分割的时间点,那就此是此而不是彼、彼是彼而不是此的住相了。诸法的生灭流动,是在从未来到现在,从现在到过去,相续变迁上所表现的,一念中是可以有此暂住的性质。诸法作用的起灭中,有此暂住,因此可以知刹那的时间。然而,时间决不能因诸法的住相而成立的。如有一念或更短的不动,这住相的当体,就不知它是时间了。时间是有前后的,有前后就有变迁。没有变动相,就失去时间的特性了。所以说"时住不可得"。有以为:诸法没有住相,念念不住,息息不停,所以知道是时间。其实,"时"间在诸法"去"相中,也是不可"得"的。在此又在彼,这才显出时间相;既不住,那怎么知有时间呢? 要知道,念念不住与念念暂住,不过是同一内容的不同说法。住与去,"时"间都"不可得",怎么还可"说"依法而有"时"间"相"呢? 所以,时间为缘起的,刹那是假名的,时间并不能分割。三世相待不相离,而三世各有如幻的特相。不相离,所以不断;不相即,所以三世宛然而不常。住与去是动静的别名,在《观去来品》中已说过的了。缘起法的似动而静,静而常动,三世并非隔别,而前后的时间性宛然。如偏执实有,实有刹那,即一切难通了。因此,说有去的流动相,是对执常者说的。其实,无常是常性不可得;如以无常为刹那灭尽,即是断灭的邪见。

因物故有时　离物何有时　物尚无所有　何况当有时

色心具体的法,是存在的,有作用起灭,所以依此而立过、未、现的三世。时间是不实在的,而物是实在的,这是实在论者的见解。现在评破他们说：有实在的事物，或许可说"因物故有时"。既知因物而有，那就"离物"没"有时"了，为什么还戏论时间相呢？况且，切实地观察起来，是没有真实物体的。既然"物"体"尚无所有"，哪里还可说"有时"呢？这不过是从他所承认的而加以破斥罢了。中观者的真义："若法因待成，是法还成待。"所以，不但时是因物有的，物也是因时而有的。物与时，都是缘起的存在，彼此没有实在的自性，而各有它的缘起特相。

观因果品第二十

本品的内容，与《十二门论》的《观有果无果门》相似，《十二门论》还要说得详细些。因果法则的观念，是很普遍的。某一法的发现，必有使他发现的另一事相（或多种事相）的现起作前提，也即因此见到另一事相的现起，就能判定某一法的可以生起。推果知因，据因知果，产生因果的观念，确见事事物物间的因果性。因果性，是依因缘和合生果的事相而存在的。印度、西洋与我国的学者，都是谈到因果的（无因论是少数的），佛法更彻底地应用因果律。没有因果关系的，根本就不存在；存在的，必然是因果法。然而，因缘和合生果，如加以深刻的考察，从因缘看，从果法看，从因缘与果看，从和合看，就发觉它的深秘；如执因果有实性，即不能见因缘和合生果的真义。他们在不可通中，起种种的妄执。单是约因缘说，就有五对的十大异说：一、有果与无果，二、与果不与果，三、俱果不俱果，四、变果不变果，五、在果与有果。现在以性空的因果深见，给予一一的批判，从推翻他们的妄见中，显出因果如幻的真义。

戊二　观因果

己一　约众缘破

庚一　有果与无果破

若众缘和合	而有果生者	和合中已有	何须和合生
若众缘和合	是中无果者	云何从众缘	和合而果生
若众缘和合	是中有果者	和合中应有	而实不可得
若众缘和合	是中无果者	是则众因缘	与非因缘同

因缘和合生果，原则上是大家共认的。但在果法未生以前，因缘中已有果或没有果，这就有不同的见解了。一、数论师主张因中有果，如说菜子中有油，油是果，菜子是因。如因中没有果，菜子中为什么会出油？假使无油可以出油，石头中没有油，为什么不出油？可见因中是有果的。二、胜论师主张因中无果，如说黄豆可以生芽，但不能说黄豆中已有芽。不但有的黄豆不生芽，而且生芽，还要有泥水、人工、日光等条件。假使因中已有果，应随时可以生果，何必要等待那些条件？可见因中是无果的。他们执有果与无果的理由，还有很多。除这两大敌对的思想外，耆那教的学者，有主张因中亦有果亦无果，有主张因中非有果非无果的。现在破斥他们，以因中有果论者的思想，难破因中无果论者；以因中无果论者的思想，难破因中有果论者。揭出他们的矛盾、冲突、不成立。

第一颂破因中有果论："若"如所说，在"众缘和合"的时候，"而有果"法的"生"起，那就有不可避免的过失。因缘"和合中"，既"已有"了果法，为什么还要等待因缘"和合"才能"生"呢？要等待众缘的和合，岂不是说明了没有和合时，众缘中即无果吗？否则，就不必和合而生？

第二颂破因中无果论："若"说"众缘和合""中"没有"果"，而果是从众缘和合中生的，这同样的不合理。既承认众缘和合中无有果，就不可说"从众缘和合而果生"！如一个瞎子不能见，把许多瞎子和合起来，还不是同样的不能见？所以，因缘和合中没有果，即不能说从因缘和合生果。

第三颂再破因中有果论：如以为无果论者的所说不成立，仍主张因中有果，这是明知有过而更犯了。"众缘和合""中"，如已"有"了"果"体，那么在众缘"和合中"，即和合而未生起时，"应有"这果体可得。但没有理由，知道是已有果体的。如泥中的瓶，不是眼见、耳闻所得到的，也不是意识比量所推论到的，果体"实不可得"，怎么还要说因中有果呢？外人说：不能因为不见，就否定它的没有。有明明是存在的，因有八种的因缘，我们不能得到：有的太近了不能得到，如眼药。有的太远了不能得到，如飞鸟的远逝。有的根坏了不能得到，如盲人。有的心不住不能得到，如心不在焉，视而不见，听而不闻。有的被障碍了不能得到，如墙壁的那边。有的相同了不能得到，如黑板上的黑点。有的为殊胜的所胜过了不能得到，如钟鼓齐鸣时不能觉轻微的音声。有的太细了不能得到，如微细的微尘。这可见，不能因为自己得不到，就否定因中果体的存在。但这种解说，不能挽救过失。如太近了不可得，稍远点该可得了吧！太远了不可得，稍近点该可得了吧！……太细了不可得，稍粗的该可得了吧！

可是，如泥中的瓶，无论怎样都不可得。所以因中有果，是绝对不能成立的。

第四颂再破因中无果论：因果实有论者，不说因中有果，即是因中无果；见到不能实有，就实无；实无不通，就实有。所以本论错杂的难破，使他们了解二路都不可通，无法转计诡辩。若见有果不成，又执著"众缘和合""中无"有"果"法。然说种是芽的因缘，种与芽果间必有某种关系。如说种中没有果，以为什么都没有，那为什么称之为因缘呢？如豆中无芽，泥中、木中也没有芽，彼此都没有芽，为什么说豆种是因缘？同时，因缘中没有果，非因缘中也没有果，那"众因缘与非因缘"，不是相"同"而没有差别了吗！

《十二门论》中，广破因中有果与无果后，又破因中亦有果亦无果。第三门实是上二过的合一，有果无果还难以成立，这当然更不可了。要破斥他，也不过是以有夺无，以无夺有，显出他的矛盾，所以本论没有加以破斥。

庚二　与果不与果破

若因与果因　作因已而灭　是因有二体　一与一则灭
若因不与果　作因已而灭　因灭而果生　是果则无因

与果，是说因缘有力能达果体；在果法成就时，因体能以生果的功力影响它。不与果，是说因体的功力，不到果位，不给果体以助力。这两种见解，在理论上都是不能成立的。假使说"因"体能给"与果"法以助力，为"因"能生果，这就含有矛盾。因先而果后，这是因果间必有的特性。如承认因体有生成果法、能到达果法的功能。这样,如因先果后,即因灭了而果法生,不能说因有与果的功能。如因果二体相及,同时存在,可以说与,然又破坏因前果后的特性。因果,必有能生所生;有能生所生,就有它的前后性,怎么可以说相及? 所以,如主张与果,说因体为果"作因",完成了它的任务后就"灭"去。虽似乎是单纯的因性,实际上这"因"应是"有二体"了:"一"是"与,一"是"灭"。明白地说:一方面,因先灭而果生;一方面,又有因体到达果法与果的力量。灭即不能与,与即不能灭,世间的一切,哪里有一法而有二体的呢! 所以,因与果而灭,是论理所不通的。假使说因先果后不相及,"因不与果作因",先就"灭"去;"因灭"了"而果"才"生"起,这样的因果观,不是因果没有联系了吗? 因灭了即是不存在;没有因时,果法才生起,这样的"果"生,是"无因"而有的。无因有果,这也是不通的。

　　声闻学者中,有部的法体生灭不许移转,即因灭果生,缺少联系。化地部、成实论师等,说因法一方面灭,一方面转变,所以说:实法念念灭,假名相续转。唯识学者的种现相生,是俱生俱灭的。不承认因转因灭的二体过,但以现在法为自相有的,俱生俱灭的,又不免下文的俱果过了。

庚三　俱果不俱果破

若众缘合时　而有果生者　生者及可生　则为一时俱
若先有果生　而后众缘合　此即离因缘　名为无因果

　　因果同时有,名俱果;因果不同时,名不俱果。因果二法,是俱的,还是不俱的? 在正确的理智观察下,俱与不俱,都不可能。

如在"众缘"正和"合"的"时"候，即众缘和合的现在，"而有果"法的"生"起。这虽可以避免因中有果无果等大过，但又落在因果同时的过失中。所以说：能"生者"与所"生"的，成"为一时俱"有了。因果同时，一分学者以为是正确的，但性空者认为同时就不成为因果法。的确，同时因果，是有它的困难的。如唯识学者说种子生现行，是同时有的；现行熏种子，也是同时的；成立三法同时。但是能生种与所熏种，是不是同时的？如也是同时的，本种生现行，新熏的种子为什么不生现行？而且，种子因未生时，不应生现行果；种子因生时，现行果也同时已生，这如牛二角，成何因果？不但种现熏生有同时因果的过失，如前念种与后念种为亲因，前念现行与后念现行，也有疏缘的关系。这因果前后，又如何成立联系？所以，他的种现相生，现现相引，不出此中所破二门。因果不同时，也是有过的。如"先有果"法"生，而后众缘"才和"合"，这等于先有果性存在，然后利用众缘去显发它。如开矿，矿中原有金银铜铁的质料，开发的时候，不过以人工、工具，把它取出来。真常论者也是这样说的：理性本有，要修行才能显发它。可是这样说，就是"离因缘"有果，"无因"而有"果"了。此不俱的破门，不约因先果后说，是破外人转计，果体先有，后从缘生。约果体先有说，也是不同时有。

庚四　变果不变果破

若因变为果　因即至于果　是则前生因　生已而复生
云何因灭失　而能生于果

　　这一颂，主要是以数论外道为所破的对象。数论是因中有果论者,认为世间的根本是冥性——自性。冥性,虽不能具体地说出,但精神物质都从它发展出来,所以世间的一切,也就存在于冥性中。冥性由神我的要求,发展出大、我慢、五微、五大等的二十三谛。这变异的二十三谛,都是冥性中本有的发现。如泥中有瓶性,在泥未转变为瓶的形态时,现实的泥土是不见有瓶相的;但泥团因转变为瓶时,瓶性显发,就失去泥名,而生起瓶了。虽是这样的转变了,果在因中是先有的;因变为果时,因体也存在而不失。所以世间的一切,都统一于真常实在的自性中。

　　现在加以破斥:因灭变为果,这在他自己或以为是,其实是不可的。如真的"因"灭了而转"变为果",那是因体转成了果体;如真的灭了,即不成为变。这样,变为果,就等于说"因""至于果"。前因转变为后果,那"前生因",就犯有"生已而复生"的过失。因为,因在前位已是生的;转变为果而仍是有,不是生而又生吗?外人以为:前者即后者,所以没有重生。然而,即是,就不成其为转变。如一物转生,为什么不是重生?后半颂,或者转计为:因灭失了,因不变为果而有果生,这应该可以成立因果是有。这也不成,因灭于前,果生于后;"因"的力量既已"灭失"了,怎么还"能生于果"?所以因灭能生果,也是不可的。

庚五　在果与有果破

又若因在果　云何因生果　若因遍有果　更生何等果
因见不见果　是二俱不生

　　在果,是说因变为果的时候,因还保留在果中,这就等于说果中有一切因。有果,是说每一因中,一切果法都有,这就是说,因中有一切果。因中有果论者,必达到——因中有一切果,一一果中有一切因的结论。这是应当破斥的。假定"因"转变了,因体仍存"在果"法中,并没有灭去。这是因果共住,怎么可说"因生果"呢?假定是"因遍有果",因中既已遍有一切果,那还"更生"什么"果"?因中有果论者,研究果的生起,发现无限的果法都在因中俱有,一因中就具足一切果。如地上能生草,草烂了又生其他,所以在一因中有一切果,可以生一切。这实是不能的,如真的一因可以遍有一切果,就应该一时生起一切。为什么这因唯生这法,又要待时待缘呢?因中有果论者,近于一即一切、一切即一的圆融论者。同时,因遍有果,在这遍一切果的因中,能不能见到果法?如因中就有果法可见,果已有了可见了,就不应再生。如因中不见果,这可见果不随因而有;果不随因有,也就不应生果。所以说:"因"中"见不见果,是二俱不生"。

已二　约因果破

庚一　合不合门破

辛一　别破相合

若言过去因	而于过去果	未来现在果	是则终不合
若言未来因	而于未来果	现在过去果	是则终不合
若言现在因	而于现在果	未来过去果	是则终不合

专从因缘去考察因果关系,上面五双十门,已一一检讨过了。此下,从因与果二者,而考察他的因果关系。因与果二者,还是相接触(合)而生果,还是不相合而生果?先破相合:因果是有时间性的,因有过去的、有现在的、有未来的;果也有过去

的、现在的、未来的。因果相生，如以为必然地发生触合，那么，三世的因与三世的果，彼此相待，三三就有九重的因果关涉。九重的因果是：过去的因，对于过去的果、现在的果、未来的果，成三；未来的因，对于未来的果、现在的果、过去的果，成三；现在的因，对于现在的果、未来的果、过去的果，成三。三三相合，就是九重因果。过去的因与过去的果，现在的因与现在的果，未来的因与未来的果，这都是同时的因果；过去的因与现在未来的果，现在的因与过去未来的果，未来的因与过去现在的果，是异时的因果。异时因果中，有因先果后的，有因后果前的。如有因果相合，总不出果前因后、因前果后与因果同时的三门。但这不能成立因果的相合。异时因果，一有一无的，一前一后的，说不上相合。同时因果，也谈不上相合。相合，要发生接触。同时的存在与生起，各自为谋，谁不能生谁，怎么可以说相合、说相生呢？同时因果不能合，这是说明了"过去因"与"过去果""不合"，"未来因"与"未来果""不合"，"现在因"与"现在果""不合"。前因后果不能合，这说明了过去因与"未来果"、过去因与"现在果"不合，现在因与"未来"果不合。前果后因不能合，这说明了未来因与"现在"果、未来因与"过去"果不合，现在因与"过去果"不合。这样，一切因果，都不成相合。

辛二　总破合不合

若不和合者　因何能生果　若有和合者　因何能生果

因能生果，因与果必要发生密切的接合。假使，如上面所说，因是因，果是果，三世因果各别，"不"能"和合"在一处，这

"因"怎么"能"够"生果"？所以不合是不生果的。外人听了，就转计因果和合，所以能生果。不知因果"和合"，这证明了果已存在因中；"因"中既已有果的存在，怎么还"能"说因能"生果"？

庚二　空不空门破

辛一　因中果空不空

若因空无果　因何能生果　若因不空果　因何能生果

再从因果的空不空说：因中空果，即是因中无果论者；因中不空果，即是因中有果论者。空是实无，不空是实有。假定说：因中是"空无"有"果"的，这无果的因，就不能生果，所以说"因何能生果"。为什么？非因缘性中没有果，所以非因缘法不生果；如因缘中也没有果，这与非因缘同样的不能生果的了。假定说：因中的果体，"不"是"空"无有"果"，而果是确实存在了的。果既已存在了，还要因做什么？所以说"因何能生果"。如有果而还要生果，就犯了生而又生的重生过。

辛二　果体空不空

果不空不生　果不空不灭　以果不空故　不生亦不灭
果空故不生　果空故不灭　以果是空故　不生亦不灭

果体空，是说果体的实无；果体不空，是说果体的实有。果体究竟是空？是不空？两俱不可说。如"果"体是"不空"而实有存在的，那就"不"可说果"生"。生是因缘和合而有生，生所以成有；现在果体决定实有，那就不需要再生了。不空的法，向前看,不是所产生;向后望,也决不是可灭。实有的东西,一直就这样的存在。所以如"果"法"不空",也就"不灭"。不空的果法是自成的,所以不生;不生而实有的,哪里可以灭?所以总结说:"以果不空故,不生亦不灭。"执著果体实有,即破坏世俗缘起的生灭了。而且,如实有法可生,法界中就增加了一法;假使可灭,法界中又减少了一法。这也就破坏了法界本来如是的不增不减。如转计果体是"空"的;外人的空是决定无,什么都没有,还有什么可生?所以也"不生"。不生就不灭,所以"果空故不灭"。如眼中有眩翳的毛病,见空中有花,空花是非实有的,根本就没有生。眼病好了,不再见空花,也不能说空花灭。所以"果是空"无的,即"不生亦不灭"。不生不灭,也同样的破坏了世俗谛的因果。

庚三　是一是异门破

因果是一者　是事终不然　因果若异者　是事亦不然
若因果是一　生及所生一　若因果是异　因则同非因

是一,是说因果一体,更无差别可说;是异,是说因果截然别体。因果究竟是一?还是异?两俱不可说,说一说异都有过。第一颂否定它,第二颂再指出它的过失。为什么不是一?假定说因就是果,果就是因,"因果是一"体的,那能"生""所生",也就成为"一"体,不可说明因是能生,果是所生了。假定说因不是果,果不是因,"因果是"有各别"(异)"自体的,那"因"就等于"非因"。如泥是瓶因,瓶是泥果,泥瓶二者,如截然各别,那么,瓶望于火,草望于瓶,这也都是截然差别的;同样的别体,火、草既不是瓶的因,不能生瓶的,泥也应与火、草同样的成为非因了。既瓶与火、草同样的无关系,各别有体,那么如泥生瓶,火、草也应可以生瓶。火、草如不生瓶,泥也就应不生瓶。所以,切实地说来,因果实有论者,是一是异都有过失。

己三　约果体破

若果定有性　因为何所生　若果定无性　因为何所生
因不生果者　则无有因相　若无有因相　谁能有是果

这二颂,专从果体的有无去观察。假定"果"体是实"有"它的自"性",因的能生力也就不可能,所以说"因为何所生"。假定"果"体是实"无"自"性",也不能说因有所生,如石女儿、空中花,根本是没有的,能说有因能生它吗? 所以说"因为何所生"。这样,"因"都"不"能"生果",也就没"有因"的"相"可得。因之所以成为因,是由于它的生果。不能生,自然不成其为因了。假使没"有因相",无因即没有果,果是依因而有的,所以说"谁能有是果"? 从果不生,说到因体不成;无因,更证实了果的不可得。所以实有自性者,实不能建立他的果法。

己四　约和合破

若从众因缘　而有和合法　和合自不生　云何能生果
是故果不从　缘合不合生　若无有果者　何处有合法

平常说众缘和合可以生果,到底什么是和合呢? 不同的种种因缘和合起来,发生某种关系而成的一种和合性。此众缘的和合,外人以为能生果。又是胜论师,他主张有和合的理性,能和合众缘。现在先研究这和合性的不可得。和合的本身,细究起来,即是不可得的,它只是众缘的和合。"从众因缘而有"的"和合法",并没有它的实体。"和合"性"自"己还"不"能"生"起,它的自体都不成立,怎么能生果法呢? 所以说"云何能生果"。和合不离众缘而存在,如数论者所想像的和合性,以为是别有实体的,可说根本不成立。离了众缘,到底什么是和合呀!

由上面的种种道理看来,知道实有自性的果法,是"不从"因"缘"和"合"而生的。和合尚且不生,"不"从因缘和"合",当然更不能"生"了。和合不和合都不可生果,即没有第三者可以生果的。"无有果"法,哪里还"有"和"合法"可得? 众缘和合有果生;因为果生,所以说有众缘的和合:既没有果,自然也就没有和合法了。本论从和合的不成,说到不生果;再以没有果体,归结到和合的不可得。本品的——众缘、因果、果、和合——四章广破,一般实有论者也可以反省错误的症结所在,不再乱谈众缘和合生果了!

观成坏品第二十一

成坏与生灭,含义是有同有异的。约同的方面说:生就是成,灭就是坏。平常说生成灭坏,就是依此同义说。约异的方面说:生灭多依刹那说,成坏多依相续说。又成即是得,含有不失而保存的意思。如犊子与一切有部,在得后建立成就;其他学派,建立成就来现在。坏是失,含有得而复失的意思。所以就法体说,生灭与成坏,是没有多大差别的;约相续说,就法的系属行人说，只可说成坏，不可说生灭。如说某人得某功德，某人又失坏禅定。行者道与果的证得和退失，都可作这样说。世亲论师的《十地论》中，以（总、别、同、异、成、坏）六相说明一切法，也有此成坏的二相。世界，万物以及有情，都有成坏，所以现象中的成坏，也是普遍的概念。现在要观察它、寻求它的自相，看它有没有真实的自性相。成坏是缘起的幻相，假使执有实性，成不成其为成，坏也不成其为坏了。

戊三　观成坏

己一　破成坏

庚一　共有相离破

辛一　总标

离成及共成　是中无有坏　离坏及共坏　是中亦无成

有人说：坏相是有的，现见世间一切事物，都有它的败坏相。有败坏相，即有成就相；有成坏相，即一切法得成。这话不能成立！依中观的考察，"离"了"成"相，"及共成"相不离，都没"有坏"相可得。反之，"离"了"坏"相，"及共坏"相不离，其"中"也就"无"有"成"相可得。所以坏相与成相，是自性无所有的。

辛二　别释

壬一　离成之坏相不成

若离于成者　云何而有坏　如离生有死　是事则不然

先破离成的坏相不成。成是生相，坏是灭相，有生才可说有死,所以要有成才可说有坏。假使"离"了"成",那就不可说"有坏"。如离成而可以有坏,那就等于说"离生有死"。离生有死当然是不对的,所以说"是事则不然"。

壬二　共有之成坏不成

成坏共有者　云何有成坏　如世间生死　一时则不然

离成没有坏,那么,"成坏"相"共有",该可以说有坏有成了吧?不离成的坏,不离坏的成,二相共有,就是俱时。成坏如俱时,怎么可说"有成"有"坏"?第一、成坏二法共有,即是各别的各行其是。成不待坏而成,坏不待成而坏,这就是同时不成相待。而且,成与坏是相违的,"如世间"的有情"生死",是含有矛盾性的。说它是"一时",这是"不然"的。如同时有坏,成就被坏坏了,不成其为成;坏就被成所成,不成其为坏。自性实有的诸法,怎么能又成又坏呢?

壬三　离坏之成相不成

若离于坏者　云何当有成　无常未曾有　不在诸法时

离成的坏相不成,这就很可以知道离坏的成相也不得成。所以说:"若离于坏者,云何当有成?"如定执离坏有成,这成就是常住。常住的就该永远没有坏相。然世间没有一法不归于无常,也即可知"无常"相遍一切时,"未曾有"过"不在诸法"上的"时"候。一切不离无常相:成相不是常住相,是诸行流变中的安定相,是缘起的,是不背无常法印的。所以离坏的成相,决不可能。

庚二　共成离成破

成坏共无成　离亦无有成　是二俱不可　云何当有成

从上面考察,可知成坏二相的相离或共有,都不能成立。现在更从相成不相成去观察,即成与坏相,如相互的共成:依成相成坏相,依坏相成成相。此相待的共成,在自性实有者是不可通的,如上面的破相待而成。假定说,成相与坏相,是不相关而分离的,成坏二相,自体能成。这也是不可以的,如破不相待而成(如《观然可然品》说)。所以说:"成坏"二相"共"相成立,其实是二相"无"可"成"的。如说二相相"离"而各各自成,也同样的没"有成"。若共相成,若相离成,此"二"门"俱不可",怎么还可说"有"成相坏相可"成"?本颂有成无成的成,依清辨释,指成坏二相的能不能成立。

庚三　灭尽不尽破

尽则无有成　不尽亦无成　尽则无有坏　不尽亦无坏

一切法没有则已,有必有它的特相。如尽是一切法念念不住的灭尽相,不尽是一切法的常相续不断的不尽相。以此尽不尽去观察,可知成坏的自相都不成。因为尽灭相即是坏相,一切法都有它的尽灭相。尽灭与生成相反,所以说"尽则无有成"。不尽吗?一切法本是相续不断不失的,本来如此,又从哪里说生成?所以说"不尽亦无成"。外人的心目中,以为不尽就是成,现在说,一切法本来是这样,本来如此,何成之有?尽是灭相,一切法本来是念念不住的灭尽,更有何可坏?所以说"尽则无有

坏"。当然的,灭尽的无可再坏。就是不尽,也不可以说坏。不尽
就是常相续,常相续的,当然不是坏的了,所以说"不尽亦无坏"。

庚四　法体法相破

若离于成坏　是亦无有法　若当离于法　亦无有成坏

　　法,指具体事相的存在。有法,必有它的成坏相;假使"离"
了"成坏"相,也就"无有"这一"法"了。因为,没有成坏相的,
不是没有,就是常住。没有,当然不成为法。世间的存在,与生
起的一切法,也决没有常住的。所以没有成坏,即无从了知法的
存在。同时,成坏也不是空虚的概念,它是某一法所具有的。也
唯有有法,才显出它的成坏相,所以,"离"了某一"法"的当体,
也就没"有成坏"相可得。法是可相,成坏是相,成坏与法是缘
起的。但外人主张成坏相与法体是差别的,如生住灭三相是法
外别有,得非得相也是法外别有的,所以现在从相与所相的不相
离破斥他。

庚五　性空不空破

若法性空者　谁当有成坏　若性不空者　亦无有成坏

　　法性空的法,指具体事相。空与不空,说事相的实无自体或
实有自体,也就是实有法与实无法。假使"法"的体"性"如空花
论者所执为"空"无的,那"谁"还能"有"此"成"与"坏"? 等于
说没有有情,即没有生死可说。假使如实有论者所执,以为法的
自"性不空",是实有的;实有自体的,即不能说"有"始"成",有
毁"坏"。一切有者,不是说三世实有,法体不可说本无今有的

生成、有已还无的灭坏吗？这简直就成为常住的了。常住法，当然不能说有成坏。或者说：本论说不空不能有成坏，性空也不可以有成坏，可见本论的究竟义，不是性空。这种思想，即是唯一的伪中观论者。不知有所得人所说的性空，是决定无，一切如龟毛兔角的无，所以破坏一切。中观的性空者，说性空，是无实自性叫性空，不是没有缘起的幻有。自性空的，必是从缘有的，所以一切可以成立。性空者所说，名词是世俗共许的，意义却不同，所以能以假名说实相，能言随世俗而心不违实相。性空者与非性空者，简直没有共同点。

庚六　一体别异破

成坏若一者　是事则不然　成坏若异者　是事亦不然

再以一异门破：说"成坏"是"一"，这是"不"可的，一体如何有二相？说成坏是一，这是破坏成坏的差别相了。假定说"成坏"是"异"的，同样"不"得行；是异，就是彼此隔绝。事实上，成坏相是不能这样分划的。而且离成不可想像坏，离坏也不可想像成。非成的坏是断灭，非坏的成是常住，这怎么可以呢？

己二　破生灭

庚一　执生灭不成

辛一　直责

若谓以现见　而有生灭者　则为是痴妄　而见有生灭

外人撇开成坏，以为现见世间有生有灭，有生灭即不能说没有成坏，所以论主要破斥他的生灭。世间一般眼见耳闻所认识到的诸法,有生灭现象,所以建立生灭是有,这似乎是没有可否认的;佛不是也说无常生灭吗? 其实不然! 我们"现见"的诸法"有生灭",这不是诸法有这自性的生灭,只是我们无始来错乱颠倒,招感现见诸法的感觉机构(根身),再加以能知的"痴妄"心,依此根身、妄识,才"见"到诸法的"有生"有"灭",以为所认识的事事物物,确是像自己所见的实生实灭。不知痴妄心所现见的生灭,是经不起理智抉择分别的。一切理智观察,妄见的生灭立即不可得,唯是不生不灭的空寂。一般人的意见:在现象界所感觉经验到的生灭,在理智界是不能成立的;感觉经验与理性认识,可说有一大矛盾。所以,西洋哲学者也有说杂多、运动、起灭的感觉,是错误的;宇宙万有的实体,是整个的、静的、不生灭的。这是以理性为主而推翻感觉的。也有人说:生命直觉到的一切感觉界,是真实的;理性才是空虚的、抽象的。这是重感觉而薄理性的。然而,他们十九以为感觉认识的事物,与理性绝对不同。性空论者与他们根本不同。眼耳鼻舌身的五根识,与意识的刹那直觉,如离去根的、境的、识的错误因缘,这就是世俗真实的世俗现量。此世俗现量,不离自性的倒见,约第一义说,还是虚妄颠倒的。因为他刹那刹那的直感,不能觉到生灭的,然而对象未尝不生灭。由意识承受直感而来的认识,加以比度推论等,才发见有生有灭。一般意识所认识的诸法流变,久而久之,养成惯习的知识,于是乎,我们也就以为感觉界能明见有生有灭了。这种常识的现见有生有灭,如加以更深的思考,到达西洋哲学家理性的阶段,又感到生灭的困难了。原来世俗现量的直感经验,有自性见的错误,他是著于一点(境界)的,直觉到此时此空的此物,是"这样"。这"这样"的直感,为认识的根源,影响于意识的理性思考,所以意识的高级知识,也不离自性见,总是把事相认为实有的(否则就没有)、一体的(否则就别体)、安住的(否则就动)。这样的理性思考,于是乎与常识冲突,与生灭格格不相入,生灭就成了问题。性空者从认识的来源上,指出他的错误。五根识及意识的刹那直观,直接所觉到的是有错误成分的(这与实有论者分道了)。实有、独有、常有,根本就不对,所以影响意识,影响思想,起诸法实有生灭的妄执。佛法寻求自性不可得,即是破除这根本颠倒,不是否认生灭,只是如外人妄执实有的生灭不可得。所以实有的生灭不可得,病根在自性见。如贯彻自性不可得,就是达到一切法性本空了。从性空中正观一切,知道诸法的如幻相,如幻生灭相。感觉与理性的矛盾,就此取消。不坏世间的如幻缘起,而达胜义性空,这就是二谛无碍的中观。世间的学者,在感觉中不能通达无自性空,所以在理性中即不能了解幻化缘起的生灭相。结果,重理性者,放弃感觉的一边;重感觉者,放弃理性的一边,二者不能相调和。唯有佛法,唯有佛法的性空者,才能指出问题的症结所在,才是正见诸法的实相者。

辛二　别破

壬一　法非法不生

从法不生法　亦不生非法　从非法不生　法及于非法

外人不了解论主的真意所在,以为论主否定生灭,当然不愿意接受。所以再破斥他的生灭,让他自己理解自己的困难。此下二颂，但破生不破灭，因为灭是生的否定，生不成，灭当然也不成了。法是有自相的实物，非法是自相无的非实，这是外人的见解。现在就此破斥：有自相的法，就是自体存在的；自体存在的实法，与自有的实法，各各实有，没有相生的可能，所以"从法不生法"。法是实有，当然不会生实无的法；既是实无，也就无所谓生，所以从法"亦不生非法"。从有生无，固然不可；从无生有，同样的不可能。无，哪有能生的功能？所以"从非法不生法"。从无生有，尚且不可能，从无生无，更是笑话了，所以从非法也不生"于非法"。

壬二　自他共不生

法不从自生　亦不从他生　不从自他生　云何而有生

"法不从自"体"生"，生就有能生所生，不能说自，自就不能说生。如没有自体，从他体生呢，有自体法，才可待他说生；自体无有，就没有可以与他相对待的。无自即无他，所以法也"不从他生"。自他各别都不能生，自他和合起来又怎么能生？所以法也"不从自他生"。单自、独他，及自他和合均不能生，怎么还可说"有生"呢？外人执有生灭，现在以二门略检，即知有自性的生是不成的了。

庚二　执生灭有过

辛一　标断常失

若有所受法　即堕于断常　当知所受法　若常若无常

如固执诸法的实生实灭，即有断常的过失。有所受就是于认识上的法有所取；有所取，就是有所著。以为此法确是这样，起决定见。起实有自性的见地，"有所受法"，那就不是"堕于断"见，就堕于"常"见，落在这断常的二边中。应"当知"道，凡是"所受"取的"法"，是不离过失的："若"是"常"的，就是常见；"若"是"无常"，就是断见。你可以不加思索，自以为不是常见断见；然一加思考，为论理所逼，便没有不落断常的。佛陀常说中道法，或在行为的态度上说中道，或在事理上说中道。事理上的中道，不断不常，是非常重视的。断常是两极端，走上断常二见，就不能正见诸法的实相。所以佛破除断常的二见，显出非断非常的中道来。所以成为常见，成为断见，是因他有自性见，取著诸法有实自性，否则就实无性。要远离这二边见的过失，必须深刻地理解一切法性空，从性空中悟入中道。受有两种：一是执取的受，如四取，本论就译为四受。一是信受的受。众生未得性空见，又与自性见合一，所以受即是妄执，受即是断常，一切都颠倒了。所以佛法中说一切不受。到底性空者，有没有受？空无自性的缘起，不也是受吗？有受，岂不也是断常？性空者，是不受外人的反责的。因为执有自性，如此决定如此，不能如彼；如彼决定如彼，不能如此。那不问是起分别的妄执，或不加思索的信受，总不免断常二过。性空者说缘起性空，特别是指出众生的错误所在，要听者反省自性的不可能。为离诸见所以说空，以遮为显，并不是教人不离见而执著空。所以说："以声遮声，非求声也。"修学性空者，未达现证，即自性见未破时，重视自性空，在理解自性有的不可能中，信受种种法相，时时呵责自心的妄见，渐渐引生二谛无碍的似悟。如到现觉无自性空，即能出俗，正见幻化的缘起相。到那时,一切如实建立,不会作自相实有的观念,堕入断常了。如缘起法的真相而受,性空者是不否认的,否则就成为怀疑论的空见了。教内教外的一般学者,所见的如此如彼,也自以为是理智所到达的甚深义,自以为"离执寄诠",不是世俗共知的境界。其实常人所认为真实如此的,是展转传来,人类共同意识所认识、共同语言所表达的境界,并不从究竟是否如此探讨得来。所以世俗还他世俗,只是不见真实,不妨让他存在。所以说"佛不与世间诤"。像这种学者,不离自性见,却自以为究竟真实确是如此。既自以为是理智得来的胜义,那就必须答复出如此或如彼,他必然的是断是常。性空者从探究真实下手,深入究竟,洞见真实自性根本不可得;在胜义中,一切名言思惟所不及,离一切戏论,称之为空。性空者明见一切的一切,不能在胜义真实有、微妙有中立足;世俗还他世俗,诸法是如幻缘起的,相依待而假名如是的。缘起的生,可以生而不违反灭。缘起相待,是有相对的矛盾性的;相对非孤立,而又不相离的,假名一切都成立。如从真实有边,性空者根本无须答复他如此,或如彼。因为性空的缘起,根本不是一般人所想像的如此或如彼。所以性空者如实建立,不落于常,不落于断。性空者以胜义空著名,而实特别与常识的世俗相融合。真不碍俗,性空者才能名符其实。

辛二　显断常过

壬一　叙外人自是

所有受法者　不堕于断常　因果相续故　不断亦不常

论主所下的判断："有所受法者,即堕于断常。"外人不能理解,以为断常是不善建立者的过失,如我说的"所有受法",恰到好处,是"不堕于断常"见的。这因为,我所受取的法,是"因果相续"的。因灭果生,因果法有生有灭,不是永远如此,所以不是常住的;因灭果生,前后相续,有连续性,不是一灭永灭,所以不是断灭的。这么说来,不是所受法也可以"不断亦不常"吗?佛说诸法缘起,是因果相续的,此生故彼生,此灭故彼灭的;有生有灭,所以是不断不常的中道。佛这样说,我们也这样说,难道可以说不成! 这是一般有所得学者共有的见解,特别是西北印学者,以心心相续说,成立种现相生的因果相续不断不常。然在中观家看来,他所说的因果相续,不断就是常,不常就是断,始终免不了过失的。《观业品》中说:"若如汝分别,其过则甚多。"是什么过失,还没有说明;现在因不断不常的外计,倒要顺便加以破斥了。

壬二　出外人过失

癸一　断灭过不离

子一　无常灭

若因果生灭　相续而不断　灭更不生故　因即为断灭

外人说有"因果",有"生灭",因灭果生,"相续""不断"。说它没有常住过,这或许是可以的;说它不断,这却有问题。先从无常灭作破。灭有两种:一是刹那灭,一是分位灭。如刹那不能离断常过,相续中也就不免过失了。试问:这因法灭了,是不是还存在? 能不能再生? 如造善业感善报,感报以后,此感善业的功能,是否也灭了? 不灭有常住过。既承认因果生灭,当然是灭的。灭了,因能是否还存在? 会不会再生善报? 感了报的业,灭了是不再生的,这你也承认。又如前一念心灭,后一念心生,前念心还会更生吗? 不会的,因为后念心不是前念心的重生。这样,虽说果生于后,而实因灭于前。因法"灭"过去,"更不"再"生",这"因"不就是成了"断灭"了吗? 你说因果相续故,不断亦不常,其实是不离断灭的。

子二　涅槃灭

法住于自性　不应有有无　涅槃灭相续　则堕于断灭

　　青目说上二句,出有部的常住过。一切有部说因体如刹那灭了,不更生可说是断;但法法恒住自性,过去虽已过去了,他还是那样。这作用虽灭,法体恒住的思想,论主指出他不能从有到无的常住过。现在不这样解说,这是约一分学者的涅槃灭而破的。因果法如有自性,"法"法"住"在它的"自性"中,以为它确实如此,是实有自性的,那就"不"可说它"有"本无今"有"的生、从有还"无"的灭。因果既有自性,生灭即不可能。外人在生死相续上,以因果生灭的理由,自以为不常,他没有想一想涅槃的从有而无。如因果生灭的诸行确有自性,烦恼是成实的,那"涅槃"的灭烦恼、"灭相续"的生死,不是"堕于断灭"了吗? 相续诸行,是实有自性的因果法,修对治道得离系,因果相续不起,这不是断灭是什么?

癸二　相续有不成

若初有灭者　则无有后有　初有若不灭　亦无有后有

若初有灭时　而后有生者　灭时是一有　生时是一有
若言于生灭　而谓一时者　则于此阴死　即于此阴生
三世中求有　相续不可得　若三世中无　何有有相续

　　自许不断不常的因果生灭相续论者,既不免断灭过,当然不
能成立业果相续。相续,此中约前后生命的联系说。如现生人
间的生命与未来天报的生命,其间有联系性,叫相续。经中说
"三有相续",就是约前生后生说的。相续中,前一生命叫初有,
后一生命叫后有。萨婆多部建立本、死、中、后的四有,实际还是
初有与后有二者。有,是生命的存在,是相续的。但有所得的因
果生灭论者,实在不能成立相续。因为,假使"初有灭"了,那就
"无有后有"。初有是因,后有是果;初因灭了以后,即没有因能
生起后果。后有无因,无因不能有果,所以说无有后有。"初
有"假使"不灭",不灭同样的"无有后有"。如果说有后有,那就
有两个生命同在的过失。一是原有的生命,一是新生的生命,在
同一时候,一有情有两个生命,这可以想像吗? 外人救说:未来
新生命的出生,既不是现生命灭了以后生的,也不是现生命不灭
而生的。现在生命灭时,就是新生命生时,如秤的两头高低同
时,所以没有上文所出的过失! 然而这太缺乏思考了! 初有正
灭时,真能说后有正生吗? 时间是依法建立的,这是外人所许
的。这样,有生有灭,就有生时与灭时,有生时与灭时,怎么能说
就是那个时候呢? 所以,说"初有灭"的"时"候,"而"有"后有
生"起,那就是二时二有了。"灭时"有"一"个所依的"有,生
时"也"是"有"一"个所依的"有"。分明是两个生命,两个时
间,你怎么说初有灭时就是后有生时呀! 从二有的生灭,难破同

时。翻过来，从它的同时，否定它的二有。所以说，假使"生灭"
"一时"而有，时与法相依不离，法也只能是一个了。那应该是
这一个五"阴"身在"死"，也就是这一个五"阴"身在"生"。假
定死的是现在的人生，生的也应该就是这个人生了。这样，死有
即生有，是同一的有，如此生灭，也就根本谈不上相续了。二时
二有，不能说相续；同时一有，也不能说相续：到底怎样成立因果
相续呀！前有灭，后有生，灭时即生时，也就是"三世"。在此三
世中，寻"求有"的"相续"，都"不可得"，这在上面已说到。如
"三世中无"有的相续，哪里还"有""有"的"相续"呢？不能成
立相续，可见外人不离断灭过。这更可见不解性空的自相实有
论者，有所取著，始终是不离断常的。本颂不但总破因果相续的
外人，也就显示正义。有情无始来没有实智观察这三有的如幻
缘起，所以在三有海中相续不断。现在以正智于三世中审谛寻
求这有的相续相根本不可得，三世中既没有，又哪里有这三有相
续的自相呢？所以一切毕竟空，不可取著。有所取著，即不出断
常，即不能见缘起实相的不断不常了。

观如来品第二十二

　　此下四品，说明断证。修现观体证寂灭的实相，即有人有
法：人是能破能观能证者的如来，法是所破的颠倒、所观的谛理、
所证的涅槃。所以有此下四品的次第。体悟寂灭的实相者，通
于声闻、缘觉、如来的三乘贤圣。但缘觉是不重言教而自悟的，
不出佛世，释尊的根本教典少有论到。声闻是依如来的教法而

现证真理的。佛法以如来为主,这里就专从如来说。如来是佛陀的别号,梵语多陀阿伽多,本有三个意思:如法相而说;如实相法的原样而悟解;证觉如实法相而来的。平常说"乘如实道,来成正觉",就是如来的解释。虽有三说,通常都直译如来。然如来,外道也有这个名字,但是作为梵我的异名看的。如如不变,来往三界,这就是神我了。如来可约两方面的意义说:一方面,是约佛陀的假我说,如印度的释迦如来。一方面,是约如来之所以为如来说,即通于一切佛。在来去、出入、言谈、语默的人间的如来,他的性质,本与一切有情同样的,不过有染无染而已。此在有部,认为五阴和合中只有假我,没有真实的如来。犊子系说:不可说有如来,是对外道说的;然佛也说我,不可说没有。所以他所主张的如来,是非离蕴非即蕴的不可说我。如有部等的假我,不免减损了缘起我;犊子部等的真我,又不免增益了。不可说的真我,与外道所说的如来是神我的异名,是身心活动中的统一体,实在所差不多,容易与外道说合流。本品破斥的如来,也是约这义而破的。至于如来之所以为如来,从道谛的立场,以如来的五分法身为如来;有此五分法身,所以被称为如来(佛)了。然大乘先驱的大众学者们,以体现诸法的法空性为如来。所以,见缘起的空寂性,即是见佛;若欲礼如来,应观法空性。本品从正观胜义的见地,破斥了外人的实我论,也就显示寂灭空性的无戏论相为如来。性空,如来的实相,是不可以言说的。不过即性空而缘起,可说有如来,可说如来生、如来出家、如来说法、如来有父母、如来有老病,也就是性空中不碍人间正觉的如来。一分学者,认为有情身中,不即五蕴不离五蕴的真我,是一切众生所都有的,是流转不灭的联络者,这可以称为如来。如来本为有情或我的异名,所以一切众生都可以有,就成为普遍的名词了。性空者的法性空寂不可得,即如来之所以为如来,到了真常唯心论者的手里,从神秘实在的见地去理解他,把如来当作诸法的真实微妙的自体看,以为有情身心的真实相如此,万有诸法的实体也如此。把缘起有、法性空的二义,在神秘微妙真实中统一起来。于是乎,凡夫如如不变来往三界,受生死,是有情的如来;佛陀如如不变,随处示现,往来救度,这是佛陀的如来。众生的如来、佛陀的如来,平等平等。而且,他就是一切法的真实体,所以与诸法实相也平等平等。现在流转是他,将来证觉还是他。证觉是如来的全体开显,众生位上的如来与佛果位上的如来,质量无别。这样,后期的大乘佛教,以生佛平等的如来藏、如来界、如来性为所依体,说明流转还灭,说明一切。这样的如来,抹上一些性空的色彩,而事实上与神我论的如来合流。外道梵我论者所说的如来,也是众生的实体、宇宙的本体。所以,中期佛教的性空学者与梵我论的所以能泾渭分流,差别点就在胜义谛中观察外道的实我性不可得,达到一切法性空寂;空寂离言,决不把他看做万有实体。转向世俗边,明如来没有自体,唯是缘起的假名;此假名,也决不想像为如如不变的实体。只因为一分学者不得性空的中道义,所以又走上梵我论的老家了。自性见是众生的生死根本,是多么强有力呀!

　　丁三　断证

　　戊一　观如来

　　己一　破有性妄执

　　庚一　别观受者空

　　辛一　五求破

非阴非离阴　此彼不相在　如来不有阴　何处有如来

　　外道说有神我异名的如来；佛教说如来出世说法，因此也有人执如来是实有。既所执是同样的真实有、微妙有，所以现在要考察他，是不是有他们所想像的真实如来。如来依五蕴施设的，所以以五门寻求：一、五阴不能说他是如来：假使五阴是如来，五阴是生灭的，如来也就应该是生灭。如来是生灭的，这就犯了无常有为的过失，这不是外人所能承认的。所以说"非阴"。二、离了五阴也不可说有如来：假使离了五阴有如来，就不应以五阴相说如来，如来就成为挂空的拟想。也不应在如来身中有生灭相，没有生灭相，不是没有，就是常住。常住不生不灭的实在，实在是不见中道的颠倒，落于常边。所以说"非离阴"。三、如来不在五阴中：假使说如来在五阴中，那就等于说人住在房子里，灵魂住在身体中。既有能在所在，就成了别体的二法。别体的东西，五阴有生灭，如来没有生灭，还是堕在常过的一边。四、五阴不在如来中：假使如来中有五阴，同样的是别体法，犯有常住过。所以说"此彼不相在"。这两句，本就是离阴有我的另一解说：承认有别体，而说不相离而相在。五、五阴不属如来所有：这

仍然别体的，但又想像为不是相在，而是有关系，五阴法是如来
所有的。假使如来有五阴，那就如人有物，应该明显地有别体可
说。然而离了五阴，决难证实如来的存在，所以说"如来不有
阴"。五门中谛实寻求都无所有，哪里还"有如来"呢？所以外
道神我的如来，不可得；佛法中的如来，也决不能妄执是真实妙
有的存在。

辛二　一异破

壬一　破缘合即阴我

阴合有如来　则无有自性　若无有自性　云何因他有
法若因他生　是即非有我　若法非我者　云何是如来
若无有自性　云何有他性　离自性他性　何名为如来

　　外人不受论主的难破，以为如来的实有，是不如五门所推求
所说的。在五阴正和合时，有如来存在，所以出五求以外，没有
所说的断常过。论主这才别开一异门去难破。也可以是五求广
遮，而根本不出一见异见，所以从一异中，加以详明的破斥。假
使说五"阴"和"合"的时候"有如来"，那如来就不能离五阴而
存在，离了五阴就不可得，所以是"无有自性"的。怎么可说真
实妙有？外人或以为如来依蕴施设，不能说自性有，他是依五阴
的他性而成的。不知依他因缘生的，即"无有自性"，即没有实
体对他，可以说"因他有"，他是对自而成的。而且，一切法都无
自性，他也没有自性，怎么可从无自性的他性而成如来呢？进一
步说：诸"法"假使"因他"众缘而"生"，就没有独立的自在性；
没有独立自在性，这就"是""非有"神我、真"我"可得了。诸

"法"缘成的，无有自"我"的，怎么可说"是"真实微妙的"如来"？如如不变而来往三界的如来，如执为真实的，即与外人的神我一致。可是依他众缘和合而存在者，根本就失掉自在的特性，如何可以名为我或如来？这样，"无有自性"，就是没"有他性"；"离"了"自性他性"，更没有第三性，可以称他"名为如来"了！

壬二　破不因离阴我

> 若不因五阴　先有如来者　以今受阴故　则说为如来
> 今实不受阴　更无如来法　若以不受无　今当云何受
> 若其未有受　所受不名受　无有无受法　而名为如来

上面是破始有如来，这里是破本有如来。第一颂，叙述外人的意见：我说的如来，"不"是"因五阴"而有的，是在五阴之外，预"先"就"有"这"如来"的存在。不过没有受阴之前，我们不知道有这如来性存在；现在"受"了这五"阴"，依蕴安立，所以我们就"说"他"为如来"。这思想，与前《观本住品》说离眼耳等根、苦乐等法，先有本住是一样的。后期大乘佛法说本具法身，为先有的如来；受阴后的如来，是法身应化人间的如来，是从本垂迹的。从垂迹的如来，知道法身本有，久证常身。不过，这里还是以外道为所破的主要对象。你说未受五阴先有如来，这话是不对的。"今"以理智观察，在依五阴施设以前，"实"在是没有如来可得的。既先无如来可得，怎么可说如来"受"五"阴"？所以不但不能说如来受五阴，实在是未受五阴前，根本上"无"有"如来法"可得。没有五阴时，怎么知道先有如来的存在？如

同情"不受"五阴时"无"有如来,那如来本不可得,现"今当"以
什么东西去"受"五阴而成为如来呢? 切勿以为在"未有受"五
阴的时候,有所受的五阴;因为有所受的五阴,可以推定必有能
受的如来。外人是常有这种见地的,所以破斥他。如没有受时,
"所受"的五阴也就"不名"为所"受",也不能说有能受。"无有
无受法,而"可"名为如来"的。这是承上文的无受而来。如有
如来,必有受与所受,既失掉了受所受的定义,哪里还可说有如
来? 所以离阴之前本有如来,这不过虚妄的推测,不能成立的。

辛三　结

若于一异中　如来不可得　五种求亦无　云何受中有

如上所说,知道在"一异中"求"如来"是"不可得",在"五
种"门中"求"如来也"无"所有。一切处既都无有如来,怎么还
可依"受"阴"中"分别"有"如来呢?

庚二　别观所受空

又所受五阴　不从自性有　若无自性者　云何有他性

如来依五阴而施设,进观此所受的五阴,也是空不可得。上
面说如来是因缘和合的,所以无自性亦无他性。"所受"的"五
阴",也是众缘和合的,当然也是"不从自性有"的;"无自性"的
五阴,即不可说从他性有。没有自体,即无自体可以相待;无相
待,怎么能说五阴"有他性"呢?

庚三　结观受者空

以如是义故　受空受者空　云何当以空　而说空如来

以上面的种种意"义"说来，五阴的所"受"法是"空"的，"受者"的如来也是"空"的。既然一切都是空无自性的，怎么还可"以空"的五阴，"而说空"不可得的"如来"是实有呢？

己二　显性空真义

庚一　世谛假名

空则不可说　非空不可说　共不共叵说　但以假名说

如来是空，五阴是空，所以不可以空的五阴说空的如来是实。同样的理由，性空者一切是空的，怎么可以说如来是空呢？这是不解性空者的体系而起的疑惑！性空者是可以说有如来的，不过不同实事论者所说的如来罢了。先约假名说如来：执有实自性，自性不可得，这就是空；空相的当体，是离言说性的，所以"空则不可说"。不特空不可说，"非空"也是"不可说"而说的。不空有两种：一是一般妄执的实有性叫不空，一是为对治空见而说实相非空的不空。妄执实有的不空，实无此事，有什么可说？如石女儿一样。对治戏论空相而说的不空，怎么更有真实的不空相可说？所以不空都不可说。空与不空分离开来固然不可说，就是亦空亦不空的"共"、非空非不空的"不共"，也都不可说。空、不空是矛盾，这如何可说？非空非不空，是不可想像的，当然更无有说。所以，取相著相，认为确实如此而说，是胜义说，也就是戏论说；胜义中是一切不可说的。如就缘起假名说，不以如来为真实自性有,随世俗说,因缘和合有释迦如来降生王宫、出家、学道、破魔、成正觉、转法轮、度众生、入涅槃。"但以"这"假名说"有如来,这当然是可以的。不但假名说有如来,说空说不空、说共说不共,在假名中也同样的可说。真实有是胜义的,胜义谛中离一切名言相,有什么可说?

庚二　胜义叵思

辛一　离戏论

壬一　离常等八句

寂灭相中无　常无常等四　寂灭相中无　边无边等四

佛在《阿含经》中,对外道的邪执,每以"无记"答复他。这就是说:胜义谛中,这一切无从说起。现在论主约此深义,显示如来的胜义不可思议。一般外道说我及世间,有常无常等的四句,有边无边等的四句。初四句是:我及世间常,我及世间无常,我及世间亦常亦无常,我及世间非常非无常。后四句是:我及世间有边,我及世间无边,我及世间亦有边亦无边,我及世间非有边非无边。常无常等的四句,是约时间说的,边无边等的四句,是约空间说的。如说我有边,在身体中,如米大、豆大、指大,受空间的限制;说我无边,我遍一切处,无所不在,就是小我遍通于大我。后二句只是从初二句演出的。缘起有的如来,即缘起的我,意义相同。外道说我有此八句,说如来也就有此八句。外道的这种分别,以性空的正见观察,在诸法"寂灭相"的性空"中",根本是"无"有"常无常等"的"四"句的;在诸法"寂灭相"的性空"中",也根本是"无"有"边无边等四"句的。为什么呢?诸法性空中,是毕竟清净的,哪里有这些不正的邪见? 如加以批评,时间上的常无常,有断常过;空间中的边无边,有一异过。外道虽以我及世间,分别常无常等,但这是以缘起如来的毕竟空寂性而遮破的。

壬二 离有无诸句

邪见深厚者	则说无如来	如来寂灭相	分别有亦非
如是性空中	思惟亦不可	如来灭度后	分别于有无
如来过戏论	而人生戏论	戏论破慧眼	是皆不见佛

外道常以十四句难佛,佛因没有这些事实,一切置而不答。除了上列的八句外,还有六句是:如来死后去,如来死后不去,如来死后亦去亦无去,如来死后非去非无去。身与命(我)是一,身与命异。死后去不去,就是有无问题;去不去,就是有没有如如不变的如来,到死后去。有如来到后世去,死后就有如来;不到后世去,死后就无如来。所以去后世就是有,不去就是无。外道所问的如来,即神我,有此四句。佛陀异名的如来,入无余涅槃后,在不在、有没有、去不去,也同样的引起常人的推论。然以佛法真义说,这都是戏论,根本是自性实有见的妄执。"邪见深厚"的人,听说如来入涅槃,不知涅槃界即一切法的本性空寂,不可以有无分别,妄"说"入涅槃界即"无"有"如来",这怎么可以? 就是阿罗汉入涅槃,佛也不许说没有,没有就是堕入无见的。佛世时,有一比丘说:入无余涅槃,什么都没有。尊者舍利弗等制止他不要这样说,这样说是错误的。他不肯接受,佛就叫他来问他:五蕴是无常吗? 是无常的,世尊! 无常是苦吗? 是苦

的,世尊! 苦的是无我吗? 是无我的,世尊! 无我离欲入解脱,可以说有无吗? 是不可的,世尊! 既不可以说有,又不可以说无,你为什么说入无余涅槃,一切都无有呢? 你是愚痴人,你是邪见人! 佛不客气地呵责了他。所以说死后无有,这是极大的邪见! 有的以为如来及阿罗汉入涅槃,不可说没有,应该是有的,不过是真常微妙的不思议有,以为有是可以说的。不知想像为妙有、真有,还是邪见,在缘起假名中,说有、说无,都不是真实。在"如来"现证"寂灭相"中,如何可说? 所以"分别"说"有",也是"非"理的。这执有的邪见,比较执空的邪见要轻微些。说有只是一种执著,执著有如来,可以说如来有种种功德,显示如来的崇高伟大,教人生信心,舍恶行善,还不至于导人作恶。说无,那不但是执著而已,简直断人行善之门,引人走上拨无因果的恶道,这该是多么的危险! 经中说:"宁起有见,如须弥山,不起空见如芥子许",也可知执无的过失了。有是从缘起法的存在而说的,无是从存在法的否定而说的,这都是世俗的、假名的。真正悟入毕竟空性,得究竟解脱,"灭者即是不可量"。《阿含经》以从薪有火,薪尽火灭作喻;此火的灭性,不可说何处去,更不可说有说无了。毕竟空寂,是超越有无而不可以有漏心分别是有是无的。后期的大乘佛教,强调"如来实不空"的妙有,以性空为不究竟,这显然是执著如来是有了。否则,毕竟空寂性,离一切戏论,如何执为不究竟? 以性空为究竟而假说妙有,已经容易混入梵我的真常妙有论,何况说不了义呢? 中期佛教者说:如来以性空为法身,不可说有说无,也唯有超情绝见,才能保持佛教的特色。所以在诸法"性空中,思惟"如来死后去死后不去,是"不可"以的。因为如来从本已来,就是毕竟性空的。如来在世时,破斥外人有无的推论,以不答复表示此意。可是,"如来灭度"以"后",有所得人,邪见深厚,又纷纷地"分别"他的是"有"是"无",是有无。灰身灭智的无,与常住微妙的有,同样的是戏论。戏论是虚妄分别,以为是确如所说所知的。"如来"超"过"了"戏论",其实阿罗汉等都超过戏论。所以外道以有无等问佛,一概不加答辩。可是世间的"人"偏要妄自推度,"生"起种种的"戏论",分别如来的是有是无。从自性见出发的"戏论",是"破"坏"慧眼",障覆了真智的。有此等戏论,即不能体悟寂灭性,不见法,也"不"能真"见佛"了。这唯有破自性见,远离种种戏论,开般若慧眼,才能真见如来法身。

辛二　显真实

如来所有性　即是世间性　如来无有性　世间亦无性

上面说戏论者永不见佛,或者又要以为离执者能亲见如来常住不变。所以,更说此一颂。如来在世时,有缘起的假名如来。此缘起"如来所有"的实"性",就"是世间性",不要以为离世间法别有如来。这是即缘起而显示本性空寂的。如来的本性,即毕竟空寂,与世间法的性空,平等平等。所以说:"如来无有"实自"性,世间"也就是"无"有实自"性"的。在此缘起假名的性空中,如来与世间同等的。在无自性的毕竟空中,世间与如来也没有差别的,法法都是平等的。"生死即法身",约此意说。如来在世,尚且是"若欲见佛者,应观空无相",何况如来灭度以后?

观颠倒品第二十三

　　上品就如来性观察，而如来之所以为如来，是由断烦恼、破颠倒而成的。烦恼根本，是贪、恚、痴的三毒，也称三不善根。众生所以流转生死，不能解脱，就由于颠倒烦恼。因此，一分声闻学者，以为有真实的烦恼与颠倒；有真实的颠倒与烦恼可生可灭，起自性的执见。不知如有自性的颠倒烦恼，就根本不生不灭。颠倒烦恼是如幻的假名生灭而实不生不灭，所以能正见颠倒烦恼不生的，才能真的得到解脱。《阿含经》说：颠倒的生起，是由六根的触对六境，无明触相应，生起执著所致。如以为这色相很好看，声音很好听，合乎自己内心的情境，就起乐受，有贪爱。假使以为这色相不好看，这声音不好听，不合自己内心的情境，就起苦受，有嗔恚。取著境界的净不净相，生起可意不可意的情绪；著了相，就生起颠倒烦恼了。经中说到远离烦恼，特别着重"守护六根"，就是在见色闻声的境界上，不取不著，不为可意与不可意的情境所牵而起烦恼。这不著，是佛法解脱的根本论题。取相分别它的如何，是因；引起贪恚痴的烦恼，是果。取相分别与颠倒烦恼，有因果的关系。为什么要忆想分别呢？经中说是不正思惟。不能正确地如其法相而了知思考，所以就执著境相；由执著境相，就起忆想分别；由忆想分别，就起贪等的颠倒烦恼了。反过来，烦恼是由颠倒来，颠倒是由妄想分别有，妄想分别是从不正思惟生。灭除烦恼，即与它相反，从如实正观下手，也可以不言而知了。

著相颠倒,是虚妄的,要以不颠倒的真实击破它。所以说:常、乐、我、净是所对治的四倒,无常、苦、无我、不净是能对治的四正。这本是对虚妄说真实的方便门。有所得者,不见佛意,以为实有颠倒可断,实有四正可修,所以本品要评判他。无常计常、苦计为乐、无我计我、不净计净的四倒,声闻学者有两派的见解不同:一、一切有部说:常、我两颠倒,是彻底无有的,纯粹是有情的计执。净、乐两颠倒,倒不是完全执苦为乐,计不净为净。客观的境相,确有苦、乐,与净、不净相的。不过缘少分的净与乐,行相颠倒,以为一切都是清净,一切都是快乐,抹杀了客观的苦与不净的事实,这才成为颠倒。二、经部说:常、乐、我、净的四倒,不是客观境相实有的,全是主观内心的错误执著。虽有两说不同,但主观的忆想分别,都认为真实有,这是没有差别的。

声闻学者说,常、乐、我、净是四倒,无常、苦、无我、不净是四正。一分的大乘者说,这都是颠倒,所以说有八倒。因为,法身、涅槃,是常住的、妙乐的、自在的、清净的,假使执著法身涅槃,也是无常、苦、无我、不净的,同样的堕于颠倒。所以,在生死边,要破常、乐、我、净的四倒;在涅槃边,要破无常、苦、无我、不净的四倒。这样,在生死边,无常、苦、无我、不净是四正;在法身边,常、乐、我、净是正了。性空者所依《般若经》等,认为常无常等都是缘起假名。如果执有真实的自性,不论说常、说无常,说苦、说乐,说我、说无我,说净、说不净,都是颠倒。所以,即缘起而观性空时,常、无常不可得,……我、无我不可得。

烦恼,在《观染染者品》中,曾经破斥过。但那是说烦恼与染者的无自性,起烦恼不成,观集谛的烦恼不可得。本品从苦集灭的立场说,忆想分别生起烦恼的苦集,是怎样的生起;见灭谛而灭除烦恼,是怎样的除灭。烦恼是缘起如幻的,不理解这点,不但不能生起,实也不可灭无,苦集灭就不成立了。

戊二　观所灭的倒惑

己一　遮破颠倒之生

庚一　观烦恼不生

辛一　叙执

从忆想分别　生于贪恚痴　净不净颠倒　皆从众缘生

六根取于六境的时候,不能正确地体认境界的真相,内心就生起种种的忆念妄想,分别它这样那样,这就是遍计执性。因为妄想分别,所以就"从忆想分别"中,"生"起"贪恚痴"的三毒烦恼——清净境起贪,不净境起恚,净不净的中庸境起痴。可见"净不净颠倒","皆从"此"众缘生"。清辨论师说:以忆想分别,分别净不净;由净不净颠倒的种种所缘,就生起贪恚痴来。但外人所说,在确认有此因有此果,成立贪恚痴的烦恼实有性;以为不能像性空者所说,一切是性空的假名。

辛二　破执

####### 壬一　无性门

若因净不净　颠倒生三毒　三毒即无性　故烦恼无实

外人以种种缘境的颠倒为因,成立三毒;论主即从他所承认的缘,破除他的自性有。既由净不净的众缘有烦恼生,那应该知道缘生是无自性的。既是"因净不净"的"颠倒"众缘,而"生"贪恚痴"三毒",这"三毒"就是"无"自"性"可说。无自性即无实体,"烦恼"是"无实"的,决不如外人所执的缘生自相有。

壬二　无主门

癸一　无自我即无所属

我法有与无　是事终不成　无我诸烦恼　有无亦不成
谁有此烦恼　是即为不成　若离是而有　烦恼则无属

烦恼是能依,有能依必有所依,所依是染者。有所依的染者,能依的烦恼才有所属;没有所依的染者,烦恼就无所系属了。犊子系他们是主张有我的,现在观察这自我的可得不可得。依青目论释本:你所说的"我"及烦恼"法",是"有"呢? 还是"无"呢? 说有不可,说无也不可。说有我,有烦恼,这烦恼是"不"得"成"的;说无我,无烦恼,更是不用说了。我究竟有没有呢? 种种寻求,我是不可得的。"无"有实在的自"我",虽说"诸烦恼"是"有"是"无",自然也是"不"得"成"的了。如以为无我而烦恼可以成立的,试问"谁有"这"烦恼"呢? 无人有此烦恼,可见它是"不成"的。假使说"离"了人有烦恼的独立存在,那"烦恼"就"无"所系"属"了。无所属的烦恼,即不属于有情的;这如何可以呢? 然依清辨论师所释颂本,"我法有与无"的"法"字,"有无亦不成"的"无"字,都是没有的,意义更为明白。意思是:我有呢? 无呢? 有我无我都不成。无我有烦恼,就无所系属。

癸二　无垢心即无所属

如身见五种　求之不可得　烦恼于垢心　五求亦不得

　　一分学者,不承认有真实我,但烦恼还有所属,即属于心。烦恼是心所,心是心王,心所系属于心王,与心王相应,这是一切有部等所说的。依有部说:我虽是的确不可得的,但烦恼不能说无所属;有所属,即可以成立烦恼是实有的。论主批判他说:"如身见"执有我,无论说离蕴有我、即蕴有我、五蕴中有我、我中有五蕴、五蕴属于我——如此"五种"观察,都是"求之不可得"的。五蕴的系属于我,等于说"烦恼"系属"于"有漏的"垢心"。烦恼中求垢心,也可以"五"种去寻"求"它,这同样是"不"可"得"的。如以为有漏心识与贪等共生,贪等三毒是烦恼,识是烦恼所染污了的垢心。试问:一、垢心即烦恼吗?即烦恼,垢心应就是心所,应是种种而非一心的;垢心也更应有所属了。二、离烦恼有垢心吗?离烦恼而有垢心的别体,是无可证明的;如离烦恼,即没有染污相;无染污相,就不成其为垢心了。三、烦恼在垢心中,四、垢心在烦恼中,这还是别体的;仍有垢心无染污相的过失。五、烦恼系于垢心,这还是有烦恼的独立性,应离烦恼而有垢心可得;但这是不可得的。在这五种求中,求垢心更不可得;没有垢心,烦恼还是无所属,怎么可说烦恼系属于心呢?

　　上来三颂,也可说:上二破有漏的心所,下一破有漏的心王。又垢心即烦恼,是心通三性的经部师,是王所一体论。垢心离烦恼,是心性本净的大众分别论者,是王所别体论。下三句,都是

王所别体而相在相应的,与一切有部心性无记说同。本颂虽简,
已遍破此等异说。

壬三　无因门

净不净颠倒　是则无自性　云何因此二　而生诸烦恼

外人说净不净颠倒,能生起三毒;颠倒是因,三毒是果。假
定真有净不净颠倒的实性,还可说由它生三毒。但事实上,"净
不净颠倒",也"是""无"有实"自性"的。没有实自性,现起有
自性,所以名为颠倒。颠倒既没有自性,怎么可以"因"这无自
性的净不净的"二"种颠倒,"而生"起真实的"诸烦恼"来呢?
从非实有生实有,这是有大过失的! 净不净颠倒,即是遍计所执
性的,唯识学者以为是增益的、无实的。但从遍计执性的熏习为
因,却能生自相有的依他起,岂不也同样的值得考虑吗?

辛三　转救

色声香味触　及法为六种　如是之六种　是三毒根本

外人为了避免无因的过失,所以转救道:不能说颠倒因是无
自性的,就不能生烦恼果,烦恼是可以有的。要晓得清净与不清
净,不是由颠倒心而妄执有的,是外在境界所确有的。境界,是
"色声香味触及法"的"六"尘,境界是实有的。经过了六根感觉
机构的取相,依根取境而生识;境界上所有的净不净相,也确实
生起心识的净不净相的认识。不过行相颠倒,生起执著,于是发
生贪恚痴的染污作用。所以,色等"六种"境界,"是三毒"的"根
本"。境界是确有的,境相的净不净也是确有的,所以不能说没

有烦恼颠倒的实性。这着重境相的实有,是说一切有部等所主张的。有部以为净不净,以及境界相,不能说是主观的意境,有它的客观性;这里面也含有相对的真理。不但六尘境界可以有缘起的因果特性,不全是主观的产物,就是净不净,也有它相对的客观性。否则,审美的标准,就不能成立了。如所见的颜色,如可人意的,是清净的、美的,它必然有色素的和谐性。见黑暗而抑郁,见光明而欣喜,这虽不离根识,而也有它的相对的净美的。又如所听的音乐,凡是美的净的,必合于乐律。不过缘起是无自性而有矛盾的,所以在不同的心境中,注意于缘起法的某一点,即可以随感见而不同。如整齐是美的,但又是呆板的;不整齐是杂乱的,但不整齐的调和,也是可意的。净相可以是缘起相待的,决不能说纯是主观的。经部师及一般唯心论者,不知此义,看作纯主观的,未免抹杀缘起的客观性。不过,有部学者忽略了缘起相对性,以为是自性有、真实有的,所以论主要破斥他,显出他的错误。

辛四　破救

壬一　正破

癸一　境空门

色声香味触　　及法体六种　　皆空如焰梦　　如乾闼婆城
如是六种中　　何有净不净　　犹如幻化人　　亦如镜中像

外人以六尘的境相、净不净相,是真实自性有的,可以为生起三毒的根本。论主直以境空如幻的正义遮破他。"色、声、香、味、触及法"——"六种"体性,都是"空"无自性的,"如"阳

"焰"、如"梦"境、"如乾闼婆城",一切是空无所有的。六种境界已是空无所有的,在这"六种"境界"中",还"有"什么"净不净"相呢?当知这净不净相,也是"如幻化人","如镜中像"的啊!一切是如幻如化,怎么可说有实有自性的六境、实自性的净不净相!又怎么可说有实自性的净不净相,生起贪恚痴的三毒烦恼?色声等如幻、如化,《阿含经》中是常说到。论主依佛说,显示境相的不实。然性空者的境相不实,决不如唯心者把它归结到唯心。境相不实,只是缘起无自性;而此境相的形形色色,一切都承认它,不是从属于心,是心所变现的。唯心者的心,即是烦恼垢心等;它不是境相的决定者,反而是不离境相而存在的哩!

癸二　相待门

> 不因于净相　则无有不净　因净有不净　是故无不净
> 不因于不净　则亦无有净　因不净有净　是故无有净

净不净相是缘起有的,是互相观待有的。离了净相,就没有不净相;离了不净相,就无有净相。如演戏,有奸臣才有忠臣,有忠臣才有奸臣。离了奸臣,忠臣就显不出;离了忠臣,奸臣也无所表示了。怎么能成立净不净相的真实自性有呢?真实自有,即失去因缘义;不待他,即不能成立。所以,"不因""净相",那就"无有不净"相。如承认"因净"相才"有不净"相,不离了净相的缘,不净相即没有真实自性。所以说"是故无不净"。反之,"不因于不净"相,净相即没有所待的,净相就不成。所以说"则亦无有净"。假使承认"因不净"相才"有净"相,那么,离了不净相,净相就不可得了。所以说"是故无有净"。这样,不待,不能成立；待，又没有自性。净不净相的所以空，本论不是从认识论去说明，而是从缘起因果去开示的。因净不净相的实性是空，所以认识的时候才有随见不同的事实。

壬二　结成

若无有净者　由何而有贪　若无有不净　何由而有恚

本颂，结归到烦恼的不实非有。有净可以说有贪；有不净可以说有恚；有净不净的中容性，可以说有痴。既如上所说，"无有"清"净"，哪里会"有贪"爱的生起？"无有不净"，又哪里会"有"嗔"恚"的生起？无有净不净，痴烦恼的无由生起，是不言可知了。所以，烦恼都是无自性的，并没有它的实体。

庚二　观颠倒不成

辛一　空寂门

于无常著常　是则名颠倒　空中无有常　何处有常倒
若于无常中　著无常非倒　空中无无常　何有非颠倒
可著著者著　及所用著法　是皆寂灭相　云何而有著
若无有著法　言邪是颠倒　言正不颠倒　谁有如是事

三毒，以缘境的颠倒而起，所以进一步正观颠倒的实无自性，显出烦恼的不实。有所得的声闻学者，以常、乐、我、净为错误颠倒，以无常、苦、无我、不净为正确的不颠倒。其实，颠倒与非颠倒的自性不成。什么是颠倒？如这法是这样，而违反它的本相，看作那样，这就是颠倒。什么是非颠倒？如这法是这样，就把它当作这样看，这是非颠倒。但是，违不违反诸法的本相，要有倒与不倒的本相才可说。如果本相本不可得,这还说什么违反不违反?就以四倒四非倒说吧:假使有诸行"无常"、诸法无我、诸受是苦、诸身不净的实自性,违反它的本相,而执"著"诸行是"常"住、诸法是有我、诸受是快乐、诸身是清净,确实有此颠倒的自性,"是"即可以说"名"为"颠倒"。但以正理观察,寻求它的自性,在诸法毕竟"空中,无有常"、乐、我、净的四法实性的,这哪里还"有常"、乐、我、净的四"倒"呢?同样的,假使"于"真实自性的"无常中",执"著"它确实是"无常",苦中执著它是苦,无我中执著它是无我,不净中执著它是不净,这可以说如对象的本相而知,可以说是"非"颠"倒"。但以正理观察,在诸法毕竟"空中",是"无"有"无常"、苦、无我、不净的实性,这哪里"有"无常、苦、无我、不净的"非颠倒"呢?所以,倒与非倒,是缘起的假名;在诸法性空中,平等平等,同样地不可得,没有倒与非倒的差别。所以《般若经》等,正观法相的时候,总是说常与无常不可得等。此二颂,破常倒,指空中没有常住自性;破非颠倒,指空中没有无常自性。这也是以缘起无性门观察,不在认识论上说。

倒与非倒的产生,主要的是由执不执著。说到执著,计有四种:一、"可著",是所著的境界;二、"著者",是能著的人;三、"著",是在起执著时的著相;四、"所用著法",是执著时所用的工具。所用的工具,可说是吸取外境的六根;著相,是根境交涉时的那种染著性;能著者,是起执的我;所著的境,就是六尘。外人以为有此四事,即有取著;有取著,当然就有颠倒。然而,在深入诸法性空中,这四事都"是""寂灭"离戏论"相"的;没有此四事的实性,哪里真"有"取"著"的实性可得!这样,"无有"实自性的"著法"可得,就不可以说"邪"执"是"错误的"颠倒","正"观是非错误的"不颠倒"。试问毕竟空寂无自性中,"谁有"这倒非倒的"事"情呢?

辛二　已未门

有倒不生倒　　无倒不生倒　　倒者不生倒　　不倒亦不倒
若于颠倒时　　亦不生颠倒　　汝可自观察　　谁生于颠倒
诸颠倒不生　　云何有此义　　无有颠倒故　　何有颠倒者

空寂门,是直约空寂不二门说的。以下,约依缘起以观无自性说。第一颂中,初二句,依法作已未门破;后二句,依人作已未门破。如说有颠倒生,是这法有了颠倒而后生起颠倒,是本无颠倒而后有颠倒?假定这法先已"有"了颠"倒",有了颠倒,就"不"应当再"生"颠"倒"。假定这法原来"无"有颠"倒",无有颠倒,也"不"可以说能"生"颠"倒"。无倒生倒,这犯从无生有的过失。有倒生倒,这犯生而复生的过失。所以,有无都不可说能生颠倒。外人想:不错!法上有没有颠倒,都不可以说有生,但有能起颠倒者,所以能生颠倒。这还是不可以!如说人生颠倒,是这人先有颠倒,是颠倒者,而后生颠倒?还是他本无颠倒而后有颠倒生?已成颠倒的颠"倒者",能生是不对的;既成了颠倒者,就有了颠倒,"不"能再说他"生"颠"倒"!如这人本不是颠倒的,既非颠倒者,又怎么可以生起颠倒呢?所以,"不倒"者"亦不"生颠"倒"。

第二颂,约倒时破。外人以为有倒无倒都不能生,在正当颠倒的时候，是可以说有颠倒的。这仍不行！倒时是观待已倒未倒建立的，离了已倒未倒，倒时根本不可得。倒时尚且不可得，又哪里能生起颠倒？所以说："若于颠倒时，亦不生颠倒。"如一定要固执倒时有颠倒生，那"可"以"自"己审细"观察"一下，看看是有哪个在颠倒的时候，能够"生于颠倒"？如观察不到，那就不可以妄说倒时有颠倒生。

第三颂，依青目的解释：外人以为"颠倒不生"，就是颠倒的真实，于真实中生起执著。所以论主进一步破斥说：怎么可以说不生是颠倒的真实？不特不可执不生是颠倒的真相，就是非颠倒的无漏法，也不可名为不生相呢！这样解释，可说上二颂破颠倒的生，此破颠倒的不生，但文义不大连贯。依清辨说，从上面的三时无倒看，可以知道"诸颠倒"是"不生"的了。颠倒不生，哪里还"有"什么邪是颠倒、正非颠倒的意"义"呢？"无有颠倒"的法，又从哪里"有颠倒者"的人呢？清辨的解说，比青目释更好。

辛三　有无门

若我常乐净　而是实有者　是常乐我净　则非是颠倒
若我常乐净　而实无有者　无常苦不净　是则亦应无

执有常乐我净颠倒实性，那可再以实有实无门观察。假定"我常乐净"四者，"是实有"自性的。常，我说它"是常"，这恰如它的本相；乐我净，说它"乐"、是"我"、是"净"，这也各各恰如它的本相，这怎么可说是颠倒呢？所以说"则非是颠倒"。不是颠倒，就是正见，一切众生有这正见，也就应该得解脱！可是事实并不是这样。假定闻论主所破，以为"我常乐净"四者是"实无有"的。实无所有，那么，无我、"无常、苦、不净"的四正，也就不应当有了。为什么呢？有常乐我净的四倒，离四倒才可说有无常、苦、无我、不净的四非倒；四倒既实无，四非倒的正观，自然也就没有了。同时，颠倒即不能正见，不能恰如不颠倒的本相而起。反之，才有四非倒。如没有颠倒，也没有正见法相的非倒了。所以说"是则亦应无"。

己二　结成烦恼之灭

庚一　正显

如是颠倒灭　无明则亦灭　以无明灭故　诸行等亦灭

　　论主说：颠倒不可得，不颠倒不可得。如不了解性空宗的大意，以为颠倒、不颠倒一切都没有，这真是拨无邪正的大邪见了！不知烦恼起于颠倒，颠倒源于自性见。有了自性见，这才取著诸法，有想倒、心倒、见倒的种种颠倒生。不知是戏论的颠倒，取著实相，所以烦恼现起，生死轮回了。如能如上面所说，正见颠倒的实相不可得，诸"颠倒"即"灭"。颠倒灭就不起烦恼。烦恼虽多，根本而主要的是"无明"，所以颠倒灭，无明"亦灭"。"无明灭故"，三业"诸行"也灭。诸行灭则识灭，识灭则名色灭，生老病死"等亦灭"了。本颂正明苦集灭道的正义。苦集是烦恼；苦集的所以可灭，在于实无自性。所以直从烦恼的无自性观察，即能烦恼不生，而得苦集的寂灭。

　　修学佛法，主要的是断烦恼，解脱生死，如本论所说的无明灭。但大乘佛法中，也说不断烦恼。这因没有烦恼的实相可破，只要体解烦恼本性空寂、本来寂静、自性涅槃,这就可以离烦恼得解脱了! 如晚间误认绳子为蛇,生起极大的恐怖,感到无限的苦痛。要消释他的痛苦恐怖,只需指明这是绳,理解了这里根本没有蛇,那他一切恐怖与痛苦,立刻就消失无有了。所以理解无烦恼可断,这才是真正的断烦恼;无生死可了,这才是真正的了生死。从胜义中说无烦恼可灭;世俗谛中,大有烦恼可断。但这样的断烦恼,与不断是相成而不是矛盾的。因为不断,所以可断;也因可断,才知它实无自性可断呢! 这在下面二颂中,明白地指示出来。

庚二　遮显

若烦恼性实　而有所属者　云何当可断　谁能断其性
若烦恼虚妄　无性无属者　云何当可断　谁能断无性

　　假使不解性空而不无假名,执著烦恼可断,以为"烦恼"的体"性"是"实"有的,是"有所属"的——属于自我或属于垢心,那就根本不可断,所以说"云何当可断"。假使说可断,试问:"谁能断"这烦恼的实有"性"? 若有力能断此实有性,那他就是实相的破坏者,也不成三乘圣人了。假定说"烦恼"是"虚妄","无"有它的实"性",也"无"有它的所"属",这空无一切的烦恼,怎么可断呢? 所以说"云何当可断"。假使可以断,试问:又是"谁能断"这"无性"的烦恼呢? 如第二头是无的,谁能斩割他呢? 所以要有烦恼可断,这烦恼必是无自性的;无自性的烦恼,在缘起假名中又是必有的。可以从缘生起,有它的作用,也是属于假名的众生所有;这才众生以中道正观,观破烦恼,烦恼离系,寂然不生,这才叫断烦恼呢!

观四谛品第二十四

　　如来是能证者,四倒是所断的惑,断了烦恼,就能体悟真理、证入涅槃了。所见的真理,是四谛。虽学者间有见四谛得道与见灭谛得道的诤论,然在性空者,这决非对立的。洞见本性寂灭的灭谛,与正见缘起宛然的四谛,也是相成而不相夺的。四谛是佛法的教纲,世出世间的因果起灭,都建立在此。苦谛是世间的果,集谛是世间苦果的因;灭是出世间解脱的果,道是证得出世寂灭的因。所以经说:"有因有缘集世间,有因有缘世间集;有因有缘灭世间,有因有缘世间灭。"说到苦,以五蕴身或名色和合为苦,有三苦、八苦等。集就是爱:爱、后有爱、贪喜俱行爱、彼彼喜乐爱,其中,后有爱尤为主要。到了学派中,说集含有业;有以爱为主,有以业为主,有双取爱与业的。灭是涅槃,也就是三无为中的择灭无为。道是八正道;后来,化地部学者说五法为道,瑜伽学者说止观为道。这四者,何以名四圣谛? 谛是正确不颠倒,是真、是实的意思。就事实说,五蕴身有三苦、八苦的逼迫,集有烦动恼乱身心的作用,这是世间苦集二谛的事。灭是苦痛的解脱,道是修行上进的行为。凡夫不能了解四谛的事,圣者以他真实的智慧,能正确地知道:苦,的的确确是苦;集,实为感受生死的根本原因;灭,真实是生死永灭不再轮回;道,是确实能得解脱,所以叫做谛。然而,圣者不仅知种种事相,而是在事相上正见必然的理性。所以说:无常、苦、空、无我是苦谛的理,集、因、缘、生是集谛的理,灭、尽、妙、离是灭谛的理,道、如、行、出是道谛的理。这只是一分学者作如此分配,其实并不一定。如无常可通三谛,无我可通四谛。克实地说,一面从事相上而知它的确实是苦是集等;一面依现实有漏的法,深见无常、苦、无我、涅槃空寂。从四谛别别的理性,悟入一切归于空寂的灭,契入一切空寂,即是见谛得道了。圣者悟证四谛的理,确然如此,非不如此,是真是实的,所以叫四圣谛。

　　一般声闻乘学者,在四谛的事相上执著各各有实自性;又对四谛的理性看作各别不融,不能体悟四谛平等空性,通达四谛的不二实相。佛法的真义,于缘起性空中,四谛的自性不可得,会归四谛的最高理性,即无我空寂,也即是自性寂静的灭谛。《心经》说"无苦集灭道",也就是此意。一分大乘学者,离小说大,所以说有有作四谛,无作四谛;有量四谛,无量四谛;生灭四谛,无生四谛。天台家因此而判为四教四谛,古人实不过大小二种四谛而已。以性空者说:佛说四谛,终归空寂。所以,这是佛法中无碍的二门。真见四谛者,必能深入一切空的一谛;真见一谛者,也决不以四谛为不了。三法印与一实相印无碍,四谛与一谛也平等不二。不过佛为巧化当时的根性,多用次第,多说四谛。实则能真的悟入四谛,也就必然深入一实相了。

　　本品在《中论》中,是最重要的一品。佛弟子常引用的《中论》名句,都在本品。其他的诸品,是随著随破,每难见论主真意。唯有本品,明显地指出,破除实有自性的妄执,显示诸法性空的真实,成立如幻缘起的诸法。所以,龙树说一切法空,意在成立,深刻地显示一切法,不是破坏一切法。空是一切诸法的真实,所以论理的解说、生死的解脱,以及一切,都必须透此一门,才能圆满正确。从本品中,更明白龙树的法法空寂与四谛决非对立,也决非有大小的不同。在性空中正见四谛,是论主的真意,也是释尊的教义所在了。然而,空义到底是甚深的,不能善见性空大意,以为空是什么都没有,那就不但不能在性空中得到法益,反而有极大的危险,落于一切如龟毛、兔角都无所有的恶见,堕入怀疑论、诡辩论的深坑。要避免恶空的过失,唯有善解空性,本品即特别地重视此义。

戊三　观所知的谛理

己一　外人难空以立有

庚一　过论主无四谛三宝

若一切皆空	无生亦无灭	如是则无有	四圣谛之法
以无四谛故	见苦与断集	证灭及修道	如是事皆无
以是事无故	则无有四果	无有四果故	得向者亦无
若无八贤圣	则无有僧宝	以无四谛故	亦无有法宝
以无法僧宝	亦无有佛宝	如是说空者	是则破三宝

外人难说:如中观论师所说,"一切"都是"空"的,一切都是"无生""无灭"的,那不是"无有四圣谛之法"了吗？苦、集二谛,是生灭因果法;有生灭的苦集,才可以修道谛对治;净治了苦集,就"生灭灭已,寂灭为乐",证到灭谛的涅槃。所以,灭也是依因果生灭而建立的。如生灭的苦集二谛都无,灭谛不可得,道也就无从修了。这等于否定了佛法。

外人说的一切法空、无生无灭,与论主说的一切法空、无生

无灭,意义是完全不同的。论主说一切皆空、无生无灭,是以闻
思修慧及无漏观智,观察诸法的真实自性不可得,生灭的自性不
可得;从自性不可得中,悟入一切法空。这是胜义谛的观察,在
世俗谛中,虽没有自性,没有自性生灭,而假名的缘起生灭,是宛
然而有的。实有论者心目中的空,是一切无所有;生不可得,灭
也没有。这是对于空义的认识不够,所以作如此诘难。

外人以为:有四圣谛,才可说有四谛的事行。如真的"无"
有"四谛",那就佛弟子的"见苦"、"断集"、"证灭"、"修道"的
"事"情,也就都"无"所有了。佛经说四谛,略有二义:一、修行
者无漏真智现前,在见道的时候,如实能觉见四谛的真相。四谛
都名为见,见苦、见集、见灭、见道,各各生眼智明觉。本所不知、
本所不见的,而今已知了见了。此四谛,约事理的真实相说,约
如实的觉悟说。二、即见苦、断集、证灭、修道,唯说苦谛为见,这
是约修行的过程说的。苦之所以为苦,必须正确地了解,才能起
出世的正法欲,倾向于离苦的佛法,这叫见苦。见了苦,进一步
探求苦的原因,知道苦是由集招感来的;要想没有苦,必须解决
集,所以集要断。灭是寂灭空性,是出世的涅槃果,是佛子所证
到的解脱,所以说证灭。灭不是无因而证得的,要修出世的解脱
道,才能证得,所以说修道。见苦、断集、证灭、修道,是出世间的
事行。如没有四谛事理,见无所见,断无所断,证无所证,修也无
所修了!

没有四谛的行事,四果也就不可得,所以说:"以是事无故,
则无有四果。"四果是四沙门果,是以智证如,含得无漏有为无
为的功德;这是由见苦、断集、证灭、修道而得的。没有这修行四

谛的事情,哪里会成就沙门果的功德? 因为"无有四果",四得四向的人也就没有了。所以说"得向者亦无"。四得,是得初果,得二果,得三果,得四果。四向,是初果向,二果向,三果向,四果向。次第是这样的:起初修行,到加行位以上,就称初果向;正见谛理而断惑,仅剩七番生死,名为得初果。后又修行前进,开始向二果;能进薄欲界修所断烦恼,唯剩一番生死,名为得二果。再重行前进,走向三果;等到断尽欲界烦恼,不再还来欲界受生死,名为得三果。又更前进,直向四果;断尽一切烦恼,此身灭已,不再受生,即名得四果。这是约佛弟子修行的境界浅深,而分此阶位。

四得四向中,初果向是贤人,其余的三向四得,是圣者,合名八贤圣。有四得、四向,可以说有八贤圣;四得、四向不可得,八贤圣也就无所有。如"无"有"八贤圣",那也就"无有僧宝"了。不特没有僧宝,因为"无"有"四谛"的关系,也就"无有法宝"了。僧是僧伽的简称,意义是和合众,指信佛修行的大众。宝是难得贵重的意思,以赞叹佛教僧众的功德。真实的僧宝,是要证悟谛理的,见苦、断集、证灭、修道;如七圣,才可说是真实的僧宝,这是不分在家、出家的。凡是"理和同证"的,都名为僧。一般的出家佛弟子,"事和同行",就是没有得道,也叫僧宝,但这不过是世俗而已。法宝是四谛的实理。法,有普遍、必然、本来如此的意义,即真理;四谛合于此义,所以说是法宝。而法宝最究竟的,即是寂灭的实相。所以法宝有深刻的内容,不是口头的几句话,书本上的几个字。以经卷或讲说为法,那因它能表诠此普遍真实的谛理,所以也假名的称为法宝。自觉觉他的佛宝,是由觉法而成的,不是离了现觉正法,能成等正觉的。同时,佛也是人,在事在理,都与圣者一味,也是在僧中的。所以,如法与僧不成,佛也根本不可得。所以说:"无"有"法"宝、"僧宝",也就"无有佛宝"。这样,"说"一切法皆"空"的性空论"者",不是"破"坏"三宝"了吗?佛说罪恶最大的,无过于破坏三宝,拨无四谛,这是最恶劣的邪见。这样,性空者说一切皆空,是大邪见者,是断灭见者!外人以最大的罪名,加于性空者的身上。

庚二　过论主无因果罪福

空法坏因果　亦坏于罪福　亦复悉毁坏　一切世俗法

实有论者的意见,性空者不但是破坏了出世法的三宝与四谛,一切法空的"空法",也破"坏"了世间的"因果"。因果是前灭后生的;如是空无生无灭的,还有什么因果可说?有因果才有罪福业报;没有因果,罪福也就无有,所以"亦坏于罪福"。罪福是善恶业报,世道治乱,就看善恶的消长如何。如人人有罪福的观念,世间就可成为道德的世界。印度有外道说:如在恒河南岸,杀死无数人,没有罪;在恒河北岸,行广大布施,也没有福,这是否认罪福的代表者。性空者破坏罪福,岂不与他们采取一致的态度!因果罪福都毁坏了,自然也就"毁坏一切世俗法"。

外人所以这样的责难论主,因为他以为空是一切都没有。所以,凡认空是空无的,认为不能建立一切的,即一定要批评性空,说性空者堕于恶见。就是大乘中的不空论者,还不也是说空是不了义吗?所以,不但有所得的小乘学者,不能正确地解了性空,要破坏空法;有所得的大乘学者,不知即性空中能建立一切法,也就要以空为不了义、不究竟的。无论他们怎样的反对一切法性空,从他们破空的动机去研究,可以知道,他们是怖畏真空,怕空中不能建立一切,破坏世出世间的因果缘起。他们要建立一切,所以就不得不反对空性,而主张自相有、自性有、真实有、微妙有。他们也许自以为比空高一级,实际是不够了解真空的。能了解空,决不说空是不了义的。还有同情性空,又说真空不空,这是思想上的混乱! 是性空者,又说空为不了义,真实是不空,这是自己否定自己。中观的性空者,如能确切地握住性空心要,一定会肯定地承认空是究竟了义的;认为空中能建立如幻因果缘起的,决不从空中掉出一个不空的尾巴来!

己二　论主反责以显空

庚一　显示空义

辛一　直责

汝今实不能　知空空因缘　及知于空义　是故自生恼

外人破斥论主,是因他不解空义,这是众生的通病,是可以原谅的。所以,论主先从正面显示空义,反显执有的过失。知道了空的真义,理解空不碍有(不是不碍不空),也就不会破斥空了。论主说:你以为主张一切皆空,是毁坏四谛、三宝,及因果、罪福的一切世俗法吗? 这是你自己的错误。你所以产生这严重的错误,第一、是“不能知”道“空”;第二、是不能知道“空”的“因缘”;第三、是不能“知于空义”。所以就惊惶起来,“自”己“生”起忧愁苦“恼”了。本没有过失,却要找出过失! 性空者如虚空明净,你如何毁得分毫! 仰面唾天,不过是自讨没趣。这苦恼,是自己招得来的。外人不了解的三个意义,今略为解释。
一、什么是空? 空是空相(性),离一切错乱、执著、戏论,而现觉
诸法本来寂灭性。心有一毫戏论,即不能现觉。众生有一切错
误执著根本的自性见,这也难怪不能了解空相而生起戏论了。
二、为什么要说空? 佛为众生说空法,是有因缘的,不是无因而
随便说的。《智度论》说:"如来住二谛中,为众生说法;为著有
众生故说空,为著空众生故说有。"众生迷空执有,流转生死,要
令众生离邪因、无因、断、常、一、异等一切见,体现诸法的空寂,
得大解脱,佛才宣说空义。实有、妙有的不空,是生死的根本,是
错误的源泉。不特解脱生死,要从空而入(三解脱门);就是成
立世出世间的一切法,也非解空不可。不空,只是自以为是的矛
盾不通。为了这样的必要因缘,所以佛才开示空相应行。三、空
是什么意义? 性空者说:空是空无自性,自性不可得,所以名空,
不是否认无自性的缘起。世间假名(无自性的因果施设,名为
假名,并非随意胡说)的一切法,是不碍空的幻有。性空者的
空,是缘起宛然有的。这与实有论者心目中的空,什么都没有,
大大不同。如理解空、空因缘、空义三者,何致自生热恼呢?

辛二　别显

壬一　显佛法甚深钝根不及

癸一　示佛法宗要

诸佛依二谛　为众生说法　一以世俗谛　二第一义谛
若人不能知　分别于二谛　则于深佛法　不知真实义
若不依俗谛　不得第一义　不得第一义　则不得涅槃

这三颂中，前二颂正示佛法的宗要，第三颂，说明它的重要性，又含有外人起疑而为他释疑的意思。

"诸佛"说法，是有事理依据的，这就是"依二谛"。依二谛"为众生说法"：第"一，以世俗谛"；第"二"，以"第一义谛"。二谛是佛法的大纲，外人不信解空，也就是没有能够理解如来大法的纲宗。《十二门论》说："汝闻世谛谓是第一义谛。"《阿含经》中有《胜义空经》，显然以空为胜义谛；又说因缘假名，所以知因果假名是世俗法。外人不见佛法大宗，把色、声、香、味、触等因果假名看作诸法的胜义，以为是自性有、真实有的。这才听说胜义一切皆空，以为拨无一切，破坏三宝、四谛。这是把一切世俗有，看作胜义有了。他们不知何以说有，也不知何以说空；不懂二谛，结果自然要反对空了。论主要纠正他，所以提出二谛的教纲来。

谛是正确真实的意思。真实有二：一、世俗的。世是时间迁流，俗是蒙蔽隐覆。如幻缘起的一切因果法，在迁流的时间中，没有自性而现出自性相，欺诳凡人，使人不能见到它的真实相，所以名为世俗。二、第一义的。第一是特胜的智慧，义是境界，就是特胜的无漏无分别智所觉证的境界，名第一义；或译胜义。世俗是庸常的、一般的常识心境；胜义是特殊的、圣者的超常经验。或者可以这样说：第一义即实相，实相中超越能所，智如境如，寂然不可得。第一的谛理，名第一义谛。佛在世间说法，不能直说世人不知道的法，要以世间所晓了的，显说世间所不知的，所以说眼、耳、鼻、舌、身，色、声、香、味、触等等。不过，一般人所认识的，常有一种错误的成分，所以必要在此世俗的一切上，以特殊的观智，去透视世俗的颠倒所在，才能体验第一义。所以，佛说法有此二谛：一是世俗的事相，一是特殊的谛理。依世俗而显胜义，不能单说胜义。

谛是正确与真实。然二谛是一真实？还是二真实？假使唯一真实，为什么要说二谛？假使二真实，这就根本不通。诸法究竟的真实不能是二的，真实应该是不二的。要知世俗是虚妄的，本来不足以称为谛的。世俗的所以名谛，是因一切虚妄如幻的法，由过去无明行业熏习所现起的；现在又由无明妄执，在乱现的如幻虚妄法上，错误地把它认作是真实。它虽实无自性，然在凡夫共许的心境上，成为确实的。就世俗说世俗，所以叫世俗谛。如以这世俗为究竟真实，那就为无始的妄执所蒙昧，永不能见真理。如橘子的红色，是橘子的色相，经过眼根的摄取，由主观的心识分别，而外面更受阳光等种种条件的和合，才现起的。如在另一环境，没有这同样条件的和合，橘子也就看来不是这样红的，或红的浅深不同。然它在某一情境下，确是红色的，好像的确是自体如此的。如不理解它是关系的存在，而以为它确实是红的，一定是红的，那就不能理解它的真相。它的形成如此，由根、境、识等的关系而现前；因为无明所覆，所以觉得它确实如此，不知红色是依缘存在而本无实性的。经中说："诸法无所有，如是有；如是无所有，愚夫不知，名为无明。"无所有，是诸法的毕竟空性；如是有，是毕竟空性中的缘起幻有。缘起幻有，是无所有而毕竟性空的，所以又说如是无所有。但愚夫为无明蒙蔽，不能了知，在此无明（自性见）的心境上，非实似实，成为世俗谛。圣人破除了无知的无明，通达此如是有的缘起是无所有的性空,此性空才是一切法的本性,所以名为胜义。世俗幻相,虽可以名为世俗谛,但也有世俗而非谛的。如上帝、梵、我、梵天,这不特真实中没有,就是世俗中也是没有的;又如挤眼见到外物的跃动,坐汽车见树木的奔驰,乘轮船见两岸的推移,不是世俗所共同的,所以就世俗说也不能说是真实的,不可以名为世俗谛。世人对于一切因果缘起如幻法,不知它是虚妄,总以为它是真实。就是科、哲学者,虽能知道部分的虚妄法,但在最后,总要有点真实——物质、精神、理性、神,做垫脚物,否则就不能成立世间的一切。这是众生共同的自性见。佛陀说法,成立缘起,就在此缘起中破除自性见;破除自性见,才能真见缘起的真相,解脱一切。因众生的根性不同,佛说法的方便也不同:为根性未熟的众生(下士),说布施、持戒、禅定、生天法,使他得世间的胜利;这是但说世俗谛的法。为利根而能解脱的(中士),说四谛缘起法,使他见苦、断集、证灭、修道。根性稍钝的,但能渐渐而入。如有大利根人(上士),直解缘起法的毕竟空性,直从空、无相、无作的三解脱门入毕竟空,证得涅槃。所以世俗中说有我,胜义中就说无我;世俗中说一切名相分别,胜义中就说离一切名相分别。其实,这是相顺而不是相违的。色、声、香、味、触,眼、耳、鼻、舌、身,以及戒、定、慧等圣道,从它所现的如幻行相说,都是世俗的;若以无明执见而执为究竟真实,就是大错误。这些世俗幻相,如观无自性空而证本性空寂,才是究竟真实。若以空为但遮世间妄执,此外别有真实不空的,这也同样的是大错误。所以,不知佛教纲宗的二谛,那就讲空不像空,说有不成有。

　　二谛又有两种:一、佛说这样是世俗谛,那样是第一义谛,这是以能诠能示的名言、意言,而以诠显为大用的,名教二谛。二、佛说二谛,不是随便说的,是依凡圣心境、名言境及胜义理而说的;这佛所依的,是依二谛。古代三论学者,特分别这两种二谛,颇有精意。然重在依教二谛,显出它的依待性,即二谛而指归中道不二。

世俗不是谛,但圣者通达了第一义谛,还是见到世俗法的,不过不同凡夫所见罢了。《法华经》说:"如来见于三界,不如三界所见。"所以,声闻行者得阿罗汉,大乘行者登八地以上,一方面见诸法性空,一方面也见到无自性的缘起。这缘起的世俗法是非谛的,如我们见到空花水月,不是谛实一样。无自性的缘起,是性空缘起;缘起也就是性空。向来说,二谛有二:一、以凡圣分别,称情事二谛。凡情事为世俗谛,圣智事为第一义谛。二、圣者也有二谛,称理事二谛,就是幻空二谛。缘起幻有是世俗谛,幻性本空是第一义谛。即世俗谛是胜义谛,即胜义谛是世俗谛,二谛无碍。双照二谛,到究竟圆满,就成一切种智了。清辨说:世俗谛也是真实的。就世俗论世俗,确有它的实相;但不能说于胜义谛中,也有自相。这样,与第一义谛还不免有碍。应该是:不但胜义谛空性离戏论,不能说世俗是实有;就是在世俗中,也还是无自性的缘起(圣者所见的)。无自性缘起的世俗,才能与缘起无自性的胜义无碍。

解脱生死,在通达第一义谛。第一义谛,就是毕竟空性。凡常的世俗谛,是众生的生死事。就是戒、定、慧学,如见有自性,以为不空,也还是不能解脱生死的。这样,说第一义谛就可以了,为什么还说世俗谛? 这不知二谛有密切的关系。性空的所以为性空,是依世俗缘起而显示的;如不明因缘义,如何能成立无自性空? 如没有缘起,空与什么没有的邪见就不能分别。不依世俗说法,不明业果生死事,怎么会有解脱? 所以二谛有同等的重要。如"不能""分别"这"二谛"相互的关系,那对"于"甚"深"的"佛法",就"不"能"知"道它的"真实义"了。第一义是依世俗显示的,假使"不依"世"俗谛"开显,就"不"能"得"到"第一义"谛。修行观察,要依世俗谛;言说显示,也要依世俗谛。言语就是世俗,不依言语世俗,怎能使人知道第一义谛? 佛说法的究竟目的,在使人通达空性,得第一义;所以要通达第一义,因为若"不得第一义",就"不"能"得"到"涅槃"了。涅槃,是第一义谛的实证。涅槃与第一义二者,依空性说,没有差别的;约离一切虚妄颠倒而得解脱说,涅槃是果,胜义是境。胜义,不唯指最高无上的真胜义智,如但指无漏的胜义智,那就与世俗失却联络。所以,解说性空的言教,这是随顺胜义的言教;有漏的观慧,学观空性,这是随顺胜义的观慧。前者是文字般若,后者是观照般若。这二种,虽是世俗的,却随顺般若胜义,才能趣入真的实相般若——真胜义谛。如没有随顺胜义的文字般若,趣向胜义的观照般若,实相与世俗就脱节了。所以本文说,依世俗得胜义,依胜义得涅槃。因为如此,实相不二,而佛陀却以二谛开宗。如实有论者的偏执真实有,实在是不够理解佛法。

癸二　显空法难解

不能正观空　　钝根则自害　　如不善咒术　　不善捉毒蛇
世尊知是法　　甚深微妙相　　非钝根所及　　是故不欲说

　　诸法毕竟空性,要以二谛无碍的正观去观察的。假使"不能"以不碍缘起的"正观"去观"空",那就不能知道空的真义。结果,或者不信空,或者不能了解空,问题在学者的根性太钝。"钝根"听说空相应行的经典,不能正确而如实地悟见,所以或者如方广道人的落于断灭,或者如小乘五百部的执有,诽谤真空。这样的根性,闻性空不能有利,反而自生烦恼,"自"己"害"了自己。所以佛为利根人才说空、无相、无作、无生、无灭的法门。须菩提在般若会上,曾对佛说过:不能为一般人说空。佛说:是的。要为大菩萨说;不过一般众生中,如有利根、智慧深、烦恼薄的,也可以为说这一切法性空的法门。佛说法是特重机教相扣的,什么根性,为他说什么法。如为根性低劣的说深法,为根性上利的说浅法,机教不相应,不特受教者不能得益,反而使他蒙受极大的损害。如人参是补品,但体力过于虚弱,或有外感重病的人吃了,反而会增加病苦。这样,一切法性空,本不是钝根人所能接受的。如印度人捉毒蛇,善用咒术的人,利用咒术的力量迷惑住蛇,不费力地就捉到了。蛇很驯良地听捉蛇者玩弄;蛇胆等有很大的功用。"如不善咒术,不善捉毒蛇",不但蛇不会被捉住,捉到了也会被蛇咬死的。这譬喻钝根人学空受害,问题在根性太钝,不懂学空的方便,《般若经》中称之为无方便学者。

　　"世尊知"道这第一义谛的缘起空"法",是"甚深"最甚深,"微妙"最微妙,难通达最难通达,不是一般"钝根"众生"所"能"及"的。众生的染著妄执,是非常深固而不容易解脱的。佛知道根钝障重的人,不容易信受此甚深微妙究竟的法门,"故"佛起初就"不欲说"法。如律中说:佛成道后,多日不说法。《法华经》说:佛成佛后,三七日中思惟,不欲说法,也是这个意思。

上来五颂,开示佛法的宗要,说明空义的甚深难解。可知外人的责难论主,并不希奇,可说是当然有此误会。因外人无知的责难,反而显出空的甚深了!

壬二　显明空善巧见有多失

癸一　明空善巧

汝谓我著空　而为我生过　汝今所说过　于空则无有
以有空义故　一切法得成　若无空义者　一切则不成

此下,申明正义,反难外人。外人不知自己的根性不够,不能悟解空中的立一切法,所以以为"我"执"著"一切诸法皆"空",以为我是破坏世出世间因果的邪见,"为我"编排出很多的"过"失。其实,"汝今所说"的一切"过"失,在我无自性的缘起"空"中,根本是"无有"的。不特没有过,而且唯有空才能善巧建立一切。你以为一切都空了,什么都不能建立。可是,在我看来,空是依缘起的矛盾相待性而开示的深义。唯有是空的,才能与相依相待的缘起法相应,才能善巧地安立一切。所以说:"以有空义故,一切法得成。"反过来说:你以为一切实有,才能成立世出世间的一切因果缘起,这不致于破坏三宝、四谛。不知这是错乱的、凡庸的知见,势必弄到真妄隔别,因果不相及,一切都没有建立可能。这才是破坏三宝、四谛哩!所以说:"若无空义者,一切则不成。"

为什么唯性空才能建立一切? 空是无自性义;自性是自体

实有、自己成立的意思。从时间的前后看,它是常住的、静止的,从彼此关系看,它是个体的、孤立的;从它的现起而直觉它自体的存在看,它是确实的,自己如此的。凡是自性有的,推究到本源,必是实有、独存、常住的。凡有此常、一、实的观念,即是自性见。以诸法为有这自性的,即是执著诸法自性有的有见,也就是与性空宗对立的有宗。说自性有是常住的,佛教的学者,除了后期佛教的不共大乘而外,少有肯老实承认的。他们说:我们也是主张诸行无常的,刹那生灭的。他们确也信受诸行无常,不过从分位的无常,分析到一刹那,就不自觉地在无常后面露出常住的面目来。诸法是实有的,析到极短的一刹那,前念非后念,后念非前念,法体恒住自性,这不是常住么!即使不立三世实有,立现在实有,此刹那即灭,虽没有常过,就有断过。其实,这是常见的变形,是不能信解如此又如彼的。又如虽说因缘生法,色法是由四大、四尘和合成的,假使把和合的色法分析到最极微细的极微(空间点),即成一一的独立单位。这独立单位的极微,纵然说和合而有,也不过是一个个的堆积。不落于一,即落于异。凡不以一切空为究竟,不了一切是相待依存的,他必要成立空间上的无分极微色、时间上的无分刹那心。实有论者的根本思想,永远是依实立假。他们的实有,终究不出断、常、一、异的过失。有些宗教及哲学者(后期大乘学者也有此倾向),向外扩展,说世界的一切为整体的,这是大一;时间是无始无终的存在,不可分割,这是大常。大常大一的,即是绝待的妙有。这与佛法中有所得的声闻学者,说小常、小一,只有倾向不同。一是向外的,达到其大无外;一是向内的,达到其小无内,实是同一思想的不同形态,都不过是一是常的实有。此自性实有的、不空的,就失却因缘义。因为自性实有的,究竟必到达自己存在的结论。自己存在,还要因缘做什么? 失了因缘,哪里还谈得上建立一切! 空是无自性义,世间的一切都是相依相待,一切是关系的存在。因缘生法,所以是空的;空的,所以才有因缘有而不是自性有。如明白空是无自性义,是胜义无自性,而不是世俗无缘起,即能知由空成立一切了。但有见深厚的人,总觉得诸法无自性空不能成立一切,多少要有点实在性,才可以搭起空架来。如一切是空,因果间没有丝毫的自性,为什么会有因果法则? 为什么会有种种差别? 这仍是落于自性见,有见根深确是不易了解真空的。空是无自性,一切因缘生法,因果法则,无不是无自性的。虽然世俗法都是虚妄的、错乱的,但错乱中也有它的条理和必然的法则。所以我们见了相对安立的事相理则,以为一切都是有条不紊、不错不乱,必有它的真实性。不知境幻心也幻,幻幻之间,却成为世俗的真实。如有一丈宽的大路,离远了去看,就好像路愈远愈小,这是错乱。可是你到那里,用尺一量,不宽不狭,刚刚还是一丈。如把尺放在那边,走回来再看,路还是小小的,尺也缩得短短的。看来,路已狭了,尺已短了,但还是一丈。所以能量(尺)所量(路),在因缘下而如幻地幻现,但其间能成立安定的法则与关系的不错乱。一切如幻,是可以成立世出世间因果的。我们说空,即是缘起的;缘起的必然表现出相待的特性,相待即是种种的。所以实有论者以为一切空即不能说明种种差别,实是大误会。反之,在自性实有的见地中,在性空者看来,他才不能成立彼此的差别与前后的差别!

此二颂，为实有论者与性空论者的根本不同点，在性空可否建立一切。性空能建立一切的，是性空者，他一定以空为中道究竟的。性空不能建立一切，即是实有论者，他必然地以为空是错的，或者温和地说是不了义的。本论为彻底的性空论，读者应深切地把握此意。

癸二　执有成失

汝今自有过　　而以回向我　　如人乘马者　　自忘于所乘
若汝见诸法　　决定有性者　　即为见诸法　　无因亦无缘
即为破因果　　作作者作法　　亦复坏一切　　万物之生灭

论主略指外人的过失说：你"今自"己"有"重大的"过"失，不自觉知，反"而"把这些过失拿来"回向我"，这不是极大的错误吗？自己有过，应该自己反省、觉悟、革除，为什么向别人身上推呢？把过失推在我的身上，自己以为没有过，这等于"人乘"在"马"上，而"自"己"忘"却自己"所乘"的马，到处去寻马一样。假使，你"见"到"诸法"是"决定有"实自"性"的，那所"见"到的一切"诸法"，就是"无因""无缘"而有的。诸法有自性，就是自体完成的，本来是这样的，自己是这样的，这自然就失却因缘了。自性见者，推论为有自性才可成立一切，这是不解缘起法所生的错误。他们是离现象而想像实体，所以不能把握时空中的相待依存性。结果，自性有，就不成其为因缘生义。无因无缘，就"破"坏"因果"，破坏"作"业、"作者"、"作法"，以及破"坏一切万物"的因果"生灭"了。性空者不承认有实自性，也决不承认空是破坏一切。如以为实可破一切，这决非正确的空宗学者。

辛三　证成

众因缘生法　我说即是空　亦为是假名　亦是中道义
未曾有一法　不从因缘生　是故一切法　无不是空者

这是引证佛说,证成缘起性空的自宗。佛在《胜义空经》开示此义,《华首经》中也曾说过本颂。中国的佛教界,像天台、贤首诸大师,是常常重视应用本颂的,三论师也特别重视。引此颂以成立一切法的无自性空,是论主的正义所在。一切"众"多"因缘"所"生"的"法","我"佛"说"它就"是空"的。虽说是空,但并不是否认一切法。这空无自性的空法,"亦"说"为是假名"的。因离戏论的空寂中,空相也是不可得的。佛所以说缘生法是空,如《智度论》说"为可度众生说是毕竟空",目的在使众生在缘起法中,离一切自性妄见;以无自性空的观门,体证诸法寂灭的实相。所以一切法空,而不能以为胜义实相中有此空相的。这即缘起有的性空,"亦是中道义"。经中说:"为菩萨说不可得空。"不可得空,即空无空相的中道第一义空。缘起幻有,确实是空无自性的,是佛的如实说,龙树不过是详为开显而已。一切的一切,如不能以缘起假名说明它是空,就不能寂灭有无诸相,也不能证悟诸法实相。假使不知空也是假名的安立,为离一切妄见的,以为实有空相或空理,这可以产生两种不同的倒见:一、以为有这真实的空性,为万有的实体;一转就会与梵我论合一。二、以为空是什么都没有,即成为谤法的邪见。明白了因缘生法是空的,此空也是假名的,才能证悟中道,不起种种边邪见。这样的解说,为本颂正义。以空为假名的,所以此空是不碍有的,不执此空为实在的;这样的空,才是合于中道的。此说明空不是邪见,是中道,目的正为外人的谤空而说。青目说:"众因缘生法,我说即是空;空亦复空,但为引导众生,故以假名说(空);离有无二边故,名(此空)为中道。"月称说:"即此空,离二边为中道。"——都重在显示空义的无过。

上颂已成立缘生性空的空,是不碍有的,是不著空的正见;下颂才说明一切无不是缘生法,所以一切无不是空的。凡是存在的,无一不是缘生的。所以说:"未曾有一法,不从因缘生。"凡是从因缘生的,无一不是空无自性的。实有的缘生法,决定没有的。所以说:"是故一切法,无不是空者。"这一颂与上一颂的意义是连贯的,不能把它分开而断章取义的。离后颂而读前颂,决定会作别解。论主所以引这两颂,因外人与论主诤论,说性空者主张是破坏一切的;论主才引经证成自己,不特没有过,而且这是佛法的精髓,是佛法的真义所在。

本颂,又可作如此说:因缘生法,指内外共知共见的因果事实。外人因为缘生,所以执有;论主却从缘生,成立他的性空。所以说:即是空的。空不是没有缘起,此空是不碍缘起的,不过缘起是无自性的假名。这样,缘生而无自性,所以离常边、有边、增益边;性空而有假名的,所以离断边、无边、损减边;双离二边,合于佛法的中道。这是双约二谛空有而说的。中道,形容意义的恰好,并非在性空假名外,别有什么。这样,假名与中道,都在空中建立的。一切诸法寂无自性,所以是空;缘起法的假名宛然存在,所以是有。这相即无碍法,从胜义看,是毕竟空性;从世俗看,虽也空无自性,却又是假名的。这样,所以是中道。《般若经》说:"观十二因缘,不生不灭,如虚空不可尽,是为菩萨不共中道妙观。"也就是此意。性空假名无碍的中道,也就是二谛无碍的中道。然而,无一法不是缘生,也就无一法不是性空;依世俗的因缘生法,通达一切法空,是证入胜义的正见。观一切法的空性,才能离自性见,悟入诸法实相。所以,观行的过程,第一要了解因果缘起,得法住智;再观此缘起无自性空,假名寂灭,得涅槃智。依缘有而悟入性空,悟入性空的当下,是一切生灭缘起法都泯寂不现的。因此,在正觉中,不能不所,一切都不可安立。如从真出俗,观性空的假名缘起,见一切如幻缘起法宛然存在。圣者所见的世俗,与凡人所见,就大有不同了。《智度论》说"般若将入毕竟空,寂诸戏论;方便将出毕竟空,严土化生",就是这一修行的历程。加行位中,还没有能现证空寂,没有离戏论,只是一种似悟。在加行位中,确实即有观空,空不碍有的。但依此二谛无碍的悟解,即能深入到毕竟空寂的实证。所以《心经》说:"色不异空,空不异色;色即是空,空即是色。……是故空中无色。"观色空的相即不二,而到达现证,却唯是色相泯灭的空相。《华严经》也说:"相与无相无差别,入于究竟皆无相。"先作圆融观而达到绝待,这是悟入实相的必然经历。如本颂虽明自性空与假名有的二谛相即,而真意在空,这才是指归正观悟入的要意所在,为学者求证的目标所在。末后"无不是空者"一句,是怎样的指出《中论》正宗呀!

三论师以中假义解释前颂:众因缘生法是俗谛,我说即是空是第一义谛。二谛是教,是假名;假名而有即非有,假名而空即非空;依假名的空有,泯空有的一切相,这是中道。所说虽略有出入,但他的空有假名说,就是说明了有是假名的非实有,空是假名的非偏空，依此而显中道。虽说三谛，依然是假名绝待的二谛论，不过立意多少倾向圆融而已。中道是不落两边的，缘生而无自性空，空无自性而缘起，缘起与性空交融无碍，所以称之为中道义，即是恰当而确实的。不是离空有外，另有一第三者的中道。

　　天台家，本前一颂，发挥他的三谛论。在中观者看来，实是大有问题的。第一、违明文。龙树在前颂中明白地说："诸佛依二谛，为众生说法。"怎么影取本颂，唱说三谛说？这不合本论的体系，是明白可见的。第二、违颂义。这两颂的意义是一贯的，怎么断章取义，取前一颂成立三谛说。不知后颂归结到"无不是空者"，并没有说：是故一切法，无不是即空即假即中。如《心经》，也还是"是故空中无色"，而不是：是故即空即色。《华严经》也没有至于究竟，终是无相即有相。这本是性空经论共义，不能附会穿凿。要发挥三谛圆融论，这是思想的自由。而且，在后期的真常唯心妙有的大乘中，也可以找到根据，何必要说是龙树宗风呢？又像他的"三智一心中得"，以为龙树《智度论》说，真是欺尽天下人！龙树的《智论》还在世间，何不去反省一下呢！中国的传统学者，把龙树学的特色完全抹杀，这不过是自以为法性中宗而已，龙树论何曾如此说！

庚二　遮破妄有

辛一　破坏四谛三宝

壬一　破坏四谛

癸一　总标

若一切不空　则无有生灭　如是则无有　四圣谛之法

性空者的正义,既明白显示;对于外人的责难,不能接受,要推还给他。所以说:坚持"一切"法"不空"的,过失可太大了!诸法有自性,自己完成的,自己如此的,就没有变化生灭;如"无有生灭",也就"无有四圣谛之法"了。

癸二　别释

苦不从缘生	云何当有苦	无常是苦义	定性无无常
若苦有定性	何故从集生	是故无有集	以破空义故
苦若有定性	则不应有灭	汝著定性故	即破于灭谛
苦若有定性	则无有修道	若道可修习	即无有定性

外人说:我并不破坏四圣谛法,我是成立一切法从因缘生的;因果生灭,为什么说我破坏这一切呢?论主说:这是智慧浅薄,自以为能立一切法,其实是不能避免过失的。自性不空,特别如三世实有者,一切法本来存在,不是从因缘生而才有的。既"不从"因"缘"所"生",试问怎么会"有苦"?苦是什么意义?"无常是苦义"。经说:"以一切诸行无常故,我说一切有漏诸受是苦。"不如意、不愉快、不安定、不圆满,都是苦;不但苦是苦,乐也是苦,不苦不乐的平庸心境也是苦。苦上加苦是苦苦,这是人人知道的。快乐是无常的,变动不居的。才以为快乐,一转眼起了变化,立刻就失坏快乐而悲哀了,所以乐受是坏苦。平庸的境界,得之不喜,失之不忧;然而不苦不乐是行苦。行就是迁流变易,无常生灭的;在不知不觉间,走向苦痛。如大海中无舵的小舟,随风漂流,船中的人们,尽管熟睡得无喜无忧,等到船触着了暗礁,船破人没的悲哀就来了。所以,享八万四千大劫福报的

非想非非想天的有情,在他泯除想非想的差别,住在平等寂静的
定中,没有一般的苦乐。可是时劫迁流,不断地缩短他的生命,
这也到底在苦的圈子里。所以,苦谛是成立于无常的。如诸法
决"定"有自"性",无常义不得成立;"无"有"无常",苦也就不
得成了。

根本佛教说四谛,是这样的:苦,苦(的)集,苦集(的)灭,苦
灭(的)道。以苦为出发的,每一谛都说有苦字。所以集灭道三
谛不成,本论都从苦说起。

假定说:"苦"谛是"有"决"定"自"性"的,那怎么又是"从"
烦恼业的"集"谛"生"呢? 苦自己有了,照理就无须乎从烦恼业
生,所以说"是故无有集"。集谛的所以不成立,还不是因为有
自性,"破"坏了"空义"。然而,苦确实从集谛的烦恼业力的因
缘生的,缘生就是无自性的,怎么可说有定性呢? 假定还要说
"苦"是"有"决"定性"的,那生死苦痛,就"不应"当"有灭"。不
但在地狱受苦的有情,永远在地狱受苦;在人中受苦的有情,永
远在人中受苦;而且生死苦海的轮回,也再不能有彻底的解脱,
证入涅槃。执"著"苦有决"定"自"性",故"苦""即"不可灭而
"破"坏"灭谛"了。如"苦"是"有"它决"定"的自"性",那不但
破坏了集谛、灭谛,道谛也被破坏了。所以说"则无有修道"。
为什么要修道? 修道的目的,是为对治烦恼,灭除苦果。这必须
烦恼与苦阴身有改变的可能,修道才能灭除它。假使苦有定性,
集有定性,不但道也是本有的而无道可修,就是修道也不能灭
除。如承认佛法中有"道可"以"修习",那就"无有定性"可说
了。本论从苦谛实有定性以说明苦集、苦集灭、苦灭道的不可

能。集灭道三谛,也都无有定性;如有定性,也是一切不成的。

癸三　结成

若无有苦谛　及无集灭谛　所可灭苦道　竟为何所至

这是总结无四谛的过失。有苦谛,就有集、灭谛,修道也就有到达的目的了。如苦有定性,就"无有苦谛";苦谛没有,自然也就"无"有"集"谛、"灭谛";集、灭谛没有,修"所可灭苦"的"道"谛,究"竟为何所至"呢? 后二句,似乎是说无有道谛。然总连上文,就知是说道无所到了。修道是有目的的。以四谛来说,道是所修的,集是修道所要断的,灭是修道所要到达证实的,苦是道所要解脱的。苦集灭三谛都没有了,修道不是无所趣向了吗!

壬二　破坏四谛事

若苦定有性　先来所不见　于今云何见　其性不异故
如见苦不然　断集及证灭　修道及四果　是亦皆不然
是四道果性　先来不可得　诸法性若定　今云何可得

有四谛,就有修四谛的人;有修四谛的人,就有修四谛的事——见苦、断集、证灭、修道。如实有论者说,诸"苦"决"定有"自"性"的,那就一切众生,在没有修四圣谛之"先",既从"来""不"曾"见"到苦谛,不见即不再能见,现"今"修道,又怎样能够"见"呢? 苦是实有的,"其性"没有变"异",所以,先前没有见,即苦性永不可见,现在也不应该有见苦的道行了。"如见苦不"可能,"断集"也就不能断,"证灭"也无所证,本不"修道"，当然现在也无道可修了。修四圣谛行，尚且不可得，由修而得的"四果"，自然也"是""不然"的。进一步说："四"沙门"道"、四沙门"果"的体"性"，凡夫在未修之"先"，本"来"是"不可得"的，这是谁也不能否认的。一切"诸法"的自"性，若"执著是决"定"有的，那不得即不能得，现"今"又怎么"可"以"得"呢？理由还是一样，有决定性，性即不可变异，所以不可得，就永不可得了。这可见决定有自性论者，四谛行果都被破坏了。

壬三　破坏三宝

癸一　正明三宝无有

若无有四果　则无得向者　以无八圣故　则无有僧宝

无四圣谛故　亦无有法宝　无法宝僧宝　云何有佛宝

如上所说，没"有"所得的"四果"，也就没有能得四果、趣向四果的人了。所以说"则无得向者"。四得、四向，是出世的八贤圣，也就是佛教中的僧宝。所以如没有四得、四向，"无"有"八"贤"圣"，也就"无有"鼎足而三，住持佛法的"僧宝"了。进一步说：没有苦、集、灭、道的"四圣谛"，也就"无有"解脱所由的法宝了。"法宝、僧宝"都没有了，又哪里还"有"创立僧团、弘布正法的"佛宝"呢？况且，佛也是依法修习而成，居于僧数中的。所以，说一切皆空，没有破坏三宝；而说诸法有自性，反而三宝不能成立了！

癸二　别显佛道无成

汝说则不因　菩提而有佛　亦复不因佛　而有于菩提

虽复勤精进　修行菩提道　若先非佛性　不应得成佛

自佛教出现于世间说,后代的佛弟子都在追仰佛陀的遗风,发扬佛陀行果的大乘,所以特别一论佛宝。菩萨久劫修行,得阿耨多罗三藐三菩提,所以名佛。如照实有论者所"说",诸法各有自性,那就佛有佛的自性,菩提有菩提的自性了。佛陀是人,菩提是法,人与法是相依而共存的。如人法各有自性,那就"不因"发"菩提"心,行菩萨道,证大菩提"而有佛";也可以"不因"能证得的"佛,而有于"无上"菩提"的道果了。菩提是觉——果智,统摄佛果位上的一切无漏功德,这是约法而言。佛陀是觉者,是证得菩提的大圣,这是约人而言。得菩提所以有佛,有佛所以能证得菩提,这二者是相因而不相离的。如外人所说,各有自性不相依待,那就不妨离佛有菩提,离菩提有佛了。如相因而不离,岂非是缘生的性空!

进一步说,一般的有情,是没有成佛的,自然也就没有佛的体性。既先前没有佛性,就该永没有;因为自性有的佛,一定是始终一如的。有定性,就不能先没有而后有。这样,众生本来没有成佛,就是没有佛性。既没有佛性,"虽"发菩提心而"复勤"猛"精进"的"修行"六度万行,严土度生的"菩提道",然他原"先"没有"佛性",发心修行也还是"不""得成佛"。事实上,以善士指示、听闻正法、发菩提心为因,三大阿僧祇的长期修行为缘,到福智资粮圆满时,是可以成佛的。在因缘和合的条件下,既可以成佛,可知是缘起无自性的。实有论者,如说一切有部等,也还是说修行成佛的。现在难他不得成佛,是因他主张有定性的,有定性怎么可以修行成佛呢? 真常妙有论者,不知性空者以众生没有佛自性的理论责难实事论者，竟然断章取义地以本颂为据，说龙树菩萨也成立一切众生皆有佛性。假使众生起初没有佛性，就不能成佛了。现见众生能成佛，可知原来就有这佛性存在的。不然，修行怎么能成佛呢？这种不顾颂意，强龙树同己，真是龙树的罪人！实则，龙树并不承认先有佛性的；佛性先有，这是因中有果论，是龙树所痛斥的。性空者的意见，一切法是性空的，是待缘而成的。因为性空，所以因缘和合可以发心，可以修行，可以成佛。《法华经》说"知法常无性，佛种从缘起"，也与性空者相合。一切众生是有成佛可能的，因为是性空的。然而性空并不能决定你成佛，还是由因缘而定。所以，一切众生有成佛的可能，而三乘还是究竟的。佛性本有论者，只是觉得性空不能成立，非要有实在的、微妙的无漏因缘而已。

辛二　破坏因果罪福

若诸法不空　无作罪福者　不空何所作　以其性定故
汝于罪福中　不生果报者　是则离罪福　而有诸果报
若谓从罪福　而生果报者　果从罪福生　云何言不空

如主张一切"法"是"不空"的，那不但破坏出世法，也破坏世间法。所以说："无"有能"作"罪福"者"，也没有所作的"罪福"。为什么不空就没有作罪福者呢？"不空"的，有"何所作"？"以其"作者、作罪、作福，各有自"性"，是决"定"的。自性决定，作者决定是作者，罪福本来是罪福，不因作罪作福有作者，也不因作者有罪福。各各决定，就没有作不作了。假使，一方面承认有罪福果报，一方面又说是各各有决定性，这不是等于说"罪福中不生果报"吗？如有部确也是这样主张的：果报是无记法，它的体性，老早就存在的，不过要有罪福的因缘，才能把它引发出来。罪福只有引发的作用，没有能生的功能。这样，就"是""离"了"罪福而"可以"有诸果报"了。离了罪福有果报，不是没有造作罪恶，也可以有罪苦的果报；没有造作福德，也可有福乐的果报吗？这么一来，一切因果都错乱了。假定说：果报是从罪福生的，"从罪"业生苦的果报，从"福"业"而生"乐的"果报"。善恶"果"报既"从罪福生"，就是从因缘生；从因缘生，即是无自性的，为什么又说是"不空"呢？

辛三　破坏一切世俗

汝破一切法　诸因缘空义　则破于世俗　诸余所有法
若破于空义　即应无所作　无作而有作　不作名作者
若有决定性　世间种种相　则不生不灭　常住而不坏

实有论者，有破坏一切的过失；现在结责他的坏一切世俗。主张有自性，就是"破一切法"的从"诸因缘"所生而无自性的"空义"。破因缘生义，即破一切法空性，这就不知幻有，不知真空，破坏了二谛。不但不能成立出世法，而且还"破于世俗"谛中"诸余所有"的一切"法"。世俗的一切法，包括世间的一切现象，穿衣、吃饭、行、来、出、入，一切事业，一切学理、制度。这一切的一切，都是性空的缘起，所以破坏了因缘性空，即是破坏世俗一切法了。假定真的固执实有，"破"坏诸法毕竟"空"的实"义"（空义并不能破，只是缘起假名法中，被他蒙蔽障碍罢了），世俗谛的一切，就"应"一切是自有的，本然如此的"无所"造

"作"了。因为作是因缘的,自性是无作的。反过来说,凡是因缘的,决定是所作性的;凡是无作的,决定是自性有的。假使说诸法实有自性,即是"无作"的,"而"又说世间"有作"罪、作福,这不等于指没有"作"罪的为"作"恶"者",没有作福的为作福者吗? 没有做生意的为经商者,没有从政的为政治家吗? 这样,世间的一切,愿意叫什么就是什么,这不是破坏世俗一切法了吗? 再说,诸法既是实"有决定性"的,"世间"存在的"种种相",有情的老病死相、苦乐舍相、眼耳等相,世界的成住坏相,万物的生住灭相,色声等相,一切的一切,都是自己存在,不是不从缘生吗? 执自相有生,不出自、他、共、无因的四生;有决定自性的法,在这四生中推寻不可得,所以"不生";不生也就"不灭";不生不灭,世间的种种相,就该是"常住"永远"而不"毁"坏"。世间的所以为世间,就是说它在不息流变中;无生无灭而不坏,实在不成其为世间了。

庚三　结成佛法

若无有空者　未得不应得　亦无断烦恼　亦无苦尽事
是故经中说　若见因缘法　则为能见佛　见苦集灭道

上来外人以有难空,说论主无四谛;论主责有显空,说外人无四谛。似乎专在说他人四谛的没有。实际,论主的真意刚刚与这相反。外人所以以有难空,是要以他有自性的见解,成立佛法的四谛、三宝。论主所以责有显空,也是反显唯有在性空中,才能成立四谛、三宝。本品本为明示悟见谛理,所以名观四谛品,不是说四谛不可得,就算完事。

　　如不承认诸法性空，而主张有自性，就"无有"性"空"义。不解空性，那苦、集、灭、道的四谛事，一切不成立。即先来未见四谛的，就不应见。不见谛理，圣人所得的种种无漏功德智慧，所证得的究竟无余涅槃，在先"未得"的，也"不应"该"得"。集谛的烦恼，在先未断的，也不应该断；痛苦灭尽的事，也不应该有。所以说："亦无断烦恼，亦无苦尽事。"苦尽就是灭谛的解脱。灭谛没有，道谛不可得，不说也就可知了，所以颂中不谈。这样，不承认因缘所生的空义，怎么能出世解脱呢？所以，阿含"经中"（《大集经》中也有）这样"说：若见因缘法，则为能见佛"；也就能够"见苦集灭道"的四圣谛法。有的经中说："见缘起即见法，见法即见佛。"虽没有别说见苦、集、灭、道，总说见法，已可概括此四谛法了。

　　见缘起法无自性空，就是真的见到缘起法的本性。缘起法，广一点，一切法都是因缘生法；扼要一点，是指有情生死的因果律。缘起律，就是无明缘行，行缘识，……纯大苦聚集。十二缘起法，不出惑业苦，由烦恼造业，由业感果；果报现前又起烦恼、造业，这样如环无端的缘起苦轮就常运不息了。缘起法，即显示此缘生法因果间的必然理则。由此深究缘起法的本性，一切是无自性的空寂。无自性的毕竟空性，是诸法的胜义，佛是见到缘起法的本性而成佛的。以无漏智体现缘起法性，无能无所，泯一切戏论相，彻证非一非异、非断非常、不生不灭的空寂——实相。这唯是自觉自知，难以言语表说这本性空寂，空是离一切名言思议的。证见缘起法空性，所以名佛；佛之所以为佛，也就在此，所以空寂名为如来法身。《金刚经》说："若以色见我……不能见如来。"又说："若见诸相非相,即见如来。"并指在因缘法中见佛之所以为佛,也就见到四谛的胜义空性。苦、集、灭、道,是缘起的事相;见性空,即能见幻有,所以也就能见四谛了。为什么见缘起就见四谛呢? 四谛是在缘起法上显示的:"此有故彼有,此生故彼生,谓无明缘行,乃至纯大苦聚集",这就是缘起的苦谛与集谛。由如此惑造如此业,由如此业感如此果,都是毕竟性空的。"此无故彼无,此灭故彼灭,谓无明灭则行灭,乃至纯大苦聚灭",这就是缘起的灭谛。灭如此苦集,证如此择灭,也都是空无自性的。能作此观察与种种修行的,即道谛。缘起的苦、集是流转律,是集成的,是因缘生的;缘起的灭,是还灭律,是消散的;道是扭转这流转,而向还灭的方法。灭有二义:一、苦、集是因缘生的,缘所生的法,本性就是寂灭的。在缘起法上,直指空性,这是本性寂灭。也是指出它的本性,与苦、集的可灭性。二、以正观观察缘起的苦、集是毕竟空无自性,这是道;依道的行践,行到尽头,入于涅槃城,就得安隐,也就是寂灭的实证。这大道,主要是缘起观。作如此观,名为正观,由此正观,得真解脱。所以体悟缘起,四谛无不能见能行。《心经》说"无苦集灭道",又说"无智亦无得",也是指缘起无自性说的。因为如此,"三世诸佛依般若波罗密多故,得阿耨多罗三藐三菩提"。即是因空相应的观行而得成。《般若经》也说"一切法不空,无道无果","一切法空,能动能出"。所以本品的归结,是见缘起法的真相,才有生死可了,涅槃可得,佛道可成。

观涅槃品第二十五

如来品，明缘起的如来；如释迦牟尼，指能证的假我说。上来明断烦恼，见真理；本品观涅槃，才是佛教的极果。本论以《阿含经》为所通，所以谈涅槃解脱果，不辨菩提果；涅槃是佛与声闻所共证的。涅槃，在梵文中含义很多，所以向来译义不同：有的译作灭；有的译作灭度；唐玄奘又译为圆寂，意说德无不圆，惑无不寂。其实，涅槃的特性，是寂灭。寂灭，不是打破什么，或取消什么，是说惑业苦本性空寂的实现。它不仅是寂灭，而是体现寂灭的境地。众生由烦恼而造业，由造业而感果，受生死苦，轮回不息；不知惑业苦三是缘起的钩锁，而觉有自性的存在。所以在生死中，为内我外物等爱取所系缚，感到像火一样的热恼，触处荆棘成碍，一切充满苦痛。所以经中喻三界如火宅。涅槃界，不受生死的热恼，没有苦痛的逼迫，得到彻底的自由解脱，于一切境无系无著，从心灵深处得到解放，确信未来的生死苦痛永息，得涅槃的不生。涅槃，本为印度各派学者共同的要求，唯佛法才能完成。得了涅槃，就远离热恼苦痛，可知它含有清凉、快乐的意思。这清凉，不同在暑天中得到凉风那样的清凉；这快乐，也不同穿衣得暖、吃饭得饱那样的快乐；它是身心的无累、无著，是离烦恼的清凉、离生死苦的安乐。涅槃是体证法性空寂而得的解脱，是现觉空寂而自知生死的永尽。在现生修行，只要内心离了惑染，见真谛，即能自觉自证："我生已尽，梵行已立，所作已办，不更受后有。"心得无限自在，不为生死苦迫所累，这就是证得涅槃。如阿罗汉彻见到诸法的缘起空性后，舍留寿行，就得自由；来去活动，也得自在。因现生的解脱，知此生尽已，后阴不起的无余涅槃是确实的。依阴处界身的存在或不起，分别有余与无余，其实涅槃界是没有差别的。涅槃非一般人所觉，佛要引导众生去体证它，所以对生死说涅槃。说生死是无常的、苦痛的、不净的、非自由的，涅槃是自由的、快乐的、清净的、不生不灭的；说生死是虚妄的，涅槃是真实的。三有海中的有情，因此起出世心，精勤修行，要出生死入涅槃。将此有彼有、此生彼生的因果联系，扭转来到达此无彼无、此灭彼灭。然一分学者，不能体达佛说的真意，生起执著，认为有三界可出，有涅槃可求；以为生死外别有那善的、乐的、常的涅槃。这不能代表佛说的涅槃。佛证觉的涅槃，即悟入一切法性毕竟空，本来寂静，这即是生死法的实相。入无余涅槃，也是因生死的本空而空之，何尝有实法可舍，有实法可得？如虚空的无障无碍，明净不染，无彼此的对立，无一异的差别，无生灭的动乱，无热恼的逼迫，一切戏论执著所不能戏论执著的，强名为涅槃。这涅槃在迷妄时，与生死不相碍，所以说"毕竟空中不碍生死"；在觉悟时，也与戒、定、慧等功德无碍，毕竟空寂而万德圆明（声闻的五分法身，也不有不尽）。涅槃空寂，特依性空的实相安立，所以这是佛弟子所共证的。它是佛教的核心归宿。没有这，就是在佛教中，没有得到佛教的新生。说得彻底些，还在门外。得到了，才名为"从法化生"的佛子。本品一边破，一边显，破除实有论者的涅槃，显示涅槃的真义。种种不同的涅槃说，在破显中也可窥其概要，所以这里不预加解说了。

戊四　观所证的涅槃

己一　略观

庚一　叙外难

若一切法空　无生无灭者　何断何所灭　而称为涅槃

　　一切实有的学者,见佛说断烦恼、灭生死、得涅槃,一面主有烦恼可断,生死可灭;一面又种种的拟想涅槃,以为有涅槃可得。所以,他们觉得如性空者所说,"一切"的因果缘起"法"皆"空",那就一切法"无生无灭",这还有什么烦恼可"断",有什么生死苦为"所灭",而可"称为"得证"涅槃"呢? 断烦恼,息戏论,灭有漏,除杂染,了生死,出苦痛,这可得涅槃;诸法既然都是空无自性的,就没有烦恼可断,没有苦果可灭;苦、集二谛没有,是善是常是真实的涅槃,又从何建立? 外人不但以有为的实有,成立涅槃的实有;他的用意,还想因涅槃的可得,成立一切法不能说空,一切都实有自性。

庚二　申正宗

辛一　遮

若诸法不空　则无生无灭　何断何所灭　而称为涅槃

　　外人以涅槃不成的过失难论主,论主就照样地报答他说:假使主张一切"诸法"实有"不空",即法法有定性,法法本来如是的,那就"无"所谓"生",也"无"所谓"灭"了。无生无灭的诸法,试问还有什么可"断"? 有什么"所灭"呢? 不断集,不灭苦,有漏因果常在,那又"称"什么"为"寂灭的"涅槃"呢? 这一反掷法，与《观四谛品》同。有说：上二颂，明涅槃为非空非不空，就是空不是涅槃，不空也不是涅槃。前颂为外人难空不是涅槃，也就是假外人的口，说明涅槃不是空；这颂是论主批评不空也不是涅槃。这是望文生义的误解，没有懂得本颂的真意。本颂是说：不空不能成立涅槃，在毕竟性空中，才能成立涅槃。不是承认说性空与不空，同样的涅槃不得成。进一步说，诸法毕竟空，即是一切法的本来涅槃。误解的来源，是没有辨清空、有，忽略了唯有无自性空才能建立一切的特色。

辛二　显

无得亦无至　不断亦不常　不生亦不灭　是说名涅槃

前颂反责外人，这一颂显正，以二无四不明涅槃。二无是无得、无至，四不是不断、不常、不生、不灭。涅槃，是行者悟证空寂，离烦恼而现觉到的，不是可以形容的。其他的宗教，或世间学者所论所见的真理或归宿，好像自己是站在他的对方，他是为我所得的，这实不能证见真谛。佛教说见真谛证涅槃，是悟入毕竟空性，深入法的内在，与一切法空性融然一味，无二无别，平常称之为入不二法门。这是境智一如，能所双泯，有无俱寂，自他不二，超越一切名想差别。这不能想像、思考，想就有能想所想；这也难以说，说就有能说所说。这唯有修行者以正观的直觉，廓然地洞见它。虽说融成一体，但也不起一想。以假名来表示它，所以说：悟入空寂性，是法法清净，法法本然的，是一切戏论都息的。这必不会以为我是能得的，真理是所得的。《金刚经》中须菩提说："世尊！阿罗汉不作是念，我得阿罗汉道。"就是"无得"

的例证。依平常所说,似乎修行的慢慢地行到涅槃了。这是说明他,而涅槃本身实是"无至"的。生死是无自性的,涅槃也是无自性的,在同一无自性的空相中,没有去来相,也没有从此到彼的动相。涅槃即世间的实际,更无可至。或译无至为无失,那就与无得相待,即无烦恼可断、生死可灭,毕竟空寂中有什么可失? 这样,一切有为有漏法,无不是性空,无不是缘起的寂灭,本来如此,没有一法可以断的。如果说有法可断,这就是断见,断见者怎么能得涅槃? 所以说"不断"。涅槃也有称之为常的。然这是指现觉空性的超越时间性而假说的。一般人以为由过去而现在,由现在而未来,三世时劫的迁流是无常;以为过去如此,现在如此,一直如此是常住。这样的常住,只是缘起相对性的安定相,哪里可以想像为实有的常在。在现觉空寂中,超越时间性,没有这种对无常的常,所以说"不常"。假使有此等常,这就是常见了。诸法空性,本来寂灭的,在寂灭的法空性中,不见一法实生,不见一法实灭,生灭的幻相宛然而寂然,所以说"不生亦不灭"。这二无四不的寂灭空性,总算在不可说中,假说此二无四不"名涅槃"。涅槃如此,怎么可以有所得心,想像有苦可灭、有集可断、有真常的涅槃可证呢! 上来依胜义说。然如幻众生,修如幻行,不取著一切而得身心解脱的涅槃,这涅槃即如幻如化的。在如幻如化的涅槃中,也决无自性实有的可得、可至、可断、可常、可生、可灭。

己二　广观

庚一　别遮以四句为涅槃

辛一　遮有无是涅槃

壬一　遮

癸一　遮有

涅槃不名有　有则老死相　终无有有法　离于老死相
若涅槃是有　涅槃即有为　终无有一法　而是无为者
若涅槃是有　云何名无受　无有不从受　而名为法者

在声闻学者中，像说一切有部等，以涅槃为真实有的、善的、常住的；有无为法的离言自性，名之为择灭无为，即是以妙有为涅槃的。择灭是以智慧拣择，灭除一切有漏有为法所得；有为法有多少，无为也就有多少，所以以为离系的实有的择灭无为，是很多的。大乘佛法中，也有以真常妙有为涅槃的，但他是受过一切皆空思想的影响。小乘法法恒住自性的多元实在的涅槃，通过一切一味相、无二无差别的陶炼；但从实有不空的意图中，把它看做是真、是实、是常住、是微妙，具足恒沙功德的。这在思想的发展中，是透过了性空而开展出来的。由无常转为常住，由苦痛转为快乐，由不自在转为自在，由不净转为清净，涅槃是具常乐我净四德的。这实与小乘以实有为涅槃的思想相近。龙树破实有的涅槃，是破小乘执有者；不过大乘真常实有的涅槃论，如执为实，也是一样被破的。论主破实有者说："涅槃"是"不"能如你们想像那样可以看作实有、妙"有"的。因为"有"的，即是有"老死相"的,有老死相怎么可以名为涅槃?龙树的性空论是彻底的:凡是有,即是缘起的存在,必是有生有灭的;因缘的生灭法,离了缘起就不能存在,所以必然要从有而无的。这样,如涅槃体是有,就有老死相,老死相是生死的流转,怎么可以说涅槃如此。大小乘学者,都不承认涅槃有生死相。他们都说:涅槃是常住真实的。可是,诸法中,无论怎样的观察,"终无有"一个真实存在的"有法",是"离于老死相"的。老死相就是有,有就有老死相;承认涅槃是有,又不承认它有老死相,这是绝对不可能的。这样,如"涅槃是"实"有"的,那"涅槃"就是"有为"的;有为法有生住灭,涅槃有老死相,这自然也是有为了。这不但外人不能承认,事实上,如涅槃也是有为生死,这就"无有一法"可以说"是无为"的了。佛说涅槃是无为,在名称上是依待有为而施设的:有为是生灭法,无为是不生灭的。但这是意指诸法空寂性,哪里真有无为实体?有为诸法的性空,名为无为,是超越而离戏论的。如执竖超为横待,说有实有的无为,那还不是堕在有为中?涅槃是依生死苦集而施设的,苦集的寂灭即是涅槃,假使说有实有的涅槃,这也同样的落在生死中。

再说:假定"涅槃是有",有就有所执取,有摄受,那为什么经中说有受是生死,无受是涅槃呢?所以说"云何名无受"?若说涅槃的有,不是可取、可著、有执受的生死有,是无取、无著、无执受的不思议的妙有,这也不然。因为"无有"一法,"不"是"从"执"受而名为法"的。以为确有此法,以为它的本体如何,自性如何,或者如何微妙,都是有执取的。如涅槃是无受,就不可以说涅槃是有了。

癸二　遮无

有尚非涅槃　何况于无耶　涅槃无有有　何处当有无
若无是涅槃　云何名不受　未曾有不受　而名为无法

　　这是遮破涅槃为无的执著。像小乘经部师，就是以无为涅槃的。他说：有为是实有，无为是非实。如烧衣，衣烧了就无有衣；无瓶，瓶破了就没有瓶。在因果相续中，离去惑业，不再有生死，说为涅槃，哪里有涅槃的实体？本有生死的热恼苦迫，离此而得安隐的清凉，无有苦痛，所以佛劝人求证涅槃。他以因缘的否定与消散为涅槃，也同样是不知涅槃。论主破他说：实有者说"有，尚"且不是"涅槃，何况"你所说的"无"呢？有无是相待的，说有是待无而有，说无是待有而无，无是依有而成立的。"涅槃"尚且"无有"可能成立真实自性的实"有"，哪里还"有"因有还无的"无"呢！说有说无是世间事，因缘和合名为有，因缘离散名为无，这是现象的、生灭的，哪里是涅槃相？假定说实"无是涅槃"，怎么经中又说"不受"是涅槃呢？老实说，实无是涅槃，这就是有受，有受与经说的无受，就相违。因为从来不"曾有"过"不受"的"而"可"名为无法"的。无受，不但不受有无，也不受亦有亦无，非有非无都不受。取著实有就是常见，受取实无就是断见。假定是有、是无，为什么经中又说是无受？有无都是受，有所受，不落于断，就堕于常。《观成坏品》说："若有所受法，即堕于断常。"又说："涅槃灭相续，则堕于断灭。"这不是很明显地说有无都不是涅槃吗？为什么还执实无是涅槃呢？

壬二　显

受诸因缘故　轮转生死中　不受诸因缘　是名为涅槃
如佛经中说　断有断非有　是故知涅槃　非有亦非无

　　论主破斥外人的谬误，申述佛经的正义：有情于世间，"受诸因缘"的生死事，见色、闻声、举心、动念，无不执受、取著，这就是自性见；有自性见，爱染一切，于是起烦恼、造业；由造业感受生死的苦果。缘起诸法，虽本无自性，但幻幻相因，而"轮转"在"生死"的苦海"中"。佛说涅槃，不是断灭实有的生死（所以涅槃非无），也不是另得真常乐净的涅槃（所以非有），本性空寂，有何可断？有何可得？只是在见色、闻声、举心、动念中，"不"执"受"取著"诸因缘"法，现觉法性空寂，而还复诸法的本性空寂，所以"名为涅槃"。毕竟空寂中，有无俱泯，离一切戏论。不解缘起无自性者，以为实有烦恼可离、可灭，所以见有见无。其实烦恼就是取著，不取著即离烦恼，正觉一切无所得，佛称之为涅槃。这"如佛经中说：断"除实"有，断"除实无的"非有"，离有无二边，悟毕竟空名为涅槃。这可以"知"道"涅槃"是"非有亦非无"的，这如何可说实有实无呢？不著生死的有，也不误以涅槃为无，双遮有无，不著一切，这是根本佛教开示涅槃的本意。所以，拟想涅槃或以为有微妙的存在，或以为一切都没有，都是邪见，与涅槃无关。

辛二　遮双亦双非是涅槃

壬一　遮

癸一　遮亦有亦无为涅槃

若谓于有无　合为涅槃者　有无即解脱　是事则不然
若谓于有无　合为涅槃者　涅槃非无受　是二从受生
有无共合成　云何名涅槃　涅槃名无为　有无是有为
有无二事共　云何是涅槃　是二不同处　如明暗不俱

　　有与无不是涅槃,有的就以亦有亦无为涅槃了。像犊子系就是这样主张的:涅槃离根境和合执取的痛苦,但还有生死寂灭的乐受;有寂灭乐所以非无,离执受苦所以非有。神我论者说:离身心的苦,自我得彻底解放,也近于这个见解。真常论者说:涅槃有二义:一、空义,是空却一切戏论妄见;二、不空义,是常住真实不变的。真常不变,是微妙的妙有,所以说非无;戏论妄见,是虚幻不实,可以说非有。这也不能说是涅槃,因为毕竟空寂中,不但遮有、遮无,也遮亦有亦无的。所以论主破斥说:假定有主张"有无"和"合"而以亦有亦无"为涅槃"的,这也不对。涅槃是出世的解脱法,有无是世间的生死事。上文说有与无不是解脱,现在综合"有无"以为就是"解脱"涅槃,这怎么可以呢?所以说"是事则不然"。如一定执"有无"和"合"名"为涅槃",那"涅槃"就"非"是"无受"了。因为有无"二"法,是"从受生"的,上文已说过。所以如涅槃有受,这就违背佛说无受是涅槃的圣教。假定说涅槃是"有无共"同和"合"而"成"的,试问:此有无怎么可"名"为"涅槃"?要知"涅槃"是"无为"法,"有无是有为"法；如以有无为涅槃，不是以生死有为为无为吗？为什么说有无是有为呢？有就是生住异，无是灭，有与无，不就是有为吗？如涅槃以有为为体，不是终无有一法可以名为无为了吗？同时，"有无二事"相"共"，不可说"是涅槃"的，因为这"二"法是矛盾的，有是非无，无是非有，如光"明"与黑"暗"，明去暗来，暗来明去，这是"不"能共"俱"的，怎么可以合为一涅槃呢？外人以为这不是矛盾而是综合，一分是有，一分是无，有无的综合为涅槃。这是差别论。印度论师们，作此说的很多。中国的圆融论者，大都说有就是无，无就是有，有无是统一的。但毕竟空寂中，差别的综合不可得，并行的统一也不得成，这都是戏论涅槃。

癸二　遮非有非无为涅槃

若非有非无　名之为涅槃　此非有非无　以何而分别
分别非有无　如是名涅槃　若有无成者　非有非无成

双非论者说：佛不是说涅槃为非有非无吗？我就是这样主张的。所以我的理论，没有丝毫的过失。然此等得佛言不得佛意。佛说涅槃为非有非无，是立足在性空论，超越有无等二句四句的，离有无见而不著于双非的。你出发在实有的自性见，以为涅槃是非有非无的，离有无而别有一实的，还是堕在四句中。四句中的非有非无句，不是涅槃，是愚痴论。所以说："若非有非无，名之为涅槃"，那应该思惟这涅槃的"非有非无"到底是什么，"而分别"它是双非呢？假定说不分别，不分别那有什么非有非无可说？假定分别而得，那就不是有就是无，不是无就是有，又怎么可说非有非无呢？老实说，非有非无，是了解有无的无自性空而泯寂一切的。要你离戏论，而你以遮作表，以为实有真常微妙的非有非无，说什么因遮而显，真是旧病未除，新病又起。而且，以名言思惟"分别"为"非有"非"无"的，以这"名"为"涅槃"，不知非有非无是亦有亦无的反肯定，亦有亦无是有无的综合而成的；假使"有"与"无成"立了，亦有亦无才能成立；亦有亦无成立了，"非有非无"才能"成"立。如上所说，实有实无是不得成的，即没有亦有亦无，哪里有非有非无者可以分别？所以，非有非无的涅槃论是愚痴论，不是涅槃。龙树《智度论》中破这个双非，也不出此二门：一、显教意破，是指出他不知佛说非有非无的实相义，而生执著的错误。二、前三句破，是用前三句破他的第四句，使他在三句的分析中，自行瓦解。

壬二　显

癸一　如来离四句

如来灭度后　不言有与无　亦不言有无　非有及非无
如来现在时　不言有与无　亦不言有无　非有及非无

上面总破四句，现以如来离四句的圣教，证明涅槃的出四句。佛在世时，有外道问佛：如来死后去？如来死后不去？如来死后亦去亦不去？如来死后非去非不去？这就是有、无、亦有亦无、非有非无，属十四不可记中的四句。如来不记别这四句，可知如来死后，是离此四句分别戏论的。涅槃有有余、无余的两种，像释尊示寂在拘尸那熙连禅河畔二娑罗树间，这是无余涅槃，是"如来灭度后"的涅槃。在这灭度的无余涅槃中，如来是"不"说是"有"、是"无"，也不说他是亦"有"亦"无"，当然是更

不说他"非有及非无"的了。四句是世间的,依世间蕴处界的因
缘生灭现象而说的,灭度后即无此可说。外人所以问佛死后去
死后不去,因他以为有实在的,可来可去的。佛把它当作戏论
看,所以在不受因缘的寂灭中,不记说有能证者,有所证的涅槃,
也决不起断灭见以为是没有的。正觉成佛,见谛(分得)证了阿
罗汉果,都可以名为涅槃,这是有余涅槃。成佛觉了世间诸相,
在世间中来来往往,自由自在,无拘无碍,而如来之所以为如来,
也就因通达缘起无自性的毕竟空。在"如来现在"体达毕竟空
的有余涅槃"时",在正觉涅槃中,也是"不"说他是"有"是
"无",亦"有"亦"无",及"非有""非无"的。四句是戏论,而涅
槃空寂中,却一切戏论都息。后代的佛学者忽略这点,忽略他的
名言分别,不出思惟拟议,偏要以分别去分别涅槃如何如何;或
者自以为是积极的妙有的涅槃。在性空者看来,这仅是妄想分
别而已。

癸二　涅槃即世间

涅槃与世间　无有少分别　世间与涅槃　亦无少分别
涅槃之实际　及与世间际　如是二际者　无毫厘差别

　　这两颂,与前《观如来品》中的"如来所有性,即是世间性,
如来无有性,世间亦无性"的意义一样,不过前就如来与世间
说,这约世间与涅槃说。论主破四句非涅槃,因为外人觉得涅槃
与生死是隔离的,所以主张别有,或者即主张无。而不知这样的
说涅槃,是根本不对的。经中曾说离生死得涅槃的话,这是相对
的假说,目的在令人无取无著;离颠倒不取著,就能亲切地体现

寂静的涅槃了。如克求二者的实际，二者是无二无别的。本品
有二颂，说明此义。初颂，约缘起性空无碍，观世间的生死是如
幻的，缘起涅槃即此如幻的性空（《智论》释色即是空，即约此颂
释）。就涅槃望世间，即空性寂静的"涅槃，与"动乱生灭的"世
间"，是"无有少分"差"别"的。就世间望涅槃，生灭动乱的"世
间，与"性空寂静的"涅槃"，也是"无"有"少分"差"别"的。

　　进一步，就诸法毕竟空性说：在空有相待观中，世间即涅槃，
缘起与性空相成而不相夺。然此涅槃空寂，还是如幻相边的事。
以此二者，更作甚深的观察：生死的动乱如幻而空寂的，此涅槃
的空静也是如幻而空寂的，二者都如幻如化而同样的性空寂灭，
所以说"涅槃"的"实际"，"与世间"的实"际"，二者在幻相边，
虽似有生灭、寂灭等别，而推求到实际，"如是二"种实"际"，确
系"无毫厘差别"的。实际，是边际、究竟、真实的意思。所以了
生死得解脱，不是离了生死求涅槃，也不能就把生死当作涅槃。
离生死求涅槃，涅槃不可得；视生死即涅槃，这涅槃也靠不住。
初从生死如幻是有为法，涅槃不如幻是无为法的差别，进观二者
的无碍；到得究竟实相，这才洞达世间与涅槃如幻如化，实际都
是毕竟性空的，离一切戏论。在这样的立场，二者还有什么差别
（不起一见）！

庚二　总遮以诸见为涅槃

辛一　遮

壬一　叙见

灭后有无等　　有边等常等　　诸见依涅槃　　未来过去世

　　论主明涅槃离四句，也就是破诸见、灭戏论。本论开头说："能说是因缘，善灭诸戏论。"诸戏论是什么？就是六十二见，这里合成十四邪见。能观察八不的缘起，这一切戏论都可灭尽而悟入毕竟空性，这就是现证涅槃。先叙述外人的执见："灭后有无等"，就是上面说的如来死后去、死后不去、死后亦去亦不去、死后非去非不去的四句。"有边等"是我及世间有边、我及世间无边、亦有亦无边、非有非无边的四句。"常等"是我及世间常、我及世间无常、亦常亦无常、非常非无常等四句。三四十二句，还有身与命一、身与命异的二根本句，足成十四见。每四句中，又约五蕴为论：色是常、是无常、是亦常亦无常、是非常非无常；受、想、行、识四蕴，也是这样，就成了二十句。色是有边、是无边、是亦有亦无边、是非有非无边；受、想、行、识也如此，也成二十句。色如去、不如去、亦如亦不如去、非如非不如去；受、想、行、识四蕴也一样的，就又成了二十句。加身与命的是一是异二根本句，合为六十二见。这十四句中，灭后有无等四句，是考虑涅槃，在涅槃上所生起的戏论。有边无边等的四句，是推论未来而起的。我在无穷的未来，是有边际？无边际？假使未来永久恒时存在而不灭的，这是无边际；不能永久存在，这是有边际。常无常等的四句，是追究过去而起的。我在久远的过去，是怎样存在或不存在的？存在，即常；不存在，即无常。佛法中所说恒、常两个字，常是向过去而说的，恒是向未来世而说的。所以此中边无边等，也是约时间说。（这可以约空间说，即有限与无限。）所以说："诸见依涅槃，未来、过去世。"身命一异二根本句，可通于三者。

壬二　遮破

一切法空故　何有边无边　亦边亦无边　非有非无边
何者为一异　何有常无常　亦常亦无常　非常非无常

　　叙述了外人荒谬的执见，就针对他的执见加以破斥。灭后有无四句，正是从涅槃而起的戏论，上来已广为破斥。其他十句，虽不约涅槃而说，然有了这种妄执，也是不能离执而圆证寂灭的，所以也附带地破斥它。你从实有自性见出发，在本来无所有的，妄见是有，种种戏论；"一切法"的毕竟性"空"中，哪里"有"什么有"边、无边、亦"有"边亦无边、非有"边"非无边"呢？

　　这些，都是邪见，都是戏论。不但没有有边等四句，也没有"一异"可说，又还"有"什么"常、无常、亦常亦无常、非常非无常"可说？一异是一切戏论颠倒的根本，放在边无边及常无常的中间。十四句是戏论，所以佛陀说法，不加答复，令人离此戏论，才能证得涅槃。

辛二　显

诸法不可得　灭一切戏论　无人亦无处　佛亦无所说

　　一般人，总以为离生死得涅槃，是有能证的人、所证的涅槃，似乎有从此处到那边的样子。其实，在"诸法不可得"的毕竟性空中，息"灭"了"一切"的虚妄"戏论"，是"无"有能证的"人"，也"无"所到达的"处"所。人与处，都是在无自性的缘起上说的，性空中无法安立。本品上面说"无得亦无至"。没有人，哪里还有得；没有至，哪里还有去处？不但圣者自证是如此，就是佛说法，也是假名巧说，如彩画虚空。虽常说涅槃如何，生死如何，而实法性空寂中，未曾说得一字。所以佛说："我成道来，未曾说一字。"证法、教法，一切空寂不可得，如《金刚经》等说。佛陀不是游化四十九年，宣说一代教法吗？佛说解脱法门，无非在众生现实的生死苦痛中，指出错误颠倒；依世间的名言假施设，引导众生。如有人不辨方向，已到家乡，不知这里就是，还想东跑西跑。他所要到达的目的地，在他，真是远在天边，不易到达。假使有人告诉他：你迷了方向！你不要向南方，转向北方，摆在你面前的，就是你的故乡。要到达你的目的地，就得立刻掉转头来，向北方。迷路者知道了，掉转头来就是。那时候，还有什么南方与北方？佛说法，也是这样，并没有说一实法，实相中有何可说？所以说"佛亦无所说"。假使不明白这点，把方便当作真实的，每不免受名言的欺惑，专在名相中作活计了。

观十二因缘品第二十六

观诸法缘起，离却一切戏论颠倒，悟入诸法缘起寂灭性，这就是中道妙观，就是道谛的中心。向来科判本论，以为前二十五品依大乘法说，本品及后一品，依声闻乘法说。然此下二品，即是"能说是因缘，善灭诸戏论"，哪里可以偏属声闻？又上来的二十五品，破诸妄执，显法性空。这无一不是空的，决非抹杀一切。一切是空，也就是不坏缘起的。上来诸品，无非在成立苦、集、灭谛。此下两品，直依《阿含经》，这是更显而易见的。此正观十二缘起与远离种种戏论，实为圣道的宗要，所以判为道谛。

缘起正观,是观缘起的如幻因果生灭相,通达诸法的无自性空。观缘起的幻相,是对缘起法的如是因生如是果的因果决定性,生正确坚固的认识,得诸法的法住智,理解因果幻相的历然不乱。通达法性空,是观因果幻相的本性空,生出世的涅槃智,悟入诸法毕竟空不生不灭。修行者,先要得法住智,知道名相的差别、因果的必然,生正确的知见。无论是声闻、菩萨、佛,都先得此智,次得涅槃智证涅槃。所以龙树的学风,"先分别说诸法,后说毕竟空"。本论与一般论的性质不同点:一、小乘学者的阿毗昙,广谈实有的因果法相,本论遮破他们实有的妄执,所以直揭"不生亦不灭,不常亦不断……"的自性空义,不重复地宣说名相。二、佛法究竟义,在悟入涅槃空寂;特别在大乘法中,一切法趣空,特别地发挥涅槃智。本论也是侧重这点,深进一层地引入诸法毕竟空中。在毕竟空中,不碍苦、集、灭、道。成立一切是缘起性空的,指出众生的错误所在,使他纠正自己的错误。真的能深解空义,那就恍然了解因果法相的真义了。本论重于胜义,又因为出于小乘毗昙盛行的时代,所以略有详空。如不读《阿含》,不明毗昙,依稀仿佛地研究本论,不免起误会,或有忽略法住智的危险。也就因此,本品特别地说明它。(本论愈到后面,显正的渐多,也可说戏论渐除,才有正义可说。)未说颂文前,关于缘起,略谈两点:

一、十二支因果生灭,经中说有两种:一是缘起,一是缘生。这二种,都是说的"此有故彼有,此生故彼生,无明缘行,乃至纯大苦聚集"等。对此两者的差别,一般的学派,是向两方发展的:大众分别说系,以缘生法为因果事相,以缘起法为常住无为,是因果钩锁的必然理则,不是指惑业苦的本身。好像是离了生灭的现象外,另有一常住不变的法则。说缘起是无为,这是错的,但也有他的特见:一切因果相生,都依必然的法则而发现,不是随便乱起的。这如造房子,先由工程师设计绘一模型,后依这模型去建筑。所以,在因果的现象上,见到有这样的因,生这样的果,秩然不乱,可见因果现象中,有一决定而必然的理则,所以不得不这样。缘生法是因果的事实、现象,它是有变异的,这是理事义。说一切有部,不承认缘起是无为说,主张为缘能起的因叫缘起,从缘而生的果叫缘生。如无明起行,有行就决定有无明;……生缘老死,有老死决定从生而来。不可说有行而不从无明来,无明与行有因果的决定性。缘起为因,缘生为果,这是二者的不同。然释尊的本意,似乎是在此两大思想的中间。缘起是为因能生的条理化。本论对缘起真义的阐述,把缘起缘生合一,在此缘起与缘生上,说一切毕竟空。这可见,龙树的缘起思想,在因果生灭的见地,接近上座系;龙树学说到法相,也大都采取古典的毗昙,也有采取经部的。在因上了解缘起的因,必然生缘生的果;在果上了解缘生的果,必然为缘起的所生。有无明,所以有行,有行也决定有无明。现在这样,溯之于过去,推之于未来,也是这样。个人是这样,旁及于他人,推究到一切众生,无不是这样。从具体的事实观察,发现因果的必然性,必然是这样,并非另有一无为常住的东西。不离缘生外,另求缘起;有果即有因,有事就有理(不过,对理则性,有部等稍忽略)。有因就有果,所以说"此有故彼有"。这成了普遍的公理,不容有所变更的。"若佛出世,若不出世,法住法位。"假使知此而不知彼,这是没有用的。如豆子能生芽,愚痴无知的人,只见这根芽是从这颗豆生的;不知道一切的黄豆,在某种条件和合下,只要它生性没有被损,都是可以生芽的。聪慧有智的人,就能知道这遍通的理则性。得到这智慧,才能成立智识,发生力量。佛法的悟解缘起,也是如此,是从因果事实而悟解因果理则的。

二、佛说缘起因果,不同后代学者所说:——法各有亲因缘,如意识现行,由意识的种子生,种子是它的亲因缘;没有这亲因缘的种子,现行的意识就不得生。佛的缘起观,是和合相续的因果观。以深刻的智慧,洞观有情生死流转,发现它有必然的前后阶段。譬如生是一阶段,生以后就有老、有病、有死,老病死也是某一阶段的现象。此老病死,是产生以后的必然结果,所以说生缘老死。无明是一阶段,造作行业是一阶段。所以造成感后有的行业,因为无明,这是无明引起的结果。如来在生命前后的连续上,看出它——阶段间的依存性,所以在生命发展的过程中,建立十二缘起的因果。有说一念心中具十二缘起,这简直毫无意义。有部的分位缘起,就是约阶段讲的。以生命各阶段,成立缘起的因果,这等于讲社会史观的,分奴隶时代、封建时代、资本主义时代、民主主义时代;又如分人与兽斗争时代、人与人斗争时代、人与自然斗争时代。无明发生主动作用的时候,是无明的阶段;由无明踏上行的阶段,就是以行为为主要者了。所以,每一阶段,不是自性独存的,无明不仅是一无明,行也不单是一个行,它都是有五蕴的。这以某一支为某一阶段主流的缘起观,足以代表佛陀的缘起观。那些实有自性的学者,哪里能同情这和合相续的因果观。他们要——自性的亲因,生——自性的亲果。

在佛教中，这一思想，一天天的晦昧了。如三民主义说：民生为
社会历史的中心；共产主义说：经济为社会历史的中心。这解决
了，一切都能解决了；一切是依存于它，因它的变动而变动的。
佛观无限生命发展的动力，是以无明及爱为根本的；这解决了，
生死苦痛一切也就解决。也是在一切复杂的原因中，抉出主因
的意见。不过佛法是无自性的，无明与爱也不能独存，不过它起
着主动的作用罢了！或以为前后各阶段，既都是五蕴，为什么说
无明支、行支、……生支、老病死支呢？这是约主力说的。如手
工业时代、机器工业时代的分划，不是说在这某一时代中，即没
有其他的，也只是说这一时代的社会中，是以某一业为主流、为
特征的。所以佛陀的缘起观，是组织的，不是独立的；是阶段的，
不是同时的。这点，我们应该知道。

　　缘起有流转观，有还灭观。前者是说苦的集，后者是说苦的
灭，也就是生死与涅槃的两向。佛说的生死与涅槃，都建立在缘
起法上。因果的存在，是此有故彼有；因果相生，是此生故彼生；
无明缘行，行缘识，识缘名色，……生缘老死，如是纯大苦聚集，
这是缘起的流转律。反之，无无明就无行，无行就无识，……如
是纯大苦聚灭，这是此无故彼无、此灭故彼灭的缘起还灭律。生
死苦痛，是否能了？它是缘起的，所以可了。缘起，是依此而有
彼的，就是无自性，也就是意味它不能单独存在。不能单独存在
而此有故彼有的，是生灭法。它不但是可灭的，而且一切都是从
生而归向到灭无的。一般人走到灭的尽头，又转向生；灭了又
生，生了又灭，生生灭灭，无有止境地兜着循环的圈子。圣者到
了灭，就入于寂灭，止息于此，不复再生了。如造的房屋，坏了又

修，修了又坏，自然能维持长久。假使坏了不修，不是就灭尽无余了吗？生死的存在，只依因缘而存在的；约它的本质说，本不是有自体存在的。假使自体存在，怎么可以说依缘？所以，依缘的一切法，自性本无，现象是有是生。不但现象的内在，自己否定自己，含有灭与无；而它的本身，本是非有不生的。所以此无彼无，此灭彼灭，不是毁有的成无、成灭，是本来无、本来灭，还它个本来如此。依缘起建立因果，也就依缘起成立一切法自性本空。知此，就得离生死而解脱了。

缘起流转律的基本原则，是此有故彼有，此生故彼生。分位缘起，是叙述缘起流转中的过程。不过像有部那样讲，识为入胎最初的一念；名色是身心渐发育的阶位；六入是六根具足将出胎的阶位；出胎后，在二、三岁的时候，不能识别事物是触；能了苦乐的差别，到六、七岁时是受；……未来世受生是生；未来世老死，是老死，这未免机械一点。从佛的缘起本义看：无明、行、识的三支，是总括的。经中说："一切众生无明所覆，爱结所系，感得有识之身"，即指出生命的三大历程。有的经中说："业爱及无明，能集后世阴。"行是行业，但在实际的行动中，也可含摄在爱取的烦恼中。此三者，一是理智的认识错误，一是意志的生存竞争，有此二因，就招感心识为导的生死了。如来叙述缘起，不外这三者的说明。说到详细的过程，有从爱、取、有、生、老死的逐物流转观，有从识到爱的触境系心观，合为一十二缘起。依十二缘起建立三世因果：无明、行，是过去的因；识、名色、六入、触、受，是现在的果；爱、取、有，是现在的因；生、老死，是未来的果。假使讲二世因果，过去与现在的，只从无明到识三支就可以了；

现在与未来的,只从爱到老死的五支,也就可以,无须说十二缘起。经三世的历程,这才要说它。其实,基本原则还是上面说的三大历程,也有配为惑、业、苦三杂染的。

丙四　观世间灭道

丁一　正观缘起

戊一　缘起流转律

己一　无明缘行

众生痴所覆　为后起三行

一切"众生",为愚"痴所覆"蔽,愚痴就是无明。无明是无知,对诸法真理不能正确显了;真智的不能生起,就由它的覆蔽。这只是指众生的认识不正确,把它看作生死的根源,还未发展到实际事行上去。这无明支中,也包括和合的五蕴身,约他不了因果、善恶、三宝、四谛种种事理,产生种种错误的认识,才特名为无明。并非无明能离一切而存在。无明中最主要的,是不了缘起的性空。不了无自性空,就是我法实有的妄执。不了缘起,就不了知善恶因果的事相。事理都不明白,实为生死的根源。此无明即不见我法性空的妄执,是烦恼障。因无明的蒙昧,不能解脱爱结,反而执常、执乐、执我、执净,引发种种爱欲。在生命永续的要求下,"为后"有生命,生"起"爱、取相应的"三"业"行"为。三行,经说身业行,口业行,意业行;或罪行,福行,不动行。无明是知见的不正,行是意志的推动。由不正的知见发展下去,生存意志就以自我为中心出发,造作一切业行。无论你是好的不好的,永远是系缚。佛菩萨所有业行,因事理的真知灼见,不生起贪染,不为盲目意志所策动,为自我而造作,所以一切是纯洁的,不感受生死。

己二　行缘识

以起是行故　随行入六趣　以诸行因缘　识受六道身

　　由身口意的三业,"起"造罪、福、不动的诸"行";"随"着所造的诸"行"不同,"入"于天、人、阿修罗、旁生、饿鬼、地狱的"六趣"中。是地狱的行业,就入于地狱趣;是饿鬼的行业,就入于饿鬼趣;……是天趣的行业,就入于天趣中。龙树说有六趣,这是顺于犊子系的;唯识家主张五趣,这是顺于有部宗的。因为"诸行"的"因缘",就能感受六道的生死。为六道生死之前驱的,是识,所以说"识受六道身"。《解深密经》说"于六趣生死,彼彼有情,堕彼彼有情众中,或在卵生,或在胎生,或在湿生,或在化生,身分生起。于中最初一切种子心识成熟……",也就是这个意思。初入母胎的心识,也具有五蕴,不唯是精神的活动。没有名色,入胎识是无从立足的。不过在新生命的最初发现上,有取识的忽尔现前,为新生命的开始,所以特名为识支。这识是微细的心识,还是粗显的心识?龙树在《智论》说有细心,这识支应该指微细心识。它与唯识家所说的阿赖耶相近,但此唯重视它的结生、相续、执取根身,至于阿赖耶的重于受熏、持种,那就非性空者所必要的了。

己三　识缘名色

以有识著故　增长于名色

初生的心识，含有自我的生命爱，所以经中或称之为"有取识"，本颂说是识著。因"有"这"识著"入于母胎的关系，在母胎中，心色和合的有情就渐渐地"增长""名色"。这就是说：由入胎识执持父精母血而成为有生命的肉体、有机的生物。如实地说，没有识，名色就不能增长；没有名色，识也不能继续存在。心色和合是名色支。名是受、想、行、识的四蕴，色是色蕴。名中的识，是粗显的六识，不是微细的细心。所以经中说："识缘名色，名色缘识。"由识而名色增长，由名色而识得存，二者相依相存，如二束芦，相依相持。这名色与识互为缘起，不是某一阶段是这样，从生到老死都是这样；缺少了任何一面，生命就要崩溃。就以我们现在来说：离了执持的心识，名色能不腐烂吗？离了窟也似的名色，心识能继续活动吗？这都是不可能的。不过，此处约特殊的意义说，即是约阶段说，在二十一天前叫识，到三七日后叫名色。名色位，是向人形完成发展而未完成的阶段。了解缘起，一方面要知道它的共通性，一方面也要知道它的阶段性。这是约阶段说，所以分位缘起中，没有说到识与名色的展转相依。

己四　名色缘六入

名色增长故　因而生六入

在"名色"不断的"增长"广大中，六根慢慢地完具，所以说"因而生六入"。为什么名色增长而六根完成呢？眼、耳、鼻、舌、身的五根，是由色开发成的；意根是由名开发成的。在其间，还有微细的心识执持，也属于意根。六入，就是六根。不说根而说入，因为根是生长六识之门，所以叫入。入或译处，即是生长门义。

己五　六入缘触

情尘识和合　以生于六触

　　有部传说的分位缘起,说触是出胎后二、三岁中,接触外境的阶段。然依《阿含经》看:自入胎识至根具的六入,是人生形成而到圆满的阶段。自六入触至取,不能这样的分开,经中也没有明显的根据。生命活动,不论它是怎样的繁复,总不能越出起惑、造业、感果的三大阶段。能够具备和合的身心,六根完成,发展到认识境界,进达到实际事行,就是完成这三阶段。没有根身便罢,有了根身,天天是触、受、爱、取,时时是触、受、爱、取,没有一刻是离了这些的。识到触,是现实人生起惑造业的准备。向前望,是生命的果报;向后望,是惑业的先驱。六入缘触的过程中,是以六“情”六“尘”六“识”的“和合”,“生于六触”的。触本是一,因根取尘,根尘和合生识,识与根尘俱有触,识有六,触也就有六:眼识所生的触,耳识所生的触,……意识所生触。谈到触,有部说是三和生触,离情、尘、识三和外,有触的自体;经部说是三和即触,离了情、尘、识的三和,没有触的自体。在六识触境了别的触,有可意触、不可意触、俱非触等差别。这触的差别,不全是由外界环境决定的,也不单是以生理决定它。它在认识中,因根境关涉的因缘,此识触即有主动作用的。所以有可意、不可意、俱非触的发生。依佛法说,认识是不离情绪的。触还有明触与无明触,由无明触对境界认识不清,自己认为满意的,就生起可意触;自己认为不满意的,就生起不可意触;自己觉得无所谓的,就生起俱非触。这一切,都以识触自主的立场,去反应分别所感觉的境界。

己六　触缘受

因于六触故　即生于三受

六触触于六境,就生起六受:眼触所生受,耳触所生受,……意触所生受。六受中每一受有三受,所以说:"因于六触故,即生于三受。"三受是由三触生。可意触生可意受,不可意触生不可意受,俱非触生俱非受,也就是平常说的苦、乐、舍三受。环境不适合自己的情意,就生起苦受;环境适合自己的情意,就生起乐受;中庸性的环境,就生起舍受。受与触的不同是:触是触对外境,外来的影响多,没有外境,触的作用不能生起;受是领纳,是内心的感受,内心的关系更大。他对外境感觉而来的境界,更以主观的心境去领受它。凡苦乐的情绪,以及喜怒哀乐,都是受的一种姿态。

己七　受缘爱

以因三受故　而生于渴爱

"因"有苦、乐、舍的"三受",牵动内心,于是就对外境"生"起热烈的"渴爱"。渴爱含有欲望要求的意思,这是属于意志的。有的说:苦受是嗔惑所使,乐受是贪惑所使,舍受为愚痴所使。其实,主要的还是爱,就是对环境得到领受后,没有生的乐求得,已生的乐求不失;已有的苦求迅速地远离,未起的苦希望不来——这都是爱。如嗔厌已生的苦,就与希望苦去相合;希望未来的苦不来,也就有嗔。嗔是贪的反面,没有贪也就没有嗔。不过,贪爱侧重在染著,恋恋不舍,所以多把它看成与嗔各别的。其实,这是缘起相待的;无爱即无嗔的,所以在缘起中,总名为爱。

己八　爱缘取

因爱有四取

"因爱"著生命的自体、三有的境界,所以就"有四取"的驰求。欲取,是对五欲境界的执取;我语取,是妄取自我为实有;见取,是执取不正确的主张;戒取,是妄以邪行为清净,为受生而持戒,求生天而持戒,这都落在戒取中。所以由贪染心发生诸取,这都是要不得的。

从六触到四取,是有前后的。首对外境的接触而生起错误的认识,次由内心的情绪而生起苦乐的感受;后为渴爱自己所乐意,捐弃自己所不喜的;再则向自己所渴爱的,不惜牺牲地驰取追求。此说有这样的次第,但不可绝对分离。也决不能说触局限在二、三岁的时候,受局限在七、八岁的时候,爱局限在十四、五岁的时候,取局限在十七、八岁以后。这几支,是起惑造业的必经阶段;杀人要经过这阶段,布施、放生,也要经过这阶段。不见真理者,有意识的一切,无不经过此阶段。阿毗达磨师说:根、境、识和合有触俱生,当时也有受爱取,这一切是同时相应的。成实论师等,主张是前后的。其实都对。心心所复杂的和合中,在心识活动的过程上说,约强化特殊的说,这是触,这是受,这是爱,这是取,也显然有它的次第。了解缘起的相待性,这一切无往不通。

己九　取缘有

因取故有有　若取者不取　则解脱无有

　　触对境界而引起意欲的活动、爱著或执取,造作种种的事行,就到达有的阶段。所以说"因取故有有"。下一有字,是存在,是缘起支的一支。有说:此有是业,因为以爱取所引发的三业,构成业力的存在;由业力的存在,也就自然感得后有的生死,所以名为业有。经中都说因取有有的有,是欲有、色有、无色有的三有。取是身心的实际活动,造成未来三有自体的潜在,接下去就是未来生死(有)的到来。取的驰求,就奠下招感未来三有自体的动力。要求不感未来的生死,除非不取。假使能够"取者不取",就可以"解脱无"有三"有"的相续了。断生死,是可从两方面说:一、生起正确的认识,生般若实相慧,破除生死根本的无明,就可以了生死得解脱了。二、在现实的生命中,不起爱取的活动,不构成后有的力量,割断爱索的羁绊,杜塞执取的奔驰,就可以了生死得解脱了。其实,这还是一件事。要不取著,唯有般若的明智现前,洞彻诸法的事理,才能不取。不取就不著,"离无明故,慧得解脱;离贪爱故,心得解脱",就可以解脱生死了。

己十　有缘生

从有而有生

　　有了三有自体动力的存在,在各种因缘的和合下,就"从有而有"未来新生命的"生"起了。从有有生,与上"识有六道身"的意义是一样的。不过,识有六道身,是由过去的行业,牵引受生心的识,完成现实的生命;从有而有生,是由现在的业有,到未来世受生而已。

己十一　生缘老死

从生有老死　从老死故有　忧悲诸苦恼　如是等诸事
皆从生而有

有了生,就必定要老;有了老,自然是要走上死亡的路上去,所以说"从生有老死"。有"老死"的变异,就"有忧悲诸苦恼"的事发生。其实,不一定要老死才有忧悲苦恼,在一期生命的演进中,都有忧悲苦恼的,不过在生命发展的过程下,因老死而产生的忧悲苦恼特别显著就是了。忧是忧愁,悲是悲痛;苦是身上的,恼是内心的。印度的学者,以及佛法的寻求解脱,都是鉴于忧悲苦恼的逼近而发动的。这描写了人生生命发展的一切活动。但这些事情,怎么样有的呢?"如是等诸事,皆从生而有"的。有蕴界处和合的生命现起,这些苦迫也就必然的来了。

己十二　总结

但以是因缘　而集大苦阴

印度的外道们,说人生的一切生命现象,都是从自我梵天造作的。佛法不承认有这些,这唯是惑业苦的因缘钩锁,"但以"此十二支的"因缘","集"起老病死苦等无量困恼的"苦阴"。苦阴,即是阴界入和合的身心。此十二支中,从识到有,是详细地叙述现实生命(果)的一切发展,以及造作未来生命(因)的业力。过去的未来的因果,都很简略地说了一点。从未来的生死,看忧悲苦恼的诸事,是以生为最初动力的;从现在的生命,看忧悲苦恼的诸事,是以识为开展先导的。解脱生死,就不这样。从过去看现在,是以无明为本。从现在看未来,因识对境,与无明触俱,昧于缘起,不能明确地晓了前境,昧著所取的三有境界,所以就生起苦乐的感受,爱染也随之而来:有爱就有取,有取就有有。所以从现在看未来,是以触受爱取为动力的,特别是爱取。怎样解决生死? 扼要地说,不从过去的无明下手,因为过去的已感受现实的生命,解决它也来不及。唯有从现在的境界上,生起正确的认识,不起我爱法爱,不生我执法执,不造新的业力,这才能杜塞未来生死的源流。识是无始相续的苦果,生是未来苦果的先声,所以解脱不以识与生为本。虽这么说:现在触境起受中,就有无明在。所以遍历三世,也每从无明灭说起。无明灭与爱取灭,不能把它分开,才对。

戊二　缘起还灭律

是谓为生死　诸行之根本　无明者所造　智者所不为
以是事灭故　是事则不生　但是苦阴聚　如是而正灭

上面说的缘起流转,就"是"所"谓""生死"。这生生不已的生死狂流,就是"诸行""根本"。诸行,不唯是指为后起三行的三行,是指生命相续的一切。这一切,本来是缘起的,因无明的蒙蔽,不能正视这一切,不了解这一切本性空,所以生死的流转,是"无明者所造"作的;在有"智者",是"不"会"为"这一切自己束缚自己的事的。《般若灯论》说"见实者不为",就是般若的智慧现前,见到诸法的实相,体悟一切法性空,他自然不会干这些事情。本颂说智者不为,也不单是有智慧的人,实包含着般若智慧,体悟空理,破除无明者说的。无明断了,诸行才不生。但怎么才能断无明? 修智慧,般若现前,才有这功能。无明事灭了,诸行不生,诸行灭了,识就不生,这样十二支都在"以是事灭故,是事则不生"的原则下解消。破无明、了生死、入涅槃,不是有实在的无明可破,也不是有实在的生死可了,或有我得到解脱,"但是"和合从缘的"苦阴聚"寂灭不生而已,所以说"如是而正灭"。

　　缘起流转的还灭律,是大小乘共的。不过,小乘学者急急于切断流转的这一面,证得还灭的那一面,从无我而入空寂。如不广观法空,每以为此是灭谛而已。大乘学者,必知生死就是涅槃,一切法性本自空寂,以寂灭即一切法的本相,不是离生死外而可有涅槃的。没有破无明,一切法如幻如化,无自性的缘有,不自觉知,所以就生生不已而众苦永在。破了无明,如幻的一切法,知道它是无自性,决不执这一切是实有的。缘起法本来如此,还复它本来如此,体现它本来如此,生死大事不了而了。一般小乘学者,不能综合性空缘起,以为缘起是缘起,空寂是空寂,所以就起种种法执,其实都是本性空寂的。大乘理解即缘起是性空,即性空是缘起,所以就体现流转是本寂,还灭也是本寂,而证入涅槃。为什么都是本寂呢? 因为是本寂才能流转,是本寂才能还灭。假使不是本寂,流转不得成,还灭也不得成了。

观邪见品第二十七

正观缘起,即能远离戏论,这是般若大慧的妙用。前品已明正观缘起,这品就再辨正观所远离的。一般声闻学者,也说观缘起,常见、断见、邪因、无因等即能远离,才能入于还灭。但他们每遣邪见而存缘起的实有,不知观缘起的所以能离邪见,就因为是性空的。性空,在胜义谛中,当然离一切戏论;就是在性空的缘起中,也能远离。真能离一切戏论,那必然是悟入缘起的空性了。《阿含经》说:何等是老死? 谁老死? 龙树解释为:何等是老死,显法空;谁老死,显我空。遍观十二支,一一支无不是显示我空、法空的。所以在缘起观中,邪见也是空无自性所离的。《十二门论·观作者品》,叙述裸形迦叶问佛:苦是自作否? 他作否? 共作否? 无因作否? 佛一概说不是。一分声闻学者,以为种种原因说不是;龙树菩萨说:这就是显示一切法空。所以,这不是大小乘的差别,是一分有所得的声闻学者与性空者解说的差别。他们以有的遣除无的,离去无的,结归于实有,是他空派。以为空是无其所无,而不即缘起是空的。性空者即缘有以除自性,自性无而归于空,是自空派。所以,本品观邪见,即是《阿含经》的要题,也就是性空者的依据。众生有自性见,就著我著法,著我起我见,著法起法见。尤其有学问的,分别推求,起更多的分别见。诸见中,以我我所见为生死根本。正观缘起的时候,即以无此我见为观门。无我即无我所的,所以遍观一切法,法法是空的,不唯是我空而已。一分学者,听说无我,就以为离我有法，而执我空法有了。听说所取非有，就以为所取的外境界空而内心有，而执境空心有了。放此取彼，如猕猴的舍一枝取一枝，终不能见诸法真相。因此，唯有阐发一切法空，使心无所住，然后集中于一点，突破我我所见的自性蒙蔽，才不会舍一执一，也才能真悟诸法的实相。本品所破邪见，以我见的各种形式为主。若破我见，即一切见跟着不起了。佛破邪见，以当时印度为对象的。他们的执见虽多，总不出十四不可记或六十二见，重心即不解无我而起的诸见。虽是宗派的分别我见、法见，然以观门观破此种自我的自性见，也就能破一切众生所共的自性见了。如来破见时，说这不是，说那也不是，显示这一切是世间戏论，也就是显示法空。佛为适应当时的时代，破这种种邪见；现时代下的各种不同的邪见，假使知道它的病根所在，也同样可以缘起无我观破斥的。

邪见有通有别：凡是不正见，都可叫做邪见，这约通说。邪见是戏论的别名。根本的，分别的我见、法见，蒙蔽障碍真知灼见，不能见到诸法实相，不论是外道、凡夫，就是佛弟子，有了这种见，就是邪见。经说二乘人是眇目，即说他所见的不正。所以《涅槃经》说："若以声闻心言布施不可得，是名邪见。"平常说：身见、边见、邪见、见取、戒禁取，此五见中的邪见是特殊的，也就是约别义说的。这邪见，指不信三宝、四谛，否认因果罪福，否认轮回及解脱等，是外道所起的不正见。本品说的邪见，主要的是我见、边见，就是以自我见为根本，引发或断或常的边执见。破除以自我为中心的我见，即明我空。破除了执实有所起的断、常见，就是法空。我法的邪见远离了，就是涅槃。《观涅槃品》中说:"诸法不可得,灭一切戏论,无人亦无处。"本论开端说:"能说是因缘,善灭诸戏论。"就是观八不的因缘,离常断一异……的戏论,体现空性,正见诸法无我,便得入于寂静涅槃。这在大小乘都是一样的,所以把此二品局判为小乘,实在不对!

丁二　远离戏论

戊一　叙见

> 我于过去世　为有为是无　世间常等见　皆依过去世
> 我于未来世　为作为无作　有边等诸见　皆依未来世

十四不可记中,如来灭后有无四句,已在《观涅槃品》说过。本品但叙述外人的八种邪见,加以破斥。从现在的自我出发,依于过去世,有常无常等的四见;依于未来世,有边无边等的四见。以现在"我",观待"于过去世"中,是"有"呢? 还"是无"? 这有无的诘问,是疑不是见。疑是犹豫不决;见是坚固执著,有不可动摇的力量。必先经过犹豫的疑,才到达坚固的见。一个人不考虑到自身是什么,不会发生什么问题;一考虑到,是有、是无、亦有亦无、非有非无,问题都来了。一经决定,就坚固执著,说有决定是有,有的不是无;说无决定是无,无的不是有……他们说无,不是无我,还是我见。以现在的我见,观待过去世,产生是无的见解。对"世间",立刻也就发生是"常"、是无常"等"的边"见"了。世间,不定指山河大地,是指有情所依的五蕴、六处、六界,即对我存在的一切。起常、起断的见,都是考虑现在的我,在过去怎么样,推到五蕴的关系所下的决定。所以说"皆依过去世"。有了有无的邪见,就不能见缘起法。理解缘起,知道世间是非断非常的中道,我见边见自然远离了。

　　以现在的"我",观待"于未来世",是"作"呢?是"无作"?作,是说现在的我,造作生死,起生死法,到后世去。不作,是说现在的我,不作生死,不起生死法,不到后世去。这作与不作,还是有与无。不过,有与无,约体说;作与不作,约用说。这样的推求,所以对未来世间,就生起"有边"无边"等"的"诸见"。未来生死,即现在的继续,是无边;现生解决了,不再流下去,是有边。这是由于考虑现在与未来世相续不相续所起的见解,所以说"皆依未来世"。

　　戊二　破斥

　　己一　广破

　　庚一　破有无作不作见显我空

　　辛一　破过去有我等四句

　　壬一　破我于过去有

　　癸一　别破

　　子一　约前我今我不一破

过去世有我　是事不可得　过去世中我　不作今日我
若谓我即是　而身有异相　若当离于身　何处别有我
离身无有我　是事为已成

　　以现在的我出发,考虑现在的我在过去时是否存在。如现在的我在过去就有,那过去的我就是现在的我;今我昔我成为一个了。现在以不一,破斥他的今我即前我。

假定说:"过去世"中"有"现在的"我",这"事"情不但是"不可得",实也不可能,也无从证实。假定过去有我,这"过去世中"的"我",是"不"能造"作今日"的"我"的。为什么? 过去的我在天上,现在的我在人间;过去的我有智慧,现在的我是愚痴,有着很大的不同。所以过去我不起现在我,也就不能说过去世中有我。如以为我体是一,过去的我就是现在的我;所以有天人智愚的差别,这是身体的改变。这是不可以的! 这等于说有一个自我在跑来跑去,时而生天上,时而到人间。"若""我"还"是"这一个,"而身有"了"异相",那所说的自我,不是离身而有了吗? 可是,离身是没有我的。"若当"真"离于身"体,又哪里"别有我"体的存在呢?"离"了五蕴"身",没"有"自"我"的存在,"是事"在上面"已"多次地"成"立过了。身,狭义说是身根;广义说是四大集合的有色身;再扩大点说,是整个生命的心色,与平常说五蕴身的内容相同。本颂是约后义说的。

子二　约即身离身无我破

若谓身即我　若都无有我　但身不为我　身相生灭故
云何当以受　而作于受者　若离身有我　是事则不然
无受而有我　而实不可得

这就是非蕴离蕴破。前一颂半,破即身我;后一颂,是破离身我。假定如上面所说,五蕴"身"就是"我",那么,第一、身体是我,这等于说离了身体,就根本"都"没"有我"。第二、依身体有我,"身"实在"不"就是"我",因为"身相"是有"生灭"的;而所说的我,是常住不变的,是轮回的主体。怎么五蕴的"受"法,当"作""受者"的我呢？五蕴法与受者我，不即不离，怎么能把那不是我的认为我？假定见即身是我不成，又说"离身有我"，这"事"也是"不"对的。因为"无"有五蕴的"受"法，"而"说"有"受者"我"，这受者我"实"在是空虚的幻想，没有他的自体"可得"。

癸二　结显

今我不离受　亦不但是受　非无受非无　此即决定义

外人以我为实有自体的，所以讨论到过去有没有，就困顿不通。不知道我是不离五蕴身而存在的，离了五蕴身就不可得，所以说"今我不离"五蕴身的"受"。我不离受，然而受蕴并不就是我，所以说"亦不但是受"。这就是说五蕴和合而有的我，是有缘起的假我。在世俗谛上，确是可以有的；不过胜义观察自性，才不可得的。一切有部等，听说依缘五蕴计我，以为我是主观的行相颠倒，所缘的是五蕴而不是我。他并不了解缘起义，不了解有缘起假我，所以以为只有五蕴。本颂说亦不但是受，即是破除他的错见。同样的，五蕴等缘起的假有，说他空，不是没有；所以受不离我，也不但是我。我与受，相互依存，不即不离，是缘起的，是假有的。所以说："非"是"无"有"受"，也"非"是"无"有我，不过是求他的实体不可得罢了。如花瓶，是物质的泥土经过了人工造作而有的。离了泥土，没有花瓶；但花瓶也并不就是泥土。泥土是瓶因，也是不离瓶而有泥土，但并不就是瓶。依因而有的，不就是因，但求它的实体是不可得的。这缘起的基本义，也就是性空者所确见的因果"决定义"，缘起是这样的。不理解,所以戏论纷纭。如唯心论者说:一切法的存在,是依心不离心的存在,他就剥夺了物质不即是心的特性;以一切法为自心的开展,离心就无有一物。唯物论者说:一切法依物而存在。当然,精神是不离物质而存在的。然而,忽略了不即物质的精神特性,于是乎把一切法建筑在物质上,以为离物就无有一物。两大思想的矛盾,不过是不能尊重事实,不知依因者不即是因的缘起相对性。又如有人说:离开全体无有部分,部分是在全体中的;离统一的全体,就没有部分。有的说:全体是部分的综合,离部分就没有全体。这或者重差别,或者重统一。一分佛学者,主张五蕴是差别事,我是和合假有的;把统一的我,成立在差别五蕴中,就以为只有五蕴没有我。有的外道,把差别的色心成立在统一的我中,就以为自我是一切的一切,一切从自我中发现。这种都是走到偏激的一边,实在是不对的。不知缘起的一切因果法都是假名,不就是因,也不离因;不就是果,也不离果。因果的存在,尽管没有自性,但各有它的假相、假用,不失它的特色。所以,因果、人法,统一、差别,全体、部分,一切的一切,都是缘起相待而成的。在缘起相待的原则下,而一而异、而我而人、而因而果,……假名相的一切,都宛然存在。这是性空缘起的世俗真义,不如一般恶取空者,以为空是什么都没有了的。

壬二　破我于过去无

过去我不作	是事则不然	过去世中我	异今亦不然
若谓有异者	离彼应有今	我住过去世	而今我自生
如是则断灭	失于业果报	彼作而此受	有如是等过
先无而今有	此中亦有过	我则是作法	亦为是无因

　　上面破外人过去世的我，不作今日我，说明昔我今我的不一。于是外人又转计说：那么，现在我不是过去我，过去我也不是现在我；现在的我，于过去世中无有。现在是现在的我，过去是过去的我，这又犯隔别的过失了。如"过去我不作"现在我，现在我不是过去我，"是事"是"不"对的。说"过去世中"的"我"，"异"于现"今"的我，也是"不"对的。为什么呢？假定说是"有异"的，那就应该"离彼"过去的我而"有"现"今"的我了。过去的"我"，应该"住"在"过去世"；现"今"的"我"，在过去我以外，"自"己"生"成，这才可说是有异。然而，今我昔我各各差异，就堕于"断灭"，"失"去自作"业"自受"果报"的意义了。现在没有作业的我受果报，过去作业的我反而不受果报，这是"彼作而此受"，实"有"破坏业果"等过"失。再说，现在的我，过去世中原"先"是"无"的，到现"今"才"有"。这样的理论"中"，也是"有过"的。因为，现在的"我"既"是"先无今有的所"作法"，所作法就不能说他是我，因为是无常的。又现在的我，既然过去世中是没有的，那就"是无因"而有了。有此种种过失，怎么可说我于过去中无呢？

壬三　破我于过去俱非

如过去世中　有我无我见　若共若不共　是事皆不然

　　像上面说的"过去世中有我"见，或过去世中"无我见"，都不得成立。那再进一步地说亦有亦无我的"共"俱、非有非无我的"不共，是事皆不然"，是不须再为广破的了。

辛二　破未来作不作等四句

我于未来世　为作为不作　如是之见者　皆同过去世

以现在我观待过去世,这也不行,那也不行;以现在的"我"观待"未来世",因现在造"作"而有未来的我吗?"不作"而别有未来的我吗?亦作亦不作,非作非不作?这些邪"见","皆同过去世"中有我无我是一样的不得成。从现在看过去,有呢,无呢?如从过去看现在,即是过去我作今我呢,不作今我呢?这种从前望后,如推论到现在与未来,即是现在我作不作未来。过去是前,现在是后;现在是前,未来是后。前后的关系相同,过失也相同,所以不再一一地指破。

庚二　破常无常边无边见显法空

辛一　破常无常见

壬一　破常见

若天即是人　则堕于常边　天则为无生　常法不生故

常无常见,是依我在过去的有无而起的;边无边见,是依我对未来作不作而起的。现在先观破常无常见。根本的自性见,是我及世间常,我及世间无常,我及世间有边,我及世间无边;亦常亦无常,非常非无常;亦有边亦无边,非有边非无边,是从根本见上开展出来的。

天身、人身,是缘起的假和合。依我而明法,所以说天身人身等。此中说天说人,不约我说,是指果报法说。所以,除此等见,即是法空。假定"天"的五蕴身,就"是人"的五蕴身,这就

"堕于常边"。因为拿现在的人身,回观过去的天身,前后五蕴
是完全一致的,一就堕于常边。如真是常的,那过去的"天"身,
就应该是"无生"的。因为无常是生灭的,"常法"才是"不生"
的。依天例人,人也是无生的,因为天即是人,常住不变,必是不
生的。这里不说人,单说天,是约过去所起见说。

壬二　破无常见

若天异于人　是即为无常　若天异人者　是则无相续

假定说天人身完全不同,"天"身是"异于人"身的,那又
"是"落于"无常"的一边了。因为天身在过去,人身在现在,过
去的不到现在来,现在的不是过去的延续,这不是无常断灭是什
么？所以说:假定前蕴的"天"身"异"于后蕴的"人"身,也就
"是""无"有前后"相续"的意义了。相续,是要彼此有联络,如
二者截然不同,毫无共同性,这怎么能够相续呢？

壬三　破亦常亦无常见

若半天半人　则堕于二边　常及于无常　是事则不然

外人见常无常不得成立,就又生起这样的观念:在一个五蕴
身中,具有天身,也可以有人身。就是天的业果成熟了,天身这
一部分现起,人身的一部分就隐;人的业果成熟了,人身一部分
现起,天身一部分又隐起来了。不是说在同一时候,一半天身,
一半人身。这样,就可以解决困难了。现在的人身,不是过去的
天身,所以没有常住的过失。现在的人身,在过去的天身中具
有,所以又没有无常的过失。然而,这还是有过失的。假使真的

"半天半人",这是"堕于二边"的。天的果报身显,人的五蕴身隐,这是无常见;人的五蕴身在天的果报中具有,这是常见。自性见,是一一各有自体的,这样就是这样,不是相依相待成的。所以不堕常见,就堕无常见。说亦"常"亦"无常,是事"是"不然"的。

壬四　破非常非无常见

若常及无常	是二俱成者	如是则应成	非常非无常
法若定有来	及定有去者	生死则无始	而实无此事
今若无有常	云何有无常	亦常亦无常	非常非无常

　　主张双非的,不是黑漆一团的不可说,就还是常无常见,不过说得漂亮些。非常就是无常,非无常就是常。好像不加肯定,而心目中还是老套。这非常非无常,是对亦常亦无常立的。假使"常及无常""二"者是可以"成"立的,那么也许"应"当"成"立"非常非无常";亦常亦无常既不得成,非常非无常又怎么能够成呢?以现在观过去,由过去到现在,过去是去,现在是来。来去,约缘起假名说,是可以的。如定说"法"决"定有来",决"定有去",有来去的实性,那就是"生死则无始"了。但事实上,"实无此事"。来去决定有,为什么生死就无始呢?来有所来,去有所去。一直向前追究它的来处,找不到它的起初,就落于无始。来去是有时间相的,时间相怎么可以说无始?佛不也是说生死无有始吗?论主说:有始无始都是邪见。有始犯无因过,无始犯无穷过。可是,众生都欢喜找个起头、原始,找不到了,就妄立一法,如神我、心、物等为元始。如来为对治这种戏论,所以就

说无始。这无始是对有始说的,意思说无有始。有始不可得,无始也就无有。说有实性的无始,这才有无穷过。在中道正观中,始性不可得,不妨说无始的。最后,又综合地批评说:现"今"没"有常",怎么会"有无常"? 没有无常,怎么会有"亦常亦无常"? 又怎么会有"非常非无常"呢?

辛二　破边无边见

壬一　破有边无边见

若世间有边	云何有后世	若世间无边	云何有后世
五阴常相续	犹如灯火焰	以是故世间	不应边无边
若先五阴坏	不因是五阴	更生后五阴	世间则有边
若先阴不坏	亦不因是阴	而生后五阴	世间则无边

世间是有情的身心,身心在三相时劫的迁流中,所以叫世间。有情世间的五阴身,到某一时候结束,与后阴截然不同,这是有边。又从此生死已尽,也是有边。此中破前者。前一五阴身完了,后一五阴身又继续下去,这是无边。前一五阴延续下去,这也是无边。今破后者。生死尽的有边,相续的无边,假名中有。前后截然不同,或前阴无限的延续,是外道妄见,假名中也是没有的。假定"世间"是"有边"的,怎么能够"有后世"? 假定"世间"是"无边"的,又怎么能够"有后世"? 有边所以没有后世,因现在五阴完了,与后阴无关,失去相续的意义。无边所以没有后世,因现有的世间,无限发展下去;后后世间,就是前前世间,所以后世也建立不起的。如分别前后,这其间必有它的不同。

　　"五阴"世间"常相续"的,不是即前为后,也不是前后各别的完全脱离关系。"如灯火焰",一直维持下去,是它所依的油炷,不息的放射。看起来,好像是前后一体,没有两样,其实前一灯焰,不是后一灯焰;后一灯焰,不是前一灯焰。流动的灯焰,没有一念住而又能相续。离前一灯焰,就没有后一灯焰;所以又不能说前后焰是别体无关的。这相似相续的灯焰喻,各学派都采用,以成立非有边亦非无边的不一不异的相续。不过,不以缘起假名说,说有实在的法,念念生灭,必然发生困难,无法成立。诸法缘起假名,犹如灯焰,相依相续;前焰非后焰,而后焰又是不离前焰的。所以在假名缘起中,前后都有,又都是无自性的。这样,前焰后焰各各成立。前后的灯焰间,有边不可得,无边不可得,所以说:"以是故世间,不应边无边。"本颂直依佛法缘起假名的相续义,以显出外道说的错误。

　　后五阴的生起,因先五阴?不因先五阴?又先五阴坏了才生?还是不坏而生?假定是"先五阴"的自体"坏"了,坏了就没有,"不""能""因"坏了的先"五阴,更生"起"后"来的"五阴"。这样,"世间"即不能相续,成为"有边"了。如"先"五"阴不坏",即先者存在不失,这当然也"不因"这不坏的先五"阴","生"起另一"后"有的"五阴",一人哪里有二五阴呢?后五阴,不能是先来无限制的延续,所以说"世间则无边"。此二颂,可见执有自性的世间,说坏说不坏,都堕在边见中。

壬二　破亦有边亦无边见

若世半有边　世间半无边　是则亦有边　亦无边不然
彼受五阴者　云何一分破　一分而不破　是事则不然

受亦复如是　云何一分破　一分而不破　是事亦不然

　　亦有边亦无边见，是说世间一半是存在，一半是不存在。存在的继续不断地存在下去，这是无边；不存在的到某阶段结束了，这是有边。假定"世"间真的一"半"是"有边"，一"半"是"无边"，那世间就成为"亦有边亦无边"的了。可是事实上，并没有这回事，所以说"不然"。有边无边，是约前后生命发展上讲的。若就五蕴和合上讲，叫做受者；就五蕴的差别上讲，叫做受。"受""者"，说他"一分破"，"一分而不破"，这"是""不"可以的。"受"法也是这样。性空者说：受者是假名，受法也是假名，他不息地演变，但不能决定说一半破，一半不破。如我是随所依的五蕴变化而变化的，在这演变中，五阴息息地变，我也息息地变。前我后我不是常住一体，而他的某种主要因缘未变动以前，他就现出安定统一的形态。看来如此如此，他离却因缘不存在，所以实际是依因缘的变动而变动。他是缘起的，所以有相待性；似乎有变、不变，而他实是念念统一的、前前非后后的，也不能说半变半不变。此意别当广说。

壬三　破非有边非无边见

若亦有无边　是二得成者　非有非无边　是则亦应成

　　非有边非无边见，依上亦有边亦无边而建立的。如"亦有"边亦"无边""二"者，是可以"成"立的，"非有非无边"也"应"当可以"成"立。如上所说，亦有边亦无边是不成的，所以非有边非无边也不得成。

己二　结呵

一切法空故　世间常等见　何处于何时　谁起是诸见

　　上说的诸见,是从自性见而生起;不合缘起假名,也是因为
不合无自性义。本颂,直接地揭示法性空义,总遮一切。在"一
切法"的毕竟性"空"中,"世间"是"常"、是无常、亦常亦无常、
非常非无常"等"的诸"见",都是错误的。如悟入法空,或了解
依法性空而假名建立的世间,知道一切缘起是无自性的,无自性
的缘起世间,有什么常、无常可说! 也自然不会有此等邪见。依
假名缘起,通达缘起法性空,性空不坏缘起。空间上,无论是在
"何处";时间上,无论是在"何时";也不论是什么人,决不会起
这些执见。所以说"谁起是诸见"! 也可以说:一切法性空寂
中,更有何处、何时、何人可说,而能生此等邪见呢!

甲三　归宗

瞿昙大圣主　怜愍说是法　悉断一切见　我今稽首礼

　　八不缘起两颂,是标宗。中间二十七品的偈颂,是显义。这
四句颂,是归宗。标宗是标举正宗,显义是开显正宗,归宗是结
归正宗。"瞿昙大圣主",是佛。瞿昙,是释迦佛的姓。大圣主,
是说佛是圣中之圣。佛说最深法,是八不缘起;缘起是八不法,
一方面是假名有,一方面是毕竟空。性空假名,在八不缘起中,
开示真实。愚痴的众生,不理解因果、罪福、四谛事相,所以就拨
无一切;不理解缘起性空,所以就主张有极微色、刹那心,起我
见、法见。执自我为我,执诸法为法,造种种业,受轮回苦。佛为

"怜愍"这些有情,所以为他们"说"八不的缘起"法"。使他们从缘起法中,悟解诸法空性,"悉断一切"有无、常断、一异、有边无边等的诸"见",证入寂灭。龙树菩萨,见到缘起性空的殊胜,是佛法的关要,特据佛说,加以发挥阐述,使众生更能把握缘起性空的心髓。可是,这甚深的缘起法,唯佛方能开显。佛太伟大崇高、太慈悲了!所以向如来致敬,说"我今稽首礼"。

中华书局

初版责编　陈　平